SIMON &
SCHUSTER

AGUILAR
LIBROS EN
ESPAÑOL

# EL SUFRIMIENTO, EL SACRIFICIO Y EL TRIUNFO

*Las Visiones y Profecías
de una Nueva Mensajera
de la Virgen María*

## THOMAS W. PETRISKO

TRADUCIDO POR ENRIQUE MERCADO

SIMON &
SCHUSTER

AGUILAR
LIBROS EN
ESPAÑOL

SIMON & SCHUSTER

 SIMON & SCHUSTER
Rockefeller Center
1230 Avenue of the Americas
New York, NY 10020

Diseño por Deidre Amthor
Producido por K&N BOOKWORKS

Hecho en los Estados Unidos de América

10 9 8 7 6 5 4 3 2 1

Datos de Catalogación de la Biblioteca del Congreso: puede solicitarse información.

ISBN: 0-684-81555-9

Publicado en inglés como *The Sorrow, the Sacrifice, and the Triumph: The Apparitions, Visions, and Prophecies of Christina Gallagher*

La medalla Matriz puede conseguirse en la casa de oración de Nuestra Señora Reina de la Paz, Achill Sound, Achill, condado de Mayo, República de Irlanda, o en servidores de Nuestra Señora Reina de la Paz, 4275 Green Glade Court, Allison Park, Pennsylvania 15101, EEUU, teléfono (412) 492-9905.

*Dedico este libro a mi madre, Mary Petrisko,*
*y a mi madre celestial, María,*
*Nuestra Señora, Reina de la Paz.*
*Desde lo profundo de mi alma agradezco a Dios*
*la concesión de esta gracia.*

*Cierto no me es conveniente gloriarme; mas vendré a las visiones y a las revelaciones del Señor. Conozco a un hombre en Cristo, que hace catorce años (si en el cuerpo, no lo sé; si fuera del cuerpo, no lo sé: Dios lo sabe) fue arrebatado hasta el tercer cielo. Y conozco tal hombre (si en el cuerpo, o fuera del cuerpo, no lo sé: Dios lo sabe) que fue arrebatado al paraíso, donde oyó palabras secretas que el hombre no puede decir. De este tal me gloriaré, mas de mí mismo nada me gloriaré, sino en mis flaquezas. Por lo cual si quisiere gloriarme, no seré insensato, porque diré verdad; empero lo dejo, porque nadie piense de mí más de lo que en mí ve, u oye de mí. Y porque la grandeza de las revelaciones no me levante descomedidamente, me es dado un aguijón en mi carne, un mensajero de Satanás que me abofetee, para que no me enaltezca sobremanera. Por lo cual tres veces he rogado al Señor, que se quite de mí. Y me ha dicho: Bástate mi gracia; porque mi potencia en la flaqueza se perfecciona. Por tanto, de buena gana me gloriaré más bien en mis flaquezas, porque habita en mí la potencia de Cristo. Por lo cual me gozo en las flaquezas, en afrentas, en necesidades, en persecuciones, en angustias por Cristo; porque cuando soy flaco, entonces soy poderoso.*

(2 Corintios 12, 1–10)

# AGRADECIMIENTOS

Este libro no habría podido escribirse sin la paciencia y comprensión de mi esposa Emily y mis hijas Maria y Sarah. Pido a Dios que recompense sus grandes sacrificios.

Estoy también en deuda de gratitud con muchas otras personas que me ayudaron y apoyaron. Sobra decir que Christina Gallagher y su director espiritual, el padre Gerard McGinnity, pusieron todo lo que estuvo de su parte en beneficio de esta obra. De igual forma, este libro no existiría sin la colaboración de la señora Marita Wojdak, tan invaluable como la de la señora Karen Seisek, quien contribuyó en muchos aspectos a la finalización de este volumen.

Agradezco asimismo al doctor Frank Novasack, Jr., Therese Swango, Carole McElwain, Robert Petrisko, Joan Smith, Amy Resch y Catherine Dailey sus consejos, ayuda y oraciones por el éxito de esta obra.

Finalmente, mi gratitud especial para aquellos amigos que me auxiliaron con su estímulo o asesoría: Jan y Ed Connell, Stan Karminski, Bud McFarlane, Sheila Curry, la hermana Agnes McConnick, el padre Robert Hermann, el padre John Koza, el padre John O'Shea, el padre Richard Foley, la señorita Noreen

Brubeck—quien a través de su empresa, Mediaright Productions, colaboró en la edición del manuscrito—y el señor R. Vincent, cuya magnífica recopilación de las experiencias de Christina Gallagher, *Please Come Back To Me and My Son*, me fue de gran utilidad.

# ÍNDICE

## Parte III: Mensajes Desde las Alturas

## Parte IV: Experiencias Místicas en Unión con Dios

## Parte V: Víctima por Cristo

[NOTA: Las citas bíblicas fueron extraídas de la versión de la Biblia de Casiodoro de Reina y Cipriano de Valera, de los siglos XVI–XVII, revisada en 1909 (Editorial Vida, Miami, 1980).]

# PREFACIO

El relato cuya lectura está usted a punto de iniciar es la historia de una vidente, una mística, un alma victimada. Es la historia de una mujer que, por gracia y voluntad de Dios, ha recibido una cantidad increíble de dones especiales que el Señor le ha pedido compartir con toda la humanidad.

Lo que Christina Gallagher ofrece al mundo y a la Iglesia con su vida rebasa los límites de lo raro, pues sus experiencias van más lejos que las de la mayoría de los místicos conocidos hasta ahora. Christina no es sólo un alma elegida; es también un alma objeto de maravillosas gracias en una época elegida. De este modo, las revelaciones que se le han hecho no están dirigidas sólo a las almas de nuestro tiempo, sino también al mundo de nuestro tiempo.

Viajé a Irlanda en febrero de 1992 para conocer a la señora Gallagher. Este libro se basa en ese encuentro y en todo lo que me fue dado conocer y comprobar. Espero que su contenido contribuya grandemente a difundir la verdad del infinito amor y misericordia que Dios desea conceder a las almas.

THOMAS W. PETRISKO
3 de abril de 1995

# PRÓLOGO

Lo primero en llamar mi atención fue la Casa de Oración para Sacerdotes. Según la información que obtuve de ella, había sido creado por Christina Gallagher a instancias de Nuestra Señora para proporcionar a los sacerdotes un remanso espiritual y contribuir de este modo a su santificación.

Supe asimismo de la intensa actividad de oración de muchos sacerdotes en aquella bendita casa consagrada a la Reina de la Paz, en la que el Santísimo Sacramento permanece expuesto todos los días. También, que es muy intensa la actividad de oración por los sacerdotes de los cada vez más numerosos visitantes laicos llegados de todas partes.

Fue por todos estos motivos que me decidí a visitar ese centro de energía espiritual en la hermosa costa oeste de Irlanda. Supongo que a mis hermanos sacerdotes en particular les interesará saber cómo me fue.

## Comprobación Más Allá de Toda Duda

No conocía a Christina Gallagher, aunque por todo lo que había leído y oído de ella hasta entonces me inclinaba a pensar que su caso era auténtico. No obstante, lo que me convenció por completo de ello fue su extraordinario discernimiento acerca de mi vida interior, e inclusive de mi trayectoria espiritual hasta la fecha; es decir, del cúmulo de triunfos y fracasos a lo largo de todos los años de mi vida que he dedicado al servicio del Señor.

En otras palabras, esta excepcional mujer irlandesa me dio pruebas irrefutables de poseer una suerte de visión de rayos X con la que le fue posible penetrar hasta lo más profundo de mi conciencia y lucha moral. Adivinó sencillamente los secretos de mi corazón. Se adentró junto conmigo en ese espacio oculto en el que, como nos ocurre a todos, se libra la incesante batalla entre el bien y el mal, la verdad y la mentira, la luz y la oscuridad.

Aunque estaba al tanto de que otros sacerdotes habían tenido con ella experiencias similares, no dejó de sorprenderme intensamente el hecho de que Christina Gallagher procediera a discernir con clínica precisión las flaquezas y aciertos de mi mundo interior.


## Su Carisma Especial

Todo esto sucedió en el curso de la entrevista que le solicité como parte de mi estancia de tres días en Irlanda. Cabe referir aquí que Christina se comporta en tales entrevistas en forma infaltablemente discreta, respetuosa y afable. Se hace evidente que no procura otra cosa que la de desempeñar la tarea que, gracias a su especial carisma, Dios le ha asignado.

Este carisma opera obviamente en conjunto con dos de los siete dones del Espíritu Santo. El primero de ellos es el de conocimiento; Christina conoce íntimamente los secretos de mentes y corazones. El segundo es el consejo; sus sugerencias a los sacerdotes son extraordinariamente sabias, confortadoras, iluminadoras y edificantes.

La consecuencia última de mi experiencia con esta mística excepcional fue una profunda paz de espíritu, la cual es siempre, como lo sabemos por San Ignacio, signo infalible de la presencia de Dios en todo proceso y procedimiento espiritual.

## Su Urgente Mensaje

Habiendo recibido de la vidente irlandesa una impresión tan viva y el más útil de los auxilios, no puedo sino recomendar con enorme gusto este excelente libro del doctor Thomas Petrisko. En él se pone de manifiesto no sólo la hondura de la vida de oración y de los sufrimientos místicos de Christina, sino también la urgencia de sus mensajes y misión para la Iglesia y el mundo de hoy.

Este libro merece llegar a muchas, muchas manos, especialmente a las de los sacerdotes. Me atrevo a sugerir por ello que los laicos lo regalen a todos los sacerdotes que conozcan. Es indudable que nosotros, hombres de poca feólos ungidos del Señor, sus sacerdotes ministeriales—somos quienes más podemos beneficiarnos del contacto con la intensa y perspicaz fe que anima todo lo que Christina es y hace.

Su papel y significado llegan a nosotros en un momento providencialmente oportuno, cuando la agitación al interior de la Iglesia ha sido correctamente diagnosticada como una crisis de fe. Gran parte de la responsabilidad de este estado de cosas es atribuible a la teología liberal que ha logrado sentar sus reales en muchos de nuestros seminarios y escuelas de teología y que esparce velozmente su veneno entre los laicos, debilitando así su fe.

## Tónico de La Fe

La fe significa en realidad dos cosas. La primera de ellas es nuestra conciencia de las realidades sobrenaturales. La segunda atañe a su contenido, aquello en lo que creemos. Ambos aspectos de nuestra fe reciben un tónico vigorizante de todo contacto con el mundo de Christina Gallagher.

Su conocimiento de las realidades sobrenaturales es tan agudo y habitual que prácticamente se funde con su percepción del mundo material. Para ella, entonces, el reino sobrenatural de Dios es tan real y cotidiano como conducir un auto o embarrar de mantequilla un pan. De igual manera, las invisibles presencias de ese reino divino—desde Nuestro Señor y su Madre hasta el ángel guardián de Christina y sus santos más allegados—se han convertido para ella en huéspedes usuales.

En lo que toca al contenido de la fe, Christina Gallagher constituye un faro de luz y ortodoxia. Los mensajes que ha recibido de los cielos se refieren a un buen número de las enseñanzas tradicionales de la Iglesia, entre ellas las rechazadas por los herejes de hoy disfrazados de católicos liberales y progresistas.

El eucaristía, el sacerdocio sacramental, el valor y eficacia de la confesión, el oscuro misterio del pecado original y real, la dignidad y autoridad del sucesor de Pedro, la obediencia filial que debemos al magisterio de la Iglesia, la realidad de cielo, infierno y purgatorio, la función irremplazable de María en el plan divino de salvación y dispensa de gracias, la existencia y actividad de los ángeles y los demonios, la prodigiosa armonía entre los santos en el cielo, la realidad de las almas en el purgatorio y nuestra condición de peregrinos en la Tierra son algunas de las doctrinas que salen a relucir en la comunicación de Christina con lo sobrenatural.

## SU DEBER BÁSICO

Esta humilde ama de casa y madre del condado de Mayo es una fugura profética de nuestro tiempo. Nos advierte de la cercanía de la ira divina, y nos exhorta a arrepentirnos, orar, hacer penitencia y confiar profundamente en la misericordia de Dios.

Es indudable que el deber básico que Dios le ha asignado a Christina es el de poner en movimiento a la Iglesia militante e instarla a la victoria sobre las fuerzas de las tinieblas. La Madre de

Dios nos suplica a través de ella, y muy en particular a los sacerdotes, que nos convirtamos en ardiente y fulgurante luz en medio
de "la oscuridad que priva tanto en la Iglesia como en el mundo."
Los ángeles caídos han desatado su furia sobre la Tierra y muchas
almas corren el riesgo de perderse en "el abismo de la muerte
eterna."

El doctor Thomas Petrisko y sus editores merecen nuestro
agradecimiento por ofrecernos este estimulante estudio sobre uno
de los más grandes místicos y apóstoles modernos.

*Richard Foley, S. J.*

# PRIMERA PARTE

# Alma Elegida de un Pueblo Elegido

## UNO

# Del Génesis al Triunfo

Y ENEMISTAD PONDRÉ ENTRE TI Y LA MUJER, Y ENTRE TU SIMIENTE
Y LA SIMIENTE SUYA; ÉSTA TE HERIRÁ EN LA CABEZA, Y TÚ LE
HERIRÁS EN AL CALCAÑAR.

—GÉNESIS 3, 15

Las Apariciones de la Virgen María siempre han causado sorpresa.
Ocurridas ya sea en la cima de remotas montañas o en lo profundo de ocultas cuevas, la primera pregunta en surgir en todas las
bocas es: ¿Pero por qué precisamente en ese lugar?

Así les sucedió a Christina Gallagher y a los pobladores del condado de Mayo al comenzar el invierno de 1988.

Situado en la región occidental de Irlanda, famosa por las tormentas del Atlántico que pasan a través de Connemara, donde se
apretujan frente al mar las montañas de los Doce Alfileres, el condado de Mayo es una hermosa campiña barrida por el viento.[1]

Se trata, en efecto, de un lugar húmedo. Pero en los días despe-
jados alcanza a verse a lo lejos, al poniente, la fabulosa cima de

Croagh Padraig, donde, en el año 435, San Patricio pasó cuarenta días en ayuno y oración para implorar del cielo la conversión de la bella Erín en una "isla de santos."

Sin embargo, aunque Nuestra Señora de la Paz visitaría en numerosas ocasiones a Christina en el condado de Mayo, fue en Dublín donde se le apareció por vez primera, aparición, por cierto, completamente inesperada.

De visita en una gruta en el condado de Sligo, también en Irlanda, durante el otoño de 1985, Christina vio de pronto con sus propios ojos el rostro de Jesús coronado de espinas. Sin saberlo, esta repentina aparición sería el primero de los muchos sucesos milagrosos que habrían de tener lugar en su vida, sucesos que jamás habría podido siquiera imaginar.

No obstante, además de sus encuentros con la Virgen María y las apariciones de Cristo, esta sencilla ama de casa irlandesa presenciaría en poco tiempo extraordinarias, místicas y celestiales visiones. Los fascinantes relatos que ella misma ha hecho de estas experiencias—desde estremecedoras imágenes del rostro del Padre eterno en el cielo hasta terribles incidentes con el Príncipe de las Tinieblas en su propio hogar—son dignos de impresionar a cualquiera. En un corto lapso, Christina recibió abundantes mensajes para la Iglesia y el mundo. Ella misma habría de convertirse, por indicación de Dios, en "audaz testimonio" para una "generación pecadora" y descaminada.

Todo esto podrá parecer increíble, pero lo que importa destacar de ello es el propósito esencial de las experiencias espirituales de Christina Gallagher: hacer vívidamente presente entre el pueblo de Dios el verdadero significado de la voluntad divina. Estas experiencias alzan frente a nuestros ojos la verdad de nuestra fe y de la gloriosa vida eterna junto a Dios que aguarda a los creyentes, pues su contenido no es otro que el del mensaje mismo del Evangelio, eso es, el mensaje de esperanza, amor y paz que Jesús transmitió al mundo hace casi dos mil años.

Además, las apariciones y revelaciones de que Christina ha sido objeto son muy semejantes a las descritas en su tiempo por místicas católicas tan grandes como Teresa Neumann, Santa Ana

Catalina Emmerich, Santa Brígida de Suecia y la venerable María de Ágreda. Más todavía, las revelaciones hechas a Christina Gallagher contienen portentosas imágenes de los espacios ocultos del reino de Dios, del mundo del espíritu, y algunas de sus experiencias místicas son tan intensas que nos resulta imposible asimilarlas. No en vano traen a cuento la grave responsabilidad de todos y cada uno de nosotros en la salvación de nuestra alma.

"Nuestra alma está en riesgo, y la humanidad no quiere darse cuenta de ello," repite Christina sin cesar.

Este énfasis en el alma le permite desdeñar la obsesiva preocupación por los castigos terrenos, inquietud que suele distraer a muchos de la médula del mensaje de la Virgen María. Nuestra Señora ha insistido una y otra vez en que la zozobra por inminentes incertidumbres terrenales no es tan importante como la salvación del alma. Así, ella se ha hecho presente para volver las almas a Dios, y no sólo para advertir de tribulaciones futuras. Aquellos que no se conviertan, le ha dicho a Christina la santa Madre de Dios, "jamás se levantarán de entre los muertos del espíritu."

Este mensaje puede parecer improbable, pero se trata de un anuncio serio que, por desgracia, como reconoce la propia Christina, no está siendo debidamente atendido. La gente lo recibe con indiferencia. Como si fuese un animal herido, el mundo se arrastra día con día hacia el imperio de la oscuridad, la codicia y la sensualidad, desoyendo la invitación de Dios, ya sea porque la rechaza por completo o por una decisión deliberada de no prestar oídos a la palabra divina, con el argumento de que "Eso no es para mí."

Como los infantes de Fátima, Christina pone ahora frente a nuestros ojos todo lo que ha visto, parte de lo cual no es precisamente agradable. Aquel que ignora el cuidado de su alma, ha dicho, sella para siempre su destino. El abandono de su espíritu lo conducirá inevitablemente al infierno.

Hoy día, muy pocas personas creen en la existencia del infierno, el mundo de los condenados. Dando por supuesto que se trata de un sitio imaginario, no se le menciona sino para referirse a desastres naturales causados por las inclemencias del frío o calor extremos. Nadie quiere admitir que sus propias acciones lo exponen a esta ineludible sentencia de muerte.

No obstante, algunas personas han sido capaces de despertar al oír acerca de la existencia y horrores del infierno. Similar a la de otros muchos místicos de la historia, la muy precisa descripción del infierno hecha por Christina da nuevo testimonio de que es un sitio real habitado para la eternidad por incontables seres, cuyo destino e incesante agonía le ha sido dado a Christina constatar. Ha visto a los impenitentes devorados por el fuego, un fuego inextinguible que deforma y atormenta a sus víctimas.

Junto a estas visiones pesadillescas, Christina ha tenido otras de individuos que encaminan sus pasos justamente en esa dirección. Pero tales visiones han sido necesarias por un motivo: porque Dios desea salvar a esas almas por medio de los voluntarios sufrimientos de Christina. Quizá ésta sea la principal razón de que se haya valido de ella. En calidad de alma ofrecida en sacrificio, Christina sufre en su propio cuerpo las heridas de Jesucristo. Así, ofrece valientemente sus padecimientos físicos, emocionales y mentales por la salvación de muchas personas que de otro modo se perderían por toda la eternidad.

Cierta vez, Christina se disponía a dar una charla en el sur de Irlanda cuando la Virgen María le mostró a miles de personas que, según sus palabras, "han dejado de amar a Dios." En otra ocasión vio a otras tantas en camino al infierno. No fue ciertamente una visión agradable. En medio de angustiosas lágrimas, Nuestra Madre celestial le rogó ofrecer vida y muerte por aquellas almas. Christina aceptó, y entonces la Virgen le pidió orar para ofrecerle a Dios su mente, voluntad, corazón, alma y cuerpo. Jesús le confirmaría después que aquellas almas habrían de salvarse. Ha sido de este modo como Christina ha descubierto que el principal propósito de su misión es servir de víctima en comunión con el sufrimiento de Cristo.[2]

Sin embargo, sus experiencias místicas no concluyen ahí. El plan de Dios a través de Christina no deja de desarrollarse. Las apariciones de la Virgen María comenzaron en 1988 y, junto con experiencias místicas y mensajes divinos, no han cesado desde entonces, y nada indica que terminarán. Son, así, un generoso manantial de revelaciones sobre la urgencia de la conversión y el enigma del futuro. Como parte de su plan, Dios le ha revelado a Christina muchas cosas sobrenaturales, desde expresivas escenas del Antiguo y Nuevo Testamentos hasta representaciones simbólicas de la era de paz por venir. Sólo en los dos últimos años se le han aparecido buen número de los grandes santos y fieles servidores de la fe católica. Moisés, el conducto por el que fue dada a conocer la ley de Dios; el profeta Elías, San Juan Evangelista, el bienaventurado arcángel Miguel, el padre Pío, Santa Filomena, Santa Teresita de Lisieux, Santa Catalina de Siena, Santa Teresa de Ávila, San Antonio, San José, el obispo Sheen y la hermana Faustina están entre aquellos a quienes ahora llama en la intimidad "mis amigos," amigos todos ellos que gozan de la visión beatífica.

Estos amigos forman parte del asombroso pero coherente plan de la revelación que Dios desea hacer llegar al mundo a través de Christina Gallagher. La sola presencia de estos elegidos da nueva vida a acontecimientos y enseñanzas del pasado, al tiempo que contribuye al plan de Dios para el cumplimiento del futuro. Sus consejos y mensajes le dan nueva y profunda dimensión al plan de Dios.

Por medio de los santos, Dios demuestra a través de Christina que, triunfante en el cielo, la Iglesia está plenamente involucrada en el presente. La Reina de la Paz le reveló que "los mártires de Irlanda no cesan de interceder ante Dios con ejemplar perseverancia."

Tal intercesión persigue un gran propósito, pues mientras la Tierra permanece indiferente ante lo que ocurre más allá del mundo material, está por desatarse una invisible pero espantosa batalla que hace estremecerse al cielo frente a lo que está por venir. Christina, por su parte, ya ha sido informada de mucho de lo que nos aguarda en el futuro.

Con todas estas experiencias en su haber, está también en condiciones de mostrarnos un panorama muy amplio de nuestra época, nada menos que una visión del fin de los tiempos, visión que la Virgen María había transmitido ya a muchos otros seres y sigue transmitiendo en la actualidad. Sin embargo, la Madre de

Dios no es sino el medio por el que se nos da a conocer la conclusión de un proyecto en el que ella misma estuvo incluida desde el principio.

Iluminados del mundo entero, en efecto, han visto en la Virgen a la mujer del Génesis (3, 15) que oprime la cabeza de la serpiente, función que le ha correspondido desde el origen de los tiempos. Habiendo confirmado en Lourdes que está limpia de la huella de Satanás, la Madre de la humanidad se nos presenta ahora, por la fuerza del Espíritu Santo, como Madre de Jesús y Reina de la Paz para llamar la atención del mundo sobre el destino que le espera.

La victoria es suya. Nuestra bienaventurada Madre es la Nueva Eva. Ha llegado el momento de que el mundo lo sepa.

A pesar de que esta verdad nunca ha dejado de manifestarse en la gran revisión de su obra a través de Christina, Dios quiso confirmarla una vez más por medio de una imponente visión que llegó acompañada de un trascendente mensaje. Hallándose en Filipinas, junto con la aparición y el mensaje Christina recibió un anuncio grandioso.

En su primera noche en Filipinas, la joven mística irlandesa despertó a las tres de la mañana. Sintió de inmediato el impulso de orar. Abismada en oración, el Señor puso ante sus ojos una estremecedora visión en la que, transformado, el cielo aparecía iluminado por una brillante y espectacular luz roja.

Sobre este cielo encendido se elevó de pronto la gloriosa Virgen María, toda belleza y esplendor. De pie sobre una esfera, Nuestra Señora oraba, con las manos unidas.

Christina advirtió de súbito que, a los pies de la Virgen, una inmensa y negra serpiente levantaba su amenazadora cabeza. Sin siquiera dignarse a verla, la Madre de Dios alzó tranquilamente el pie derecho y le aplastó la cabeza, como la mujer del Génesis. Mientras la serpiente se agitaba y retorcía, Christina vio que el pueblo filipino se llenaba de temor, pero que al instante Nuestra Señora disipaba sus aflicciones tendiendo amorosamente su manto para protegerlo.

Escuchó entonces, en medio de su aturdimiento, la voz del Salvador.

Ustedes son mi pueblo, el pueblo de mi elección. Gracias a sus sufrimientos, yo, en mi gran misericordia, los salvaré, así como a tantos otros que permanecen en tinieblas. Mi corazón está obligado con ustedes, y es por eso que les envío a mi Madre. Se darán cuenta así del valor de sus sufrimientos y de la gran fuerza del amor e intercesión de la que también es Madre suya. A ustedes, pueblo mío, habré de salvarlos de la furia devoradora de la bestia. No pequen ni cometan impurezas. Mi querida Madre y yo, Jesús, su Señor, estamos con ustedes y los amamos. Vayan con mi paz y sirvan a Dios.

La referencia del Señor a quienes "permanecen en tinieblas" era en ese momento de gran significado, pues apenas el día anterior un ciego se había curado milagrosamente mientras Christina recitaba una oración especial en una de sus conferencias en Filipinas.

He aquí el comentario del padre McGinnity, director espiritual de Christina, al mensaje que acabamos de citar.

Al decir que su corazón está "obligado," en el sentido de "estar en deuda," Jesús parecería querer decir lo siguiente: "Les debo mi protección, porque me pertenecen y me son fieles a pesar de sus grandes sufrimientos." Lo expresó además en los términos filipinos *utang na loob*.

La palabra "bestia," a su vez, que aparece frecuentemente en el Apocalipsis en referencia al poder del Demonio, alude en este caso a la masonería, según las explicaciones del Apocalipsis hechas por Nuestra Señora al padre Gobbi. De acuerdo con ellas, el dragón rojo representa al comunismo ateo y su franca negación de Dios, mientras que la bestia negra de la masonería dice creer en Dios cuando al mismo tiempo opera secretamente contra el Todopoderoso por medio de estructuras que, engañosamente, pretenden debilitar a la Iglesia. Esas estructuras ofrecen éxito y poder materiales y, mediante los atractivos del placer y el dinero, se proponen conseguir que la raza humana se aleje de la ley de Dios, los mandamientos. La intención oculta de la bestia es destruir el reino de Cristo en la Tierra con la extensión del reino de las tinieblas y el pecado.

Sin embargo, este mensaje poseía un significado más profundo, como pudo saberse tiempo después, cuando se formalizó en Filipinas la propuesta de hacer obligatorio el "control de la natalidad." La anticoncepción artificial como medio de control demográfico se opone al magisterio de la Iglesia acerca de la ley de Dios. En todo el mundo ha quedado demostrado, además, que la anticoncepción induce la práctica del aborto. Pero el pueblo filipino respeta la vida en el vientre materno. Es obvio que a Jesús, nuestro Dios y Señor, le complace más que ninguna otra cosa la sonrisa de los niños, aunque sean pobres, así como la humilde aceptación del don divino de la vida de que dan muestra los padres generosos y esforzados. Sin embargo, el propio Jesús dice en este mensaje que la bestia está "furiosa." Al demonio le repugna esta entrega a Dios, a su divina ley y al don de la vida. Su "furia" es, tal como se lo dijo Jesús a Christina, una "furia devoradora." En otras palabras, como la salvaje bestia que es, el demonio se propone aniquilar y destruir la vida. (Muchos anticonceptivos artificiales son en realidad agentes abortivos; su función consiste en provocar la expulsión del bebé inmediatamente después de haber sido concebido.) Con todo, el mensaje de Jesús es esperanzador, pues nos asegura que, en su infinita misericordia, habrá de enviar a su Madre para proteger a aquella atribulada nación.

Jesús volvió a dirigirse a Christina antes de que ésta abandonara Filipinas. Le hizo entonces una trascendente y significativa revelación, si bien profundamente impregnada de misterio. Gracias a ella, no obstante, empezó a cobrar mayor sentido la percepción de Christina acerca de la profecía del libro del Génesis: "Ahora que has venido, puedo poner en práctica mi plan. Aquí comenzará el triunfo del Inmaculado Corazón de mi Madre, y de aquí se difundirá al mundo entero."

La posterior negativa del pueblo filipino a acceder a las propuestas del gobierno para limitar y destruir la vida humana confirmó sin lugar a dudas la veracidad de la profecía que Nuestro Señor había dado a conocer a través de Christina.

Todo indica que esas mismas palabras de Cristo anunciaban también el sublime acontecimiento que habría de ocurrir en Rusia meses después. Fue aquél un suceso místico de tal importancia y magnitud que nos atreveríamos a afirmar que los historiadores de la Iglesia posteriores al triunfo no dejarán de consignarlo como un hecho de enorme trascendencia. Hay quienes aseguran, incluso, que está relacionado con la segunda venida de Cristo.

Pero no nos adelantemos; sería un error que lo hiciéramos. No debemos olvidar que, antes del regreso de Cristo, tendrán que instaurarse la tribulación, el triunfo y la era de la paz.

En septiembre de 1993, el Señor le hizo saber a Christina que estaba a punto de ocurrir un acontecimiento decisivo. Había llegado la hora, le dijo, de la aparición del Ángel de la Pascua, aquel que, como lo narra el Antiguo Testamento, ya había visitado la Tierra en anterior ocasión.

En el libro del Éxodo, en efecto, se relata con pesar la noche en que el así llamado Ángel de la Muerte, o Destructor, se presentó a los egipcios. Lo mismo que el anuncio divino de que el triunfo del Corazón Inmaculado empezaría en Filipinas, ésta era una revelación prodigiosa: el Ángel de la Pascua se hallaba cerca.

Pero antes de continuar, permítasenos volver al punto de partida, al momento en que todo esto comenzó en la vida de Christina, y examinar cada uno de los dones que ha recibido, pues, por intermedio de Christina Gallagher, Dios nos ofrece el tesoro de nuestra salvación.

Lo único que tenemos que hacer es descubrirlo, llenos de fe y humildad.

# DOS

# "Soy la Virgen María, Reina de la Paz"

¿Y DE DÓNDE ESTO A MÍ, QUE LA MADRE DE MI SEÑOR VENGA A MÍ?
—LUCAS 1, 43

Todo comenzó en 1985.

Encontrándose una noche en oración en lo profundo de una gruta, Christina Gallagher sintió de pronto que una poderosa fuerza la impulsaba a alzar la vista. Fue así como vio aparecer ante sus ojos el rostro sufriente de Jesucristo.

Fue tal su impresión que hasta el día de hoy esa visión del divino rostro coronado de negrísimas espinas y con el agonizante gesto elevado al cielo permanece indeleble en su memoria.

Eran sus cabellos de un color café intenso, y sus ojos se abrían y cerraban con gran dificultad, como entumecidos. Con la faz contraída, sobre todo a partir de los pómulos, su barba lucía enmarañada y dispareja. Un vivo resplandor circundaba su cabeza, y su rostro estaba manchado de sangre. Era evidente que sufría.

Con el alma también en agonía, Christina se sintió invadida por un arrepentimiento que sacudía todo su ser. Por un momento pensó, con profunda vergüenza, que el Señor había sido crucificado a causa de sus pecados. Aquella idea la estremeció. "Creí que lo que Jesús llevaba a cuestas eran mis pecados," diría después. En lo más profundo de su alma, imploró su perdón.

Christina vio desparecer en otra ocasión una imagen de Nuestra Señora y que en su lugar se le presentaba la Santísima Virgen en toda su realidad. Retiraba ésta su manto como para que, debajo de él, Christina pudiese ver a Cristo crucificado, vivo y sufriente, pero en ese instante la visión se evaporó.

Interrogada al respecto, Christina cayó en la cuenta de que la expresión de ese rostro era asombrosamente parecida a la del sudario de Turín. Con nada más podía compararla.

Pasaron días sin que pudiera librarse del impacto de aquella revelación. No sólo eso; sentía al mismo tiempo que algo muy extraño comenzaba a tomar forma dentro de ella, así de intensa y profunda había sido la fascinación que aquellas desconsoladoras apariciones habían ejercido en su interior, y sobre todo la de Cristo crucificado. Su semblante, sangre y aflicción le corroían el alma. Le era imposible alejarlos de su mente. La imagen del Señor pendiente del madero y al borde de la muerte había adquirido ante sus ojos una realidad tan palpable que su espíritu se sintió conducido al colmo del éxtasis divino y su vida cambiaría para siempre.

Así ocurrió, en efecto. Dios había iniciado su obra en ella, y ella no podía sino corresponder a su gracia. La iglesia y la oración pasaron a convertirse en los elementos fundamentales de su existencia. No cesaba de recomendarles a los demás que tuviesen "fe en Dios" y percibieran su "cercana presencia." El rezo del rosario le deparaba un gozo inmenso. A través de la misa y comunión diarias, así como del rosario, la confesión y el ayuno, de su antigua personalidad comenzaba a emerger una nueva. Se entregó por completo a la voluntad de Dios. Aun así, tendrían que transcurrir tres años para que su misión le fuera manifestada con toda claridad.

El jueves 21 de enero de 1988, hallándose de visita a unos parientes en Dublín, Irlanda, la Reina de la Paz se apareció milagrosamente ante sus mismísimos ojos. Christina se sintió sumergi-

da entonces en una paz y un amor tan profundos que definitivamente no podían ser de este mundo. Al alzar la vista contempló a
una hermosa mujer de grandes ojos azules ligeramente elevada
sobre el suelo. Rodeada por un halo de luminosa y blanca luz,
aquella deslumbrante figura tenía fija la mirada en Christina, cuya
alma se sentía traspasada por su fulgor.

Sin salir de su asombro, una vibrante sensación de amor y paz
la inundó. Aquella visión era realmente portentosa. "La Madre de
Dios se me mostraba en toda la magnificencia de su radiante
belleza," habría de relatar después, "con una luz que manaba de su
cuerpo. Vi sus pies y sus manos. Vi a Nuestra Señora claramente."

La Santísima Virgen guardaba las manos en actitud de orar.
Cuando de pronto las separó, apareció entre ellas una esfera de
vidrio cristalino dentro de la cual podía verse una masa de humo
turbulento. Le dijo que aquella esfera simbolizaba al mundo, pero
no le explicó el significado del humo. Tal vez se trataba de las
tinieblas de Satanás, que, como le indicaría en posterior ocasión, se
apoderaban poco a poco de la Tierra a causa del desinterés de la
humanidad en responder al llamado de Nuestra Señora. Acto
seguido, la Virgen la invitó a colocarse bajo su manto, tras de lo
cual le dijo: "Me retiro ya" y, haciendo la señal de la cruz, la bendijo, bendijo también a la persona que había permanecido al lado de
Christina a lo largo de todo este episodio y comenzó a
desvanecerse hasta ser consumida por un resplandor que no tardó
tampoco en desaparecer.

Quedaron sin habla. ¿Qué había ocurrido?

Una indescriptible sensación de júbilo se apoderó de ellas.
Aunque la otra persona ahí presente no había visto nada, se sentía
profundamente conmovida y había percibido "una presencia." Con
los ojos anegados en lágrimas, intentaron entender lo sucedido,
pero no pudieron. Aquello era inasible y se escapaba como el viento. Llenas de alegría, llegaron a la conclusión de que no podía
tratarse de otra cosa que de una visita de los cielos.

Sin embargo, aquella alegría fue efímera. Las personas a las que
Christina les confió lo ocurrido le recomendaron cautela y discre-
ción. Dudaban de la veracidad de los hechos. Llegaron a sugerirle

incluso la posibilidad de que estuviera perdiendo la razón. La previnieron contra el riesgo de alucinaciones. Christina asegura ahora que de no haber sido por la paz y el amor inexplicables que sentía, habría "dudado de mi salud mental."

Esa misma noche volvió en tren al condado de Mayo. Aunque llena de asombro y emoción, se sentía también abrumada de preguntas. Tras examinarlo todo de nuevo, cayó presa de una febril turbación.

¿Se había vuelto loca? ¿Había tenido alucinaciones? Su mente fue absorbida por tal cantidad de ideas y sensaciones que terminó exhausta. ¿Qué debía hacer? ¿Contárselo a alguien? Lo peor del asunto era que aquella celestial señora no le había dicho nada, ni siquiera su nombre. Pero sentía que la amaba, y la paz que la embargaba era la mejor demostración de que lo sucedido no podía ser un arranque de demencia. No obstante, todo aquello le causaba intensa aflicción. Fue a su esposo y a su madre a los primeros a los que les refirió lo que le había pasado, pero ambos reaccionaron con silencios y miradas fijas. Su madre le preguntó si "se sentía bien," pero nada más; parecía creer que "ya se le pasaría."

La hermosa señora volvió una semana después. Esta vez la acompañaba una encantadora jovencita a la que Christina identificó como Santa Bernardita de Lourdes.

Esta nueva visita de la Virgen María fue tan inesperada como la anterior. De ella, Christina referiría que "a la distancia, daba la impresión de que Nuestra Señora fuera transparente, pero cuando se acercó y su figura pudo distinguirse en su totalidad, vi que la luz que parecía surgir de su corazón era en realidad una hostia eucarística."

Al tiempo que la Virgen se materializaba, se imponía también una inmensa sensación de paz. La aparición tuvo lugar en la cocina de la casa de Christina, en Gortnadreha, pequeño poblado de apenas una docena de familias. De nueva cuenta, la Señora del Cielo permaneció en silencio; no emitió palabra alguna.

Sobre el pecho de Nuestra Señora, la santa eucaristía brillaba en todo su esplendor. Santa Bernardita se mantuvo de rodillas, paralizada por aquella sagrada presencia. De acuerdo con el relato de

Christina, la joven santa era de cabello oscuro y cara redonda, y conservaba unidas las manos. Vestía un atuendo café e iba tocada con un gorrito de color gris. Completamente inmóvil, mostró reverencia y santo temor mientras duró la aparición.

A pesar del silencio de Nuestra Señora, Christina volvió a sentirse henchida de paz y amor.

La hermosa mujer se le apareció de nuevo al día siguiente, y esta vez se dirigió a Christina de inmediato. Con suave y melodiosa voz, la Virgen Santísima le dijo: "No temas. Soy la Virgen María, Reina de la Paz, y vengo en nombre de la paz." También su apariencia era distinta. Iba cubierta con un manto color crema de ribete dorado. Sus celestiales vestiduras resplandecían potentemente, emitiendo haces de luz en todas direcciones. Era el jueves 4 de febrero de 1988.

Sin vacilar un instante, la Reina de la Paz se acercó a Christina para tranquilizarla, pues ésta le confesó que estaba sobrecogida de miedo. Pero el amor de la Virgen disipó rápidamente su temor de que nadie creyera lo que le había ocurrido.

"¿Por qué te muestras tan inquieta, hija mía? Ya te he dicho que vengo en nombre de la paz. No temas por lo que no sucederá jamás … Tus temores por tantas cosas impiden que la paz se aloje en tu corazón … Mi Hijo y yo hemos dedicado mucho tiempo a intentar abrir tu corazón y prepararte para este momento, pero no hemos encontrado respuesta en ti. ¡Te nos has resistido con tanta vehemencia … ! No te opongas más a nosotros, hija mía, por favor; la fuerza que empeñas en resistirte nos será de gran utilidad para la salvación de muchas almas. Es mi deseo que ores más, tanto como puedas. Sé que debes ocuparte de tu familia, pero a través de la oración mi Hijo y yo estamos concediéndote la gracia que necesitas. Deja de temer. Sé que por lo pronto te resulta difícil comprender lo que está sucediendo, pero llegará el día en que lo entiendas. Tu corazón gusta de orar, pero debes saber que sería de mi agrado que oraras más aún. No pierdas tu tiempo en otras cosas, hija mía."

En inmediato cumplimiento de su misión, la Reina de la Paz le transmitió enseñanzas y orientaciones. La labor de Christina estaba a punto de comenzar. El tiempo apremiaba. Nuestra Señora le pidió que siguiera rezando todos los días los quince misterios del rosario, y le advirtió:

"A todos aquellos que se niegan a aceptar mis mensajes y los de mi Hijo los exhorto a rezar el rosario de corazón, con sus quince misterios, durante nueve días. Ofrezcan sus oraciones al Sagrado Corazón de mi Hijo y al Espíritu Santo para que los iluminen. Si proceden así, comprenderán. Yo te bendigo, hija mía, en el nombre del Padre, el Hijo y el Espíritu Santo."

A partir de ese día, la Madre de Dios no perdió tiempo ni palabras. Con su primera exhortación, a través de Christina Gallagher dio un excelente consejo a todas las personas abatidas por la desconfianza.

Ya no había excusas para no creer. Siempre llega un momento en que las excusas no bastan. Todos aquellos que deseaban conocer la verdad disponían ya de la fórmula para lograrlo. La Reina de la Paz enseñaba así el camino hacia la luz: un poco de fe y oración.

Ella misma insistiría más tarde en que el pueblo irlandés debía demoler las barreras que había erigido para impedir el paso de esa luz, pues estaba destinado a ser el faro desde el cual ésta resplandecería en el horizonte.

# TRES

# "Mi Hijo Eligió a Christina"

DÍCELE NATANEAL: ¿DE DÓNDE ME CONOCES? RESPONDIÓ JESÚS,
Y DÍJOLE: ANTES QUE FELIPE TE LLAMARA, CUANDO ESTABAS DEBA-
JO DE LA HIGUERA TE VI.

—JUAN 1, 48

Las apariciones de la Virgen a Christina fueron peculiares desde el principio.

A diferencia de las videntes de Fátima y Lourdes, Christina Gallagher no era una niña cuando la Reina de la Paz comenzó a aparecérsele. Tampoco era una religiosa, como tantas otras místicas adultas de la historia. Y para completar lo que parecería ser toda una serie de contradicciones, Christina estaba casada y era madre de dos hijos.

Claro que, en estricto sentido, éstas no eran contradicciones en absoluto, pues hasta ahora ha sido una constante que los videntes sean muy distintos entre sí, y en muchos aspectos. Sencillamente, no existe norma ni prototipo del vidente "perfecto."

A menudo se insiste en que la Santísima Virgen elige a niños, pero este supuesto carece de bases que lo sustenten. Las apariciones ocurridas en Lourdes, La Salette, Beauraing y Banneux, todas ellas aprobadas por la Iglesia, fueron presenciadas por niños, efectivamente, pero muchas otras han tenido por objeto hombres y mujeres de todas las edades y condiciones.

Sin embargo, nada de esto es novedoso. Nuestra Señora ha explicado que Dios mismo elige y prepara a las almas en las que ha puesto sus ojos, a las cuales ha esperado desde siempre. No obstante, su plan está imbuido de paciencia y respeto perfectos por el libre albedrío de sus hijos. A Dios no le corre prisa. No acostumbra tamborilear los dedos. Habiendo sembrado su semilla en ciertas almas ha mucho tiempo, sus elegidos—de cualquier edad, sexo, instrucción y grandeza de fe—terminan frecuentemente por dar frutos de humildad, caridad y sencillez. Esto es así porque elige a almas que sabe que pueden corresponderle, almas como la de Christina Gallagher.

Christina ha admitido humildemente que su fe era débil. "El rosario era para mí una simple recitación," confesó.

Pero Dios sabía cuán especial era esa alma para él, como lo sabe en el caso de todos sus elegidos, en los que no en vano ha sembrado su semilla. Christina le perteneció desde el primer momento de su existencia.

En un breve mensaje recibido por Christina para una amiga, la Reina de la Paz le reveló la "lógica" del cielo: "Mi Hijo eligió a Christina, y no por su sabiduría, sino porque nos abrió su corazón."

No es de sorprender que Christina haya sido comparada con Santa Bernardita Soubirous. Ambas fueron pobres y débiles. Lo mismo que Bernardita, los errores y deficiencias de Christina eran visibles para todos, tal como Dios lo planeó. Pero para ellas, errores y deficiencias eran en realidad dones divinos. Óptimos dones.

Brigid Christina Ferguson Gallagher nació el 4 de junio de 1953 en Calladashan, Knockmore, condado de Mayo, Irlanda, modesta aldea habitada por apenas diez familias a 3 kilómetros de Gortnadreha, donde ahora vive. Bautizada en honor de Santa Brígida de Irlanda, siempre se le ha llamado por su segundo nombre, Christina.

De alrededor de 1.50 metros de estatura, cualquier extranjero diría que se trata de una irlandesa típica. Su pronunciación es firme y clara, con acento ligeramente escolar. Aunque de piel muy blanca, sus ojos son oscuros, y lleva el cabello—de color café, oscuro también—siempre peinado a la moda, preferentemente corto. Cuando sonríe, sus ojos parecerían emitir un fugaz resplandor de alivio, a causa quizá de las penas que debe soportar como resultado del sufrimiento redentor con el que se ha comprometido a plenitud.

Como tantas otras mujeres irlandesas, se casó siendo muy joven; tenía apenas dieciocho años. Su esposo, Patrick, a quien ella llama cariñosamente "Paddy," tiene ahora cuarenta y nueve años y es plomero. Tienen veinticuatro años de casados, y dos hijos.

Christina perdió recientemente a su madre, pero su padre vive aún. Aunque al principio les alarmó lo que le ocurría a su hija, no tardaron en comprenderlo y brindarle apoyo.

Los Ferguson vivían en una pequeña choza con únicamente dos recámaras. Christina compartía su habitación con sus hermanos mayores, Joseph y Marie. A pesar de sus extremas limitaciones, la fe les permitió salir adelante. La familia entera rezaba el rosario todas las noches, de rodillas sobre una banca de madera instalada en la cocina. También tenían por costumbre confesarse cada mes.

Todos los domingos recorrían 3 kilómetros para visitar la iglesia de Cristo Rey. Lo hacía incluso la madre de Christina, de nombre Martha, que padecía de tuberculosis crónica. Era la fe, cabe insistir, lo que les hacía posible sobrellevar su carga. Los recuerdos de Christina están libres de quejas y rencor: "Siempre estábamos contentos, y nos sentíamos satisfechos con lo que teníamos." Esta cualidad parece distinguir en particular a la población del condado de Mayo. La gente del lugar se ha hecho notar por su proverbial optimismo en medio de las más duras penalidades. Christina tenía apenas catorce años cuando su madre se vio al borde de la muerte; su obstinada fe infantil la impulsó a implorar de la misericordia de Dios la salud de su madre, y la suya propia. El Señor atendió sus plegarias, y Martha sanó.

Posteriores súplicas de Christina también fueron debidamente correspondidas. Un día descubrió por accidente que podía leer y escribir. Le pareció increíble, pero lo aceptó como uno más de los dones de Dios. No obstante toda la atención que le ha ganado su relevancia espiritual, cosa que no deja de intimidarla, a la fecha sigue siendo la misma persona tranquila, sencilla y sincera de siempre. Dotada de natural humildad, quienes llegan a conocerla no dejan de sorprenderse de su simpatía y sencillez de corazón.

Tal vez todo es obra de su afectuosa sonrisa, una sonrisa que, como ha expresado un teólogo, "ni los estigmas ni ningún otro sufrimiento han sido capaces de arrebatarle."[1]

De acuerdo con Michael H. Brown, Christina "es actualmente una de las místicas más famosas del mundo."[2] Pero la fama no la ha trastornado. Sigue siendo la que ha sido siempre. La gente le fascina y disfruta todo género de conversaciones. Incluso se ha hecho célebre por su gran sentido del humor.

Pero independientemente de su fama mística mundial, ningún lugar le gusta tanto como su casa. Es ahí donde encuentra paz. Definitivamente, no nació para los reflectores. Desestima el interés que se pone en ella y no pierde ocasión para recordar a los demás que la propia Virgen le ha dicho que la mejor prueba del discernimiento de un vidente es su comportamiento un poco agresivo.

Asegura, así, que antes que nada sigue siendo un ama de casa como cualquier otra. Cocinar, planchar, limpiar y hacer el aseo: he ahí su rutina. Apenas concluidas sus oraciones de la mañana, emprende sus actividades. Una vez que ha puesto en orden sus asuntos domésticos, sale de compras, sin luces, cámaras ni preguntas. Así es como le gusta vivir: sin extravagancias, sin nada fuera de lo normal.

Claro que sus viajes por todo el mundo están fuera de lo normal. Christina es requerida actualmente para impartir conferencias en numerosos congresos marianos, lo cual le provoca enormes complicaciones. Sus prolongados desplazamientos a América, Europa o Asia resultan no sólo agotadores, sino abrumadores. Pero no puede evitarlos.

Como otras "almas elegidas," soporta la fatiga mental y las molestias físicas. Está obligada a hacerlo. Ello le resulta a veces sumamente difícil, pues además de viajar debe transmitir los mensajes que Dios le ha pedido divulgar, algunos de los cuales, para peor, no son necesariamente del gusto de la gente. Pecado, Satanás, conversión, castigo e infierno no son palabras precisamente agradables para muchas personas.

Sin embargo, es común que el Espíritu Santo tome posesión de Christina mientras ésta habla, y que sus palabras se vuelvan entonces más poderosas y edificantes, hecho que a ella misma suele dejarla sorprendida. En cierta ocasión le escribió lo siguiente a su director espiritual: "Hablé de Dios con tal intensidad que ni siquiera me reconocí a mí misma."

Pero Dios la reconoce siempre, porque a través de esta alma especial es la Santísima Trinidad la que opera. Christina cuenta hoy en día con toda una legión de seguidores que la aman y escuchan sus mensajes con atención, y aunque ello implica ciertos costos, lo cierto es que la vida de un "alma elegida" tiene también sus recompensas.

Christina es ahora más fuerte en su interior. Se siente segura: segura de Dios, de su fuerza. Es él quien lo puede todo; sin él, ella no podría hacer nada. Ella es toda debilidad; él, toda fuerza. Esta nueva seguridad trae a la mente la de Santa Teresa de Ávila, quien también se le ha aparecido a Christina y en quien ésta reconoce la virtud de la resuelta firmeza. Atemorizada en un principio por su dureza y severidad, Christina descubrió que Santa Teresa es en realidad muy amable, aunque ciertamente de voluntad recia y gran determinación, que evocan siempre el infinito poder y autoridad de Dios. "Santa Teresa sería capaz de atravesar murallas en nombre de Dios," ha dicho Christina.

La joven irlandesa ignoraba casi todo acerca de la vida de la santa de Ávila, pero una sencilla plegaria escrita por esta última para sus novicias hace cientos de años comprueba la exactitud de la descripción de Christina:

Oh, rey de le gloria, señor de señores, emperador de empe-
radores, santo de los santos, poder superior a todos los
poderes, conocimiento por encima de todos los conocimientos, sabiduría misma. Tú, Señor, eres la verdad y la abundancia. ¡Reinarás por siempre![3]

Jesús y el Padre eterno se dirigieron a Christina en 1992. Fue
aquélla una revelación impresionante. Christina supo por esta
conversación que, efectivamente, había sido elegida. El mensaje
que recibió fue realmente trascendental, pues el Padre y Jesús le
explicaron que tocaría la vida de toda una generación del pueblo
de Dios.

Como ocurre con la mayoría de los místicos, el papel de
Christina en el plan de Dios está lleno de misterio, y sólo el Señor
lo conoce a profundidad. Pero esto no importa. Ella no comprende
muchas cosas, ni lo pretende. Prefiere, en cambio, poner de relieve
su indignidad. "No merezco nada, ni siquiera la cruz. No soy digna
de nada. Dios lo es todo."

Reflexionando acerca de las incontables tragedias del mundo
actual, como el SIDA y el aborto, Christina ha comentado que ella
bien podría ser la peor de las pecadoras. "Podría ser una gran
pecadora," señala, "siempre y cuando ésa fuera la voluntad de
Dios." No cabe duda de que esta afirmación es una gran lección
para todos nosotros.

Pero, en lo que toca a Christina, la voluntad de Dios es ciertamente muy especial. La gracia divina le ha permitido experimentar lo que la Reina de la Paz llamó una "conversión pura," profunda y duradera.

Esta conversión pura no fue fácil. El plan de Dios a través de
esta alma irlandesa elegida implicaba un precio muy alto: el de cargar la cruz, una cruz sumamente pesada.

A Christina Gallagher le llegó muy pronto el momento de
optar por su cruz y echársela a cuestas.

# CUATRO

# Una Conversión Pura

No te maravilles de que te dije: Os es necesario nacer otra vez.

—Juan 3, 7

Las apariciones a Christina Gallagher nunca han ocurrido en lugares públicos ni representado grandes acontecimientos, como las de Lourdes o Fátima. Siempre han sido estrictamente privadas.

Asimismo, han sucedido más allá de todo calendario preciso. De esta manera, resulta evidente que el plan que Dios trazó para ella es distinto al de otras famosas apariciones y "almas elegidas." Distinto, sí, pero no único.

La gran importancia atribuida en los dos últimos siglos a ciertas apariciones marianas se explica en parte por el hecho de haber sido seriadas y públicas.[1]

Una aparición pública es aquella en la que la gente se reúne en torno a los videntes durante sus experiencias.[2] La gente acude a observar, orar y acendrar su fe.

Las personas así congregadas pueden presenciar una señal, como "el milagro del sol" o algún fenómeno luminoso, pero por lo general no ven por sí mismas, ni lo esperan, a la Virgen María, cosa que sin embargo ha ocurrido en casos excepcionales.[3]

Muchas otras apariciones, en cambio, no han sido públicas ni seriadas, como la mayoría de las apariciones a Christina Gallagher.

Luego de su tercera aparición, la Virgen María se le mostró irregularmente. Tales apariciones tuvieron lugar no sólo en su casa, sino también en una iglesia local, una gruta cercana y un par de sitios más. La relación entre ellas nunca ha pasado de ser rigurosamente local. Los escenarios más reiterados han sido la sala y la cocina del hogar de Christina, a muy diferentes horas del día.

En ocasiones, durante las apariciones han estado presentes otras personas, pero a Christina le disgustan los observadores, pues prefiere evitar el sensacionalismo. Aquello no es un espectáculo. En una gruta de la región, alguna vez se han reunido hasta 25 personas, no más, para atestiguar una aparición. Y si ésta ha sucedido, ha sido en todo caso porque tal era el plan de Dios.

A causa de las dificultades de Christina con personas escépticas ante sus apariciones, la hermana Joseph Mary, de Sligo, la remitió con un sacerdote, el padre Gerard McGinnity, de Armagh, Irlanda, para que se hiciera cargo de su dirección espiritual. Antiguo superior del Seminario Nacional de Irlanda, el padre McGinnity formaba parte entonces del profesorado de la Escuela de San Patricio en Armagh, lugar que, por instrucciones de un ángel, este mismo santo eligió como su sede metropolitana.

Puede decirse que, como verdadero soldado de Cristo y firme creyente en la Iglesia y sus enseñanzas, el padre McGinnity fue para Christina un enviado del cielo. Aprobados por la Virgen María, los auxilios de este teólogo irlandés se revelaron muy pronto como una auténtica y oportuna bendición, pues a medida que el cielo avanzaba en sus designios para con Christina, el demonio se aprestaba a dar la batalla.

El humilde sacerdote irlandés era capaz de comprender muchas cosas, pero no de hacerle comprender a Christina las acciones de los demás. Esto tenía que entenderlo ella por sí sola. Y hacerlo le representó uno de los períodos más difíciles de su vida.

La gente no cesaba de burlarse de ella, contradecirla y ridiculizarla, lo que muchas veces la hacía romper en llanto. La prensa tergiversaba sus relatos y falseaba las entrevistas. Los reporteros se apostaban a la puerta de su casa hasta por tres días, al cabo de los cuales se limitaban a tomarle fotografías o hacerle preguntas grotescas.

A la prensa, en particular, el caso de Christina le resultó sumamente explotable. Cierta ocasión, los diarios difundieron la noticia de que había predicho el fin del mundo para 1992, malinterpretando deliberadamente un mensaje concerniente a ese año, a fin de excitar el sensacionalismo. Los fotógrafos se especializaron a su vez en hacerla aparecer como una loca. La confusión que todo ello provocaba era para Christina motivo de enorme desazón. Hasta la fecha sigue molestándole mucho que sus mensajes sean distorsionados. Los ataques personales no le hacen daño, pero se sabe obligada a defender el sentido de los mensajes. Para evitar deformaciones, insiste siempre en que la gente debe conocer la verdad. "Jamás he afirmado nada acerca del fin del mundo," sostuvo en cierta ocasión. "Simplemente, una vez dije que la Santísima Virgen me había comunicado que a partir de 1992 se multiplicarían en todo el mundo desastres y calamidades, y que ocurrirían cosas terribles, cada vez en mayor número. Las tres fechas específicas que me fueron dadas por adelantado se referían en todo caso a la toma del poder por el Anticristo con el tratado de Maastricht."

Nada de esto se diferenciaba en absoluto de lo afirmado entonces por otros videntes. Incluso sacerdotes católicos y ministros protestantes hablaban en estos términos de los signos de los tiempos.

Pero estas advertencias fueron inútiles. El mal estaba hecho y Satanás se empeñaba en corromper los mensajes. De igual forma que tantos otros videntes, al peso de la cruz que Christina lleva a cuestas en cumplimiento de la voluntad de Dios vinieron a añadirse las penalidades de la persecución. Sin embargo, esa época también fue de gran crecimiento espiritual para Christina, pues significó para ella un periodo de indulgencia y transición, gracias al cual terminó por darse cuenta de la ingente necesidad de su

conversión, conversión que, como hemos sugerido ya, habría de
ser pura y total.

La Reina de la Paz le había hablado con frecuencia de la gracia
de una conversión pura, la que, de acuerdo con las explicaciones
de Nuestra Señora, significa "una conversión plena por medio de
la benevolencia pura de Dios." Así pues, se trata de un don especial, que muy pocos pueden asegurar haber recibido. Poco a poco,
Christina aprendió a orar por sus enemigos, por quienes no creían
en ella, por los cínicos, por los reporteros de los diarios e incluso
por aquellos a los que, irónicamente, sorprendía codeándose en la
iglesia para murmurar sobre ella y su supuesta demencia.

Siguiendo el consejo de la Virgen, lo ofreció todo a Dios, y Dios
le hizo ver que la humillación era otro de los dones que había
recibido de él. Jesús le indicó específicamente que debía poner al
instante en sus manos los sufrimientos que le causara la persecución, y en particular la renuencia de la gente a creer o el rechazo
de sus mensajes, para evitar todo resentimiento. "Estas penas," ha
dicho Christina, "resultan ser especialmente eficaces para la conversión de aquellos que nos persiguen," a lo que el padre
McGinnity ha añadido el comentario de que "esta lección reviste
gran valor para todos."

Y así ha sido, en efecto: una lección que constituye en verdad
una mina de oro. En cuanto a Christina, esta revelación le abrió
las puertas a muchas otras experiencias místicas aparte de las
apariciones.

CINCO

# El Mundo de lo Sobrenatural

Y POR LAS MANOS DE LOS APÓSTOLES ERAN HECHOS MUCHOS
MILAGROS Y PRODIGIOS EN EL PUEBLO.

—HECHOS 5, 12

Apariciones, mensajes, expresión en otras lenguas, profecías, aromas extraños, adivinación de pensamientos y sentimientos, ubicuidad: fueron tantas las experiencias místicas que comenzaron a ocurrir en la vida de Christina Gallagher que aun su propio director espiritual se alarmó.

De acuerdo con el padre McGinnity, estos dones espirituales llegaron a superar a los recibidos, según fuentes autorizadas, por muchos santos y profetas. Fue aquélla una auténtica explosión de misticismo en la vida espiritual de un alma hasta entonces completamente ordinaria.

¿Es que acaso en el mundo estaba por ocurrir algo fenomenal?

Dios continuó obrando maravillas en la vida de Christina, pues lo mismo la hacía visitar el cielo, el purgatorio o el infierno que ver a Cristo elevándose en las alturas.

Es cierto que otras personas habían vivido ya experiencias de este tipo, situaciones que han sido definidas y clasificadas en numerosos estudios especializados. No es nuestra intención explicar aquí todos y cada uno de los dones concedidos a Christina, pero antes de continuar con nuestra exposición juzgamos importante analizar los diversos tipos de experiencias místicas que Dios le ha otorgado. Esto nos permitirá sentar fundamentos más sólidos para la comprensión de las muchas revelaciones que ha recibido.

Para comenzar, hemos de decir que las principales experiencias sobrenaturales de Christina Gallagher corresponden a diferentes categorías de fenómenos intelectuales de origen divino. La teología mística nos enseña que son tres las clases de experiencias o revelaciones místicas que las almas elegidas pueden recibir de Dios. No por casualidad, Christina ha sido objeto de todas ellas. En términos prácticos, han consistido en dones espirituales concedidos por Dios para auxiliarla en la batalla a la que ha sido llamada a participar. He aquí una breve síntesis del tipo de experiencias místicas que le han sido otorgadas.

El primer tipo de los fenómenos experimentados por Christina, y el más perceptible de ellos, es una clara manifestación en el curso de la cual le es posible percibir lo sobrenatural a través de sus sentidos físicos. Esta acción ocurre fundamentalmente con ojos y oídos. Para decirlo llanamente, Christina advierte con la vista la presencia de la manifestación o aparición, y la escucha cuando habla. Hay videntes que incluso han tocado o abrazado a la Virgen María y a Jesús. Christina tocó en una ocasión con ambas manos a Jesús niño y, en otra, tocó y acarició el rostro de Cristo resucitado. Cristo le tocó la cara en la ciudad de Los Ángeles; al contacto con sus dedos, la piel de su rostro se encendió, sensación que vuelve a experimentar de vez en cuando, sobre todo como fuente de consuelo en momentos difíciles. Las apariciones de la Virgen María a Christina pertenecen a esta categoría, lo mismo que la aparición de Cristo crucificado ocurrida en 1985 en una gruta de su localidad. De igual modo, ha percibido con la vista a Satanás.

La segunda categoría de fenómenos divinos entre las experiencias de Christina puede describirse como "ver con los ojos del alma."

Es común que las "almas elegidas" comprendan cosas que en realidad no conocen, cuestiones a veces de naturaleza profética. Otras, los místicos parecerían ser capaces de adivinar lo que una persona lleva en el alma o la mente. Se sabe que el padre Pío poseía este don, lo mismo que San Juan Vianney, el cura de Ars.

El padre McGinnity ha escrito lo siguiente acerca de este excepcional don de Christina.

Me di cuenta de que Christina poseía dones sobre los cuales uno ha leído en las vidas de los santos, pero que jamás ha visto en acción en el presente. Ha recibido dones espirituales extraordinarios, como el don del conocimiento, por medio del cual, guiada por Dios, puede penetrar en el alma de una persona y hablarle a ésta acerca de sus pecados y vida interior. Pero, al mismo tiempo, no dejan de impresionarme su excelente humor, sentido común, honestidad y sinceridad. Es un ser verdaderamente lleno de amor.

Puede ocurrir, por ejemplo, que un sacerdote la visite y que ella se sienta impelida a referirle su pasado. En un par de minutos, el sacerdote será arrebatado por aquella experiencia, comenzará a llorar, será objeto de una conversión total y volverá al mundo para predicar los mensajes de Nuestra Señora. O bien, una persona puede acercarse a ella y Christina sentir el incontrolable impulso de decirle que debe confesarse. Si aquella persona no parece reaccionar, le dirá cuáles son sus pecados, e incluso la verá cometiéndolos. Este don es hasta tal punto extraordinario que ni siquiera todos los místicos lo reciben.

En una ocasión especial, relata el padre McGinnity, los familiares de un hombre que había sido víctima de la explosión de un auto bomba en Irlanda del Norte le pidieron a Christina que les dijera qué suerte había corrido su pariente. La oración le permitió ver el alma del difunto, e incluso describir su atuendo y personalidad, y hasta a sus asesinos. Les dijo también dónde se encontraba su alma. Asombrada ocasionalmente ella misma por esta capacidad de discernimiento, suele disculparse en estos términos cuando la ejerce: "Ignoro cómo es que sé todas estas cosas."

Otros de sus dones intelectuales son el don de lenguas y la capacidad de estallar de pronto en espontáneos himnos de bellísimas palabras.

En ciertas ocasiones ha recibido el don de cantar las alabanzas de la Santísima Trinidad en lenguas como el latín, el griego y otras. Espantada en un primer momento por las palabras que salían de su boca, fue necesario que un sacerdote identificara esos idiomas, cuya sola existencia Christina ignoraba en más de un caso.

Algunas de sus experiencias son al mismo tiempo intelectuales y sensoriales. Se trata de experiencias de difícil explicación, pero que también han sido vividas por personas de otras épocas.

Ejemplo clásico de ellas es el incidente que le ocurrió a San Pablo en el camino de Damasco. De acuerdo con la versión del propio apóstol, una luz lo cegó; aun así, pudo ver a Ananías cuando lo sanaba, y en medio de su conversión repentina comprendió la voluntad de Dios. Sin jamás haber escuchado a Cristo, inmediatamente comenzó a predicar el Evangelio con la misma autoridad y sabiduría de los apóstoles y discípulos originales.

Finalmente, la mística irlandesa también ha recibido mensajes interiores. Por definición, estos mensajes son palabras sobrenaturales que expresan el pensamiento divino y que pueden ser percibidas por los sentidos internos o externos, o directamente por la inteligencia. De igual manera que las apariciones, pueden ser sensoriales o intelectuales. Dios y la Virgen María suelen dirigirse actualmente a Christina por este medio.

Las experiencias místicas de Christina Gallagher no cesan de presentarse, pues en cierto momento bien puede verse en una situación de ubicuidad (la capacidad de hallarse en dos o más lugares distintos al mismo tiempo) o emitir súbitamente una deliciosa fragancia de prolongado efecto.

Todas estas revelaciones nos permiten constatar que Christina Gallagher es capaz de transmitirnos no sólo mensajes de la Virgen María o Jesús, sino también profundos conocimientos acerca de la vida divina y de los mundos ultraterrenos del cielo, el infierno y el purgatorio.

Es obvio que nada de esto se enseña en las escuelas, pero eso no quiere decir que no sea real.

Todas estas son experiencias místicas en las que Dios desea que su pueblo crea, lo mismo que en los mensajes que contienen. Incluso Albert Einstein, el célebre científico, aceptaba la existencia del misticismo y sus manifestaciones, pues escribió: "La sensación de lo místico es la emoción más bella y profunda que podamos experimentar."

Christina Gallagher ha experimentado el mundo sobrenatural desde 1988. Lo ha hecho con una disposición absoluta. Sabe que las dimensiones místicas existen, así como sabe que el mundo es real, o quizá mejor.

Sin embargo, nada de lo que ha recibido es para su beneficio espiritual propio.

Lo ha recibido en beneficio de todos nosotros, para que, como ella, podamos prepararnos para la batalla. Pues así como esta mujer del condado de Mayo ha sido llamada a participar en una batalla, nosotros también somos llamados a intervenir en ella. Es la batalla decisiva de nuestra alma.

Dios envió a Santa Catalina de Siena y a la Reina de la Paz a fines de 1990 para confirmarle formalmente a Christina que la fase final de este Armagedón espiritual estaba a punto de comenzar.

# SEIS

# De Rusia con Amor

Y FUE VISTA OTRA SEÑAL EN EL CIELO: Y HE AQUÍ UN GRANDE
DRAGÓN BERMEJO ...
—APOCALIPSIS 12, 3

La vida de Christina Gallagher empezó a transcurrir velozmente a
finales de 1988, una vez que la Virgen María le había transmitido
en sus apariciones la esencia de su mensaje.

Debidamente preparada para la cosecha de las almas, Christina
fue enviada entonces al mundo para iniciar su misión. El mensaje
de la Virgen María era muy claro: un urgente llamado a la salvación
y el anuncio de que la aurora del triunfo de su Inmaculado
Corazón era inminente. Insistía en que su presencia perseguía el
propósito de beneficiar a toda la humanidad, y en particular a "su
alma."

La Reina de la Paz le reveló a Christina que el mundo entero
estaba invadido por la misericordia de Jesucristo, y que se preparaba ya el advenimiento de una nueva era. No obstante, no cesó de
repetirle la advertencia de que la furia de Satanás había estallado y
de que el tiempo se agotaba. Le dijo también que el mundo no

había presenciado jamás momentos como los que pondrían punto final a esta época.

Sólo en 1988, Christina recibió 23 importantes mensajes de Nuestra Señora, dirigidos a ella, el pueblo de Irlanda y el mundo; en una palabra, a todo aquél dispuesto a escucharlos. Al tiempo que ilustrativas e informativas, las instrucciones que recibió del cielo eran también sumamente concisas y específicas.

A lo largo de 1989 y 1990 Christina recibió apenas unas cuantas apariciones, a pesar de lo cual sus experiencias sobrenaturales continuaron. Este periodo se caracterizó por cada vez más abundantes y extraordinarias experiencias místicas relacionadas con Jesús y su reino; el reino del Señor la invitaba a servirle de testigo. Christina fue llamada también en ese lapso a una vida de mayores, terribles sufrimientos. La angustia mental, emocional, física y espiritual se apoderó de ella. Simultáneamente, sin embargo, se le preparaba para ser capaz de sobrellevarla. En su cuerpo comenzaron a aparecer visiblemente las heridas de Jesucristo, que la hacían sufrir hasta el mayor de los extremos.

Durante esta etapa recibió mensajes sobre el mundo, el Papa y Satanás, mensajes que le fueron transmitidos con toda precisión. Eran profundos y agudos, y reproducían predicciones antiguas y modernas acerca de una época de dificultades para la Iglesia y el mundo. Estos mensajes, además, fueron acompañados por asombrosas experiencias proféticas.

También en 1989 comenzó a desplegarse el plan de Dios en lo referente al auxilio celestial de que dispondría Christina para el cumplimiento de su misión. Muchos santos se le aparecieron entonces.

En una aparición ocurrida en 1990, vio frente a sí a cientos de seres divinos que vestían de blanco, como ángeles alados. Distinguió entre ellos a Santa Catalina de Siena, el padre Pío, Santa Teresita de Lisieux, San Martín de Porres y San Juan Evangelista, algunas de las almas predilectas de Dios que éste tenía a bien poner ante sus ojos. Esta experiencia le hizo ver la poderosa intercesión que se ejercía en su favor y en beneficio del mundo, así como que Cielo y Tierra se unían para combatir al enemigo por medio del

amor. Sobrecogida por lo ocurrido, posteriormente Christina
describiría así tal espectáculo:

Esta mañana fui visitada por Santa Catalina de Siena. Me
habló. Iba ataviada con un bellísimo vestido blanco de
ribetes dorados. Cuando agitaba la cabeza, también su velo
resplandecía con fulgores dorados. ¡Es encantadora!
Hablaba en voz muy baja. Me dijo: "Reza todos los días por
el Papa, los sacerdotes, los obispos y los cardenales, y también por mis hermanas monjas." En ese momento sus ojos
se llenaron de lágrimas. Le pregunté por qué estaba triste,
pero no me contestó. Le pregunté después por qué había
tardado tanto tiempo en presentárseme y no lo había hecho
antes, a lo que me respondió que no se le había autorizado
hablarme, pero que ya en ocasiones anteriores había venido
a mi lado para que yo supiera que estaba conmigo. Me dijo
también que había llegado ya la hora de la batalla, aunque
apenas la de su primera etapa. Entonces le pregunté: "Díme,
en nombre de Jesús: ¿eres Catalina?" Sonrió y me dijo: "Sí."
Añadió que muchas almas santas suelen acompañar a la
Virgen María en sus apariciones, pero que la autorización
de venir al mundo las hace temer encontrarse con el mal,
aunque bien saben que cuentan con la protección de Dios.
Luego me dijo: "Mira."
   Vi entonces a cientos de personas vestidas de blanco, a
muchas de las cuales pude reconocer: Santa Teresita, el padre
Pío, San Martín de Porres. Pero a muchas otras no las
conocía. Por algún extraño motivo, Catalina me dijo: "Éste
es Juan, el Evangelista." El apóstol no habló; sólo me miró.
Sobre aquella multitud se elevaba una gran cantidad de ángeles, que supongo eran santos y que entonaban el Ave María.
Le pedí a Catalina que me hablara de la guerra. Se volvió
entonces, como para mirar algo o a alguien, y al volverse
nuevamente hacia mí me dijo: "No te atormentes, hermana
mía. Todos querrán aconsejarte que hagas una cosa o la otra,

pero tú haz sólo lo que te inspire tu corazón. Deja que Dios te conduzca. Cuando alguien te diga que debes hacer algo en especial, haz oración y ruégale a Dios que guíe tu corazón. Ten la seguridad de que lo hará." Y añadió: "Has sido ofendida por muchas personas. Perdónalas, y Dios las perdonará. Pídele que no te ponga a prueba." "Catalina," le pregunté, "¿pero es que acaso no se me pone a prueba cuando la gente no me comprende?" Sonrió y me dijo: "Sí, pero la prueba a la que me refiero es a la de la fuerza para perseverar. Dios te ha dado todo lo que necesitas, pero si no accedes a recibirlo, querrás renunciar. Así te ocurrió hasta hace poco tiempo, pero nosotros intercedimos por ti. El amor de Dios es superior a todo, hermana mía. María, Virgen y Madre de Jesús, está a tu lado siempre. Queda en paz, hermana."

Christina ha seguido recibiendo apariciones ocasionales hasta 1995, así como incontables experiencias místicas con Jesús y la Santísima Virgen, acompañadas por lo regular por mensajes cada vez más alarmantes acerca de la urgencia de que el mundo se convierta. El mensaje de la Virgen María a sus hijos es muy directo: *"¡Vuelvan a mi Hijo y a mí!"*

Algunas de estas apariciones, además, han ocurrido en momentos particularmente difíciles.

A lo largo de todo este periodo han tenido lugar también numerosas curaciones físicas y espirituales. Cada vez se hacen visibles más y más frutos de las apariciones. Más de un millón de medallas Matriz han circulado hasta ahora por el mundo entero.

Se les ha distribuido rápidamente, tan pronto como han sido elaboradas. Numerosos y conmovedores casos de toda suerte de milagros se han dado a conocer públicamente. Dios no ha vacilado un instante en demostrar que son obra suya.

En octubre de 1992 se verificó un acontecimiento muy especial, de trascendencia histórica. Rusia, que hasta entonces había sido, y por mucho tiempo, la plaza fuerte de Satanás, fue invadida por un ejército de creyentes. Christina Gallagher había sido destinada a presenciar ese suceso.

Hallándose en Moscú, en la fase final de una peregrinación histórica, recibió un mensaje profético acerca de este gran acontecimiento espiritual y de la cercanía del triunfo del Inmaculado Corazón de María.

Llena de gozo, la propia Virgen proclamó que el glorioso amanecer del resplandor de Dios sobre el mundo se percibía ya en el horizonte:

Amada hija: mi Corazón Inmaculado rebosa de júbilo por tu respuesta a su llamado. Desde hace mucho tiempo he intentado sembrar la semilla de la gracia en el corazón de mis hijos de Rusia. El deseo del corazón de tu Madre es que en el corazón de todos sus hijos florezcan la conversión, el amor, la paz y la unidad. Rusia es una joya invaluable, pero ha perdido su destello. Quiero que esta joya vuelva a brillar, para alegrar así el corazón de mi divino Hijo, Jesús. Deseo prodigar mis gracias entre mis hijos y bendecirlos con la abundancia de mi amor.

Yo te bendigo, hija mía, como bendigo también a todos aquellos que han respondido a mi llamado y a todos mis hijos de Rusia, que han sido fieles a la Buena Nueva de Cristo. Son ellos auténticos discípulos de Jesús, mi divino Hijo. Benditos sean quienes procuran la paz y luchan por imponerla, pues la paz abre el camino a la unidad y la esperanza. El amor todo lo puede, y Cristo Jesús es amor. Reciban todos mi bendición, amados hijos. Sigan correspondiendo a las gracias que les concedo. Sea así, en el nombre del Padre, del Hijo y del Espíritu Santo.

Esta memorable peregrinación, en la que participaron casi un millar de fieles de todo el mundo, se distinguió en particular por numerosos acontecimientos afortunados.

# SIETE

# Inimaginable Belleza

ENTONCES MARÍA DIJO: ENGRANDECE MI ALMA AL SEÑOR ...
—LUCAS 1, 46

La luz.

De lo primero que hablan siempre los videntes es de rayos de luz, aunque nunca encuentran las palabras adecuadas para describirlos. Es que ninguna palabra bastaría para nombrarlos.

Así como el arribo de los reyes era anunciado con el enérgico toque de las trompetas, una luz extraordinariamente resplandeciente suele ser la señal definitiva de la inminente llegada de la Virgen María. De ella se ha dicho que es más blanca que lo blanco, y que su pureza e intensidad ciegan la vista, a pesar de lo cual resulta infinitamente seductora.

"Es una luz celestial más brillante que la misma luz," explicó Santa Catalina Labouré en Rue du Bac, París, en 1831.[1] "Es como un claro de luna," escribió el vidente ucraniano Josyp Terelya. "Pero es más aún ... Parece una iluminación viva, palpitante."[2]

La reacción natural de los videntes en esta circunstancia es la de retirar la vista o cubrirse los ojos para protegerse de aquella luz increíble, cuya intensidad es tal que en ocasiones provoca llanto. Sin embargo, sus plateados rayos se van haciendo cada vez más soportables, al grado de atraer cautivadoramente a aquellos que los contemplan, quienes se ven elevados de pronto a un estado magnético pleno de encantos y maravillas. Es tal la fascinación de ese momento, que quien lo vive se ve aquejado al instante por la dolorosa conciencia de su fugacidad.

Es así como una unión mística comienza a establecerse. En cuestión de segundos, la profunda dicha que inunda la mente del iluminado deriva en un arrebato de éxtasis. En el centro de esa luz hipnótica, los elegidos comienzan a distinguir entonces una imagen vaga, como un holograma, que va materializándose poco a poco hasta cobrar una forma definida.

Es la forma de una mujer, como nunca antes se ha visto otra.

Una mujer centellante bajada del cielo.

En Lourdes (1858), Bernardita describió el albo resplandor de la luz en torno a Nuestra Señora como "la brillante luz del sol cuando se refleja en el agua en un día cristalino."[3] Los cinco niños videntes de Beauraing (1932) creyeron al principio que el fulgor que los cegaba era "el reflejo de los faros de los automóviles."[4] Juan Diego (1531) refirió a su vez que la luminosa Virgen de Guadalupe se erguía sobre el sol, así de destellantes eran los dorados rayos que circundaban su figura de pies a cabeza. Paradójicamente, todavía faltaban un par de horas para que amaneciera.[5]

Casi todas las "almas elegidas" describen a la Santísima Virgen como encerrada por esa luz, como rodeada por una esférica burbuja luminosa, lo que coincide por completo con la visión de San Juan Evangelista en el Apocalipsis al referirse a "una mujer vestida del sol" (Apocalipsis 12, 1).

Sin embargo, ninguna descripción es suficiente, pues la apariencia de aquella que es toda pureza y esplendor no puede compararse con nada ni ser descrita a plenitud.

La radiante apariencia de Nuestra Señora en medio de aquella encandilante luz delata, se ha dicho, su "irresistible pureza." Es una apariencia deliberadamente planeada para revelar a la Madre de Dios como el ser humano más puro que haya existido jamás. La pureza de su refulgente brillo nos recuerda que concibió y trajo al mundo a la segunda persona de la Trinidad por medio de un nacimiento virginal, y explica por sí sola el motivo de que María de Ágreda haya escrito que, al crear a la Virgen María, Dios superó la perfección de su creación.[6]

Christina Gallagher no podría estar en desacuerdo con todo lo hasta aquí expuesto. Lo ha experimentado en carne propia, y sus palabras lo confirman.

Sin mayor rodeo, la mística irlandesa describe a Nuestra Señora y Reina de la Paz como inmersa en brillante luz. Una luz que parecería irradiar de ella. "Una luz," ha dicho Christina, "que al mismo tiempo que la alumbra, parece alumbrar desde ella." Una luz que, insiste, forma "un halo luminoso que se diría que proviene de su interior."

Cubierta por lo regular con un inmaculado vestido blanco y un manto azul, Christina ha dicho también que las prendas de la Santísima Virgen son de tela y textura muy especiales, excepcionales tanto por su factura como por sus bordados. "Es un atuendo hecho de luz," ha comentado. Nuestra Señora porta en ocasiones una corona, similar a aquella con la que apareció tocada en Fátima, que luce en el centro la esfera del mundo gobernada por una cruz.

La obediencia de nuestra bienaventurada Madre en el cumplimiento de la voluntad de Dios al haber alojado en su virginal vientre al redentor del mundo le valió ser coronada por Dios como Reina del Cielo y de la Tierra y Madre de la Redención. Asimismo, su función como fuente redentora de su Hijo la convirtió en Mediadora de Todas las Gracias y Abogada de todas las creaturas ante el corazón de su Hijo. (Fue la propia Virgen la que le explicó de este modo a Christina el significado de su corona. Y aunque la ha visto con coronas diferentes, fue en relación con una de ellas que le ofreció esta explicación.)

He aquí, en versión íntegra, una de las descripciones que Christina ha hecho de Nuestra Señora:

La Virgen parece una joven de diecinueve o veinte años, de ojos como dos profundas fosas azules y de rostro tan hermoso que supera a la imaginación.

Nunca he visto persona más bella. Su hermosura es imposible de representar en una estatua o pintura. Luce una felicidad radiante. Sus movimientos son cautos y delicados, y de todo su ser emana una paz celestial indescriptible. Siempre está sonriente. Su desbordante amor ha sido derramado en mí. Al hablar, y dependiendo del tema que trate, se le ve sonreír, entristecerse o llorar, a veces lágrimas de sangre. Aun así, no deja de sonreír. La he visto sonreír mientras llora.

La paz que deja en mí cuando la veo, o cuando me visita en mi interior, no puede describirse; es como si de pronto todo se sumiera en la más profunda tranquilidad. Sus apariciones me transmiten una calma que no he experimentado en ningún otro lugar ni momento. Su amor va más allá de toda explicación. Te hace sentir como la única persona existente para ella en ese momento. Es tal la manera de amar de la Santísima Virgen que no se puede sino amarla.

Electrizada y estremecida por la apariencia, presencia y palabras de la Reina de la Paz, durante y después de una aparición Christina suele sentir que la paz y el amor inmensos que Nuestra Señora deposita en ella la consumen por completo. Esta consunción celestial la lleva al punto de "desear partir al cielo con ella."

Junto con sus intensos sufrimientos, la conmoción que Christina experimenta en tales episodios la deja literalmente sin habla. Duda entonces de ser capaz de aguardar su viaje al cielo.

Para los videntes, ésta es otra de las formas del sufrimiento, un don divino más. San Pablo lo expresó así: "Porque para mí el vivir es Cristo, y el morir es ganancia" (Filipenses 1, 21).

Con tanta vergüenza como candidez, Christina ha admitido que en más de una ocasión le ha rogado así a la Virgen María durante sus apariciones: "No me dejes aquí, Madre; llévame contigo." Y ha añadido: "En momentos así me siento una niña que fuera abandonada por su madre en una isla desierta, y como si la Virgen fuera la única madre a la que amo (aunque amé profundamente a mi madre en la Tierra) y quisiera estar siempre con ella. Pero la Virgen siempre me contesta lo mismo: 'Yo misma vendré por ti, hija mía, cuando hayas concluido tu misión.'" Sin embargo, ni siquiera esto es bastante para consolar a Christina.

"Así es como he comprendido," explica, "que mi súplica de ser llevada por Nuestra Señora significa optar por el camino fácil, mientras que lo que Dios desea de mí es que sea paciente en la Tierra y comparta con él su gloria y su cruz al mismo tiempo."

De este modo, para obtener consuelo suele recordar estas palabras, que Jesús le confió en una ocasión: "Quiero compartirlo todo contigo."

# OCHO

# A Través de los Ojos de un Profeta

Y JEHOVÁ ME TOMÓ DE TRAS EL GANADO, Y DÍJOME JEHOVÁ: VE, Y
PROFETIZA A MI PUEBLO ISRAEL.

—AMÓS 7, 15

Como "alma elegida," Christina Gallagher ha vivido experiencias
de las que muy pocas personas, de cualquier época, pueden pre-
ciarse. Ha visto a Jesús. Ha visto a la Santísima Virgen. Ha visto a
los ángeles, el cielo, el purgatorio y el infierno, e incluso a Lucifer.

Con los ojos del alma, además, ha contemplado, extasiada y
maravillada, la faz del Padre eterno.

Aun así, sigue siendo una persona comœn y corriente ... como
cualquiera de nosotros.

"La visibilidad de realidades invisibles no es una visión beatífica ni la revelación del conocimiento absoluto," escribió uno de los
especialistas en estudios marianos más connotados del mundo. "Es
más bien una comunicación limitada a través de signos y que, realizada por motivos de instrucción, se dirige a un momento, lugar
y destinatarios particulares. Así, quienes reciben esta comunicación

no son transportados fuera del mundo ni despojados de su subjetividad."[1]

Los videntes, en efecto, no se ven despojados de su subjetividad. La llevan en su interior. Como los seres vivos que son, no pueden dejar de poseerla. ¿Esto quiere decir que sólo pueden tratar con "almas elegidas" como ellos? ¿Cómo es que enfrentan el problema de que sean tan pocas las personas que los comprenden?

Casi ningún vidente tiene amigos videntes. No existen "asociaciones de videntes," y las relaciones entre ellos son muy limitadas. Ello los obliga a ocultar en su alma buena parte de sus ideas y sentimientos, pues ni siquiera sus amigos y familiares más cercanos suelen ser capaces de entenderlos. Su vida no es fácil ni envidiable.

Con el paso del tiempo, sin embargo, estas almas elegidas ceden a sus frustraciones y a su incapacidad para hacerse comprender. Terminan por ocuparse de una sola cosa: complacer a Jesús, su Señor y Maestro. Cierta vez, Christina le escribió lo siguiente a su director espiritual:

No entiendo nada, ni me interesa entender. Me sé inútil, y preferiría no tener que dar charlas y charlas y más charlas. Lo único que deseo es vivir para aceptar mis sufrimientos y el rechazo de los demás y para lograr que mi corazón esté en comunión con Jesús. Pero no sé si esto es también lo que desea mi amado Jesús, así como ignoro el motivo de que mi corazón esté lleno de pena y dolor.

Hoy es domingo (es la una y media de la mañana). Mientras escribo esta larga carta, veo con el alma que Jesús me está mirando, como tantas otras veces. Está vestido de blanco y porta un manto rojo. Lleva en su mano un gran cetro de oro, y un cordero se posa a sus pies. Lo rodean muchos ángeles. En este momento me muestra una gran oscuridad (como aquella de la que le hablé a usted una vez, cuando le dije que veía tinieblas que cubrían el horizonte) que parecería apoderarse del mundo, las iglesias, muchas personas que caen, en medio de deslumbrantes relámpagos. Pero Jesús eleva sus manos, y sus heridas en ellas despiden luz, lo mismo que las de sus pies. Y me dice: *"Escribe, escribe lo que ves."* ¡Tengo miedo!

Pero he aquí que un ángel inmenso se acerca. Es el Ángel de la Ira. Jesús comienza a desdoblar un rollo de papel. Me muestra la marca o sello rojo impreso en él. Es rojo porque es de sangre. Veo montañas que se vienen abajo y aplastan casas y gente. Es como una película, pero mi alma se estremece. Ahora todo es humo. El Papa sufre grandes tribulaciones. Siento una profunda aflicción. ¡Señor, aleja esto de mí, por favor! Ahora veo un reloj, y que en su carátula está inscrita esta leyenda: "El tiempo se agota." No puedo más; tendré que continuar más tarde.

Ya es la noche del lunes. Dios, Madre mía: cuando haya claridad en todos estos sacrificios, escribiré o hablaré sobre ellos, si ésa es la voluntad de Dios. Pero, Padre, ¿por qué permites que vea estas escenas si todas ellas aparecen ya en la Biblia? No entiendo muchas cosas.

En la segunda parte de este libro Christina habrá de revelarnos qué siente al ver a la Reina de la Paz y a Jesús y hablar con ellos, así como con el Padre eterno, el santo arcángel Miguel, San Patricio, Santa Catalina de Siena, Santa Teresa de Ávila e incluso Satanás.

Nos tomará de la mano para conducirnos por estos caminos. Nos ofrecerá justo lo que deseamos: la viva sensación de todo esto. Necesitamos comprender. Necesitamos información. Necesitamos saber. Las experiencias de Christina son precisamente lo que buscamos.

Desde íntimos atisbos de los mundos ultraterrenos del cielo, el infierno y el purgatorio hasta apariciones del rostro misterioso de un hombre que le ha sido identificado como el Anticristo, estas experiencias son una invitación al banquete del misticismo. ¿Alguien sería capaz de rechazarla?

Christina nos entrega una visión muy personal de sus abundantes experiencias espirituales. En un buen número de capítulos, diálogos directos de preguntas y respuestas recrearán para nosotros, en forma elocuente, la imagen de aquellos a quienes ha visto y oído. Christina ve a través de los ojos de un profeta, y nos permitirá, con sus propias palabras, penetrar en sus experiencias. Tiene el vivo deseo de entablar una relación con nosotros, y no para su conveniencia, sino para la nuestra: por el bien de nuestra alma.

Sienta usted la verdad que hay en Christina al escuchar sus palabras. Sus descripciones son muy similares a las que han sido hechas en otros tiempos, sobre todo las relativas al Señor y Nuestra Señora.

Con sus relatos acerca de la brillante luz que antecede a la Reina de la Paz y de la intensa sensación de paz y amor que ésta le brinda, las palabras de Christina vienen a incorporarse al extraordinario tesoro universal de información sobre la Madre de Dios que han acumulado para nosotros las "almas elegidas."

Las referencias de esta pequeña alma al Salvador coinciden con las de otros que han escrito sus vivencias al lado de Jesús. Es de hacer notar en especial la semejanza de las palabras de Christina con los relatos de otras almas victimadas, todas las cuales unieron sus sufrimientos a los de Jesús y, como Christina, experimentaron en lo hondo de su ser el amor, la misericordia y el intenso anhelo de salvación de las almas que alberga el corazón de Cristo.

Como Christina, todas esas almas conocieron personalmente a Jesús.

# SEGUNDA PARTE

# Intimidad con Dios

# NUEVE

## Una Madre y Su Hija

MUJER, HE AHÍ TU HIJO.

—JUAN 19, 26

Existen cientos de libros sobre las apariciones de la bienaventurada Virgen María, escritos muchos de ellos con gran detalle y maestría, bajo la dirección del Espíritu Santo. Son ellos realidades sagradas que, como las apariciones mismas, forman parte del plan de Dios.

Sin embargo, nada ejerce mayor influencia que los relatos hechos por los videntes mismos en sus propias palabras, sobre todo en entrevistas personales, pues parecería que sólo de este modo es posible captar hasta el último detalle de sus sentimientos y experiencias.

Christina Gallagher conoce a la Virgen María tan bien como conoció a su madre en la Tierra.

Lo comprobaremos sin lugar a dudas en este capítulo, y con sus propias palabras. En él encontraremos un recuento preciso de la relación de amor entre la Madre de Dios y uno de sus hijos.

Estas revelaciones trasudan un gozo enorme. Por intermedio de las palabras de Christina nos sentiremos completamente seguros del amor de la Virgen María, nuestra madre espiritual en el cielo, por nosotros.

Nos enteraremos, en palabras de Christina, de todo lo ocurrido en sus primeras apariciones y de las duras pruebas a las que habría de ser sometida esta joven elegida por Dios.

(En la entrevista que se reproduce a continuación, las preguntas aparecen en cursivas y las respuestas de Christina en texto normal.)

*¿Has visto a Nuestra Señora de cuerpo entero?*
Sí.
*¿Has visto sus pies?*
Sí, aunque sólo en una ocasión.
*¿Lleva puesta una corona?*
Estaba coronada la tercera vez que se me apareció.
*¿Era una corona de estrellas?*
No, era de oro brillante, como la corona de Fátima, pero con un pequeño globo terráqueo en el centro, y sobre él una cruz.
*¿Has visto el cabello de Nuestra Señora?*
No se lo he visto muchas veces, porque por lo regular se presenta cubierta con un manto. Así, cuando la gente me preguntaba de qué color era el cabello de la Virgen, no podía responderle. Pero una vez la Madre de Dios se me apareció en una gruta, con un velo sobre la cabeza. Por algún motivo, el velo comenzó a caérsele de pronto, y gracias a eso pude ver claramente su cabello. Es de color entre café oscuro y negro.
*¿Qué tan largo es su cabello?*
Le cae hasta un poco por debajo de los hombros. A veces lo trae suelto, pero en otras ocasiones me ha dado la impresión de estar rizado, aunque siempre se lo he visto de color oscuro.
*¿Cómo se te ha presentado Nuestra Señora? ¿Cómo viste?*
La Virgen se me ha aparecido la mayoría de las veces vistiendo un manto azul y un vestido blanco, pero en otras la he visto vestida sólo de blanco, y una vez se me presentó bajo una apariencia resplandeciente. Era un Domingo de Pascua; su manto y su vestido parecían ser de intensa luz, con destellos dorados. Cuando se movía, los reflejos de la luz despedían fulgores de oro y plata. Sin

embargo, su cuerpo siempre luce radiante, como si de él manara una luz que no se apaga nunca. Así, la luminosidad de sus ropajes proviene de la luz que emite en su interior.

*¿Alguna vez se te ha aparecido vestida de negro?*

Sí. Era su cumpleaños; no recuerdo la fecha, pero sí que era su cumpleaños. No la esperaba; se me apareció de pronto. Estaba cubierta con un manto negro con revestimiento de satén blanco, y lloraba. Su apariencia me sorprendió, y más aún cuando después me enteré que aquel día era su cumpleaños. Lloraba por sus hijos.

*En la tercera ocasión en que Nuestra Señora se te apareció, se llamó a sí misma Reina de la Paz. ¿Qué quiso decir con ello? ¿Te lo ha explicado?*

Lo que me dijo fue: "No temas. Soy la Virgen María, Reina de la Paz, y vengo en nombre de la paz." En sus primeras apariciones sentí una paz y un amor enormes. La gente me decía que no le contara a nadie que había visto a Nuestra Señora, porque eran alucinaciones. Yo no entendía. Si con aquello querían decir que me estaba volviendo loca, ¿cómo era entonces que sentía tanta paz y tanto amor? Lo sentía en lo más profundo de mi corazón. Cuando la Santísima Virgen se me apareció por tercera ocasión, llegó tocada con una corona y vestida de color crema. Me dijo que no tuviera miedo; que era la Virgen María, la Reina de la Paz. Eso quería decir, en otras palabras, que siendo Reina de la Paz no podía lastimarme ni causarme daño, como la gente parecía sugerirme. La Madre de Dios es madre de paz, así que, dondequiera que vaya, la paz la acompaña.

*Dinos algo sobre los mensajes privados que has recibido. ¿Qué es, de acuerdo con tu experiencia, un "mensaje privado"?*

Es cuando la Madre de Dios o Jesús se dirigen a mí en mi interior.

*Tu director espiritual me informó que en dos ocasiones has tenido experiencias de ubicuidad. ¿Podrías hablarnos sobre ellas?*

Dios se ha servido de mí en dos ocasiones por medio de la ubicuidad. En la primera de ellas, fui transportada a la celda de una monja agonizante. La monja estaba sola, tendida sobre una cama muy plana (como las mesas de auscultación de los médicos). Estaba horrorizada por la cercanía de la muerte. Aquello me sorprendió. Le hablé del amor de Dios. La segunda vez fui enviada a una tribu primitiva. Era de noche. No sabía en qué país estaba, pero toda la gente era negra. Lo más extraño es que, aunque no hablaban inglés, que es mi lengua materna, yo entendía perfectamente todo lo que decían, como si lo dijeran en inglés. No eran católicos. Entre ellos había un curandero. Quiso cerciorarse de que yo no era un espíritu maligno. Le dije que no; que era mensajera de Dios. Les hablé de Dios y la Virgen. Pero el curandero no confiaba en mí. En ese momento, uno de ellos me preguntó: "¿Eres un ángel?" "¿Sabes de la existencia de los ángeles?," le pregunté a mi vez. La gente se espantó, porque la jovencita que me había hecho la pregunta no sabía qué me había dicho, ni por qué; no sabía nada acerca de los ángeles.

*Ya has mencionado que la presencia de Nuestra Señora te da paz, amor y alegría. Háblanos de estos sentimientos.*

La paz que la Virgen transmite es difícil de describir. Cuando la veo, incluso sólo en mi interior, parecería que todo se sumerge en una calma profunda más allá de toda descripción. En ningún otro lugar ni momento he sentido una tranquilidad tan grande; sólo en sus apariciones. El amor de la Madre de Dios escapa a toda descripción. Te hace sentir como la única persona existente para ella en ese momento. Su amor es tan grande que no se puede sino amarla. Es la única forma como puedo explicarlo. Todos hablan del "amor," pero éste sólo se experimenta realmente en lo profundo del corazón al lado de la Virgen, y entonces uno se da cuenta de que el amor es mucho más que una palabra. El amor de Nuestra Señora hace que nuestro ser se una a ella íntimamente. ¡No encuentro palabras para describir una experiencia así!

*¿Has tocado a Nuestra Señora en alguna de sus apariciones?*

¡Claro que sí! ¿Por qué no habría de tocarla? Pero no la he tocado tanto como ella a mí. En la época de las primeras apariciones, pasaba yo por un momento muy difícil cuando la Virgen se me presentó. Me sentía sumamente contrariada por las burlas de la gente hacia mí. Nuestra Señora se me apareció con un mantón. Se acercó y me cubrió los hombros con él. En ese instante desaparecieron todos mis sufrimientos, gracias al contacto con la Virgen. En una ocasión posterior estaba yo muy trastornada por un reportaje periodístico, y le dije: "Madre, ya no soporto tratar con la gente. No puedo más. Voy a dejar de asistir a las reuniones de oración, porque siempre ocurre lo mismo: me piden que me vaya y me dicen que estoy loca." La Virgen no se me apareció esa vez, pero oía claramente su voz en mi interior, como si fuera la voz real de una persona real. Sentí entonces que me tomaba suavemente de los brazos, aunque al mismo tiempo con gran energía, como invitándome a seguir adelante y no dejar de orar. Me dijo que no debía tener miedo.

*¿Te ha besado la Madre de Dios?*
No. No recuerdo que me haya besado nunca.

*¿Sientes a la Madre de Dios como a una madre verdadera?*
Más todavía: me parece más real, incluso, que mi madre en la Tierra. Quise mucho a mi madre, pero mis experiencias con la Virgen me han permitido descubrir la diferencia entre el amor y el amor puro de Dios, que me ha hecho sentir una persona única, su única hija. La Madre de Dios es todo amor, paz y confianza. Es la Madre por excelencia.

*Dinos más acerca de este amor total de Nuestra Madre por todos sus hijos.*
¡No puedo describir claramente el amor de la Santísima Virgen! ¡No se parece a nada en el mundo! Yo lo daría todo por no dejar de experimentar su amor. Nada deseo más en este mundo.

Porque, viéndolo bien, la vida en el mundo carece de valor; es sólo un viaje, y nosotros estamos de paso. Sin embargo, todo lo que hay en el mundo se convierte en una tentación para la carne, y nuestra carne es débil. Quisiéramos tenerlo todo, pero nuestro deseo de las cosas nos aleja de Dios, porque nos induce a cerrarle nuestro corazón. Somos humanos, y como tales quisiéramos poseer muchas cosas. Así, la carne puede hundirnos cada vez más en los placeres del camino fácil, y alejarnos por lo tanto del camino difícil y angosto.

El camino estrecho es el camino de la cruz. La carne es únicamente lo que nos cubre. Cuando la rechazamos, volvemos la vista a nuestro verdadero ser interior y nos ponemos en manos de Dios, quien, entonces, llena nuestro corazón e incendia nuestra alma. No se puede servir a dos dioses ni a dos amos, al mundo de la carne y al mundo de Dios. Tenemos que optar por uno de ellos. Y si optamos por Dios, debemos amarlo por encima de todas las cosas, lo que supone rechazar la carne. El cuerpo es únicamente el hogar temporal del alma.

*Háblanos de la dicha de Nuestra Señora. ¿Está llena de gozo?*

El gozo de la Virgen es inmenso. Es tan grande que puede causar angustia. Es tan enorme que, en mi caso, llega un momento en que no puedo dejar de alabar a Dios. Y entonces mis cánticos de alabanza al Señor son tan intensos que lo único que quisiera es irme al cielo y estar siempre al lado de mi Madre. Así, a veces siento que, estando en la Tierra, vivo ya en el cielo. Este gozo es superior a cualquier otro; al que se siente por el nacimiento de un niño, por ejemplo. Una cosa así produce gran alegría, pero no la dicha inmensa que sólo la Santísima Virgen puede transmitir. Su dicha es dolorosamente prodigiosa. No podría describir este sentimiento de otra manera.

*¿Qué te ha dicho Nuestra Señora sobre el amor y la caridad para con los demás?*

La Virgen me ha dicho que lo que se hace sin amor no vale nada. De nada sirve darle algo a alguien si no se hace con amor. Si uno hace obras de caridad y se dice: "Doy esto con amor," pero este amor no se siente ni se tiene el verdadero deseo de dar por amor a Dios, esos actos carecen de valor. El amor y la caridad valen sólo cuando son fruto del amor que se le tiene a Dios.

*¿La Virgen María está siempre contenta cuando se te aparece?*

No siempre. A veces está contenta y a veces triste. A veces llora. En ocasiones, al llorar sus lágrimas se convierten en lágrimas de sangre, a causa del dolor que siente por aquellos hijos suyos que se han perdido, extraviado o alejado de Dios. Como madre que es, Nuestra Madre celestial querría conducir a todos sus hijos hacia Dios en bien de la salvación de su alma.

*¿Piensas todo el tiempo en Nuestra Señora y en Dios?*

Prácticamente sí. Al hablar con otras personas, da lo mismo que esté yo frente a un crucifijo o un vaso de agua, porque nunca dejo de pensar en ellos. Claro que a veces me distraigo, cuando surge algo inesperado o tengo alguna preocupación en particular. Pero al instante recuerdo que la única solución a todos los problemas sólo puede provenir de Jesús y la Virgen María, así que de inmediato comienzo a orar y pongo en sus manos todo lo que me ocurre.

*¿La Virgen llora con frecuencia?*

Sí. Pero su llanto es distinto al nuestro. Cuando lloramos, derramamos lágrimas desde uno de los extremos de nuestros ojos. Cuando ella llora, en cambio, sus lágrimas salen desde el centro mismo de sus ojos, lentamente, gota a gota, hasta recorrer todo su rostro, luego de lo cual se evaporan para ser seguidas por nuevas lágrimas. Como ya he dicho, en ocasiones sus lágrimas son de sangre. Pero aun así las cosas transcurren de la misma manera: la sangre surge desde el centro de los ojos de Nuestra Señora.

*¿Llora con ambos ojos o sólo con uno de ellos?*

Con los dos. Su llanto me parte el alma. Daría mi vida para que dejara de llorar.

*¿Te ha explicado por qué derrama lágrimas de sangre?*

Sí. Por sus hijos. Llora por sus hijos que han desviado el camino. Querría reencauzar sus pasos hacia Dios.

*¿La has visto con atuendos diferentes en días festivos especiales?*

Nunca la he visto tan bella como un Domingo de Pascua. Sus "ropajes de luz," como yo les digo, eran eso en realidad: un vestido y un manto de luz. Su vestido era hermosísimo, con tres pequeñas rosas en la parte inferior; parecía una túnica, y le cubría los pies, sobre los que se posaban las tres rosas. Vi su corazón. Era diferente a los corazones humanos; lo vi claramente.

*¿Le viste el corazón?*

Sí; lo he visto varias veces: su corazón de verdad. En ciertas ocasiones me lo ha mostrado también, pero parecería de oro, un corazón artificial. También he visto el Sagrado Corazón de Jesús. Lo vi, por ejemplo, cuando la Virgen me enseñó a rezar el rosario. Lo vi palpitar. Lo vi cobrar vida. Ahora puedo decir cómo es un corazón, aunque jamás he visto un corazón humano. Aquella vez el Corazón de Jesús estaba cubierto por una bruma muy fina, a pesar de lo cual pude ver las venas que entraban y salían de él. Latía. Al ver el Corazón de Jesús sentí latir intensamente el mío, y que lo hacía al mismo ritmo que el suyo.

*¿Has visto el corazón de la Virgen coronado de espinas o atravesado por un puñal?*

No, pero en una ocasión lo vi lastimado con una gran herida, abierta, de la que manaba sangre. También he visto sangrar el Corazón de Jesús.

*¿Nuestra Señora sigue apareciéndose en tu interior?*

Sí; la veo a menudo dentro de mí. Llega en medio de una potente luz. Así es como se me presentan tanto ella como Jesús. No sabría explicarlo, pero los veo con los ojos de mi alma.

*¿Seguirás teniendo esas apariciones internas de la Santísima Virgen por el resto de tu vida?*

Sí, aunque todo depende de que siga respondiendo al llamado de Nuestra Señora. En consecuencia, depende de mí. Si mantengo abierto mi corazón a Dios, su Madre seguirá comunicándose conmigo. Ella misma me ha pedido que deje de hacerle preguntas, pues de otro modo interrumpirá su comunicación conmigo. Lo que ocurre es que en ocasiones le he preguntado cosas que otras personas me han solicitado. Algunas veces le he preguntado de personas enfermas, y me ha dicho que sanarán, cosa que efectivamente ha ocurrido. Sin embargo, en una ocasión, por ejemplo, una de ellas me dijo que su curación había sido producto del poder de su control mental, cosa que me desagradó mucho, porque hería a Jesús y a la Virgen. A partir de entonces, la Madre de Dios me prohibió hacerle preguntas. Me dijo, en cambio, que no dejara de hacer oración, y que en casos verdaderamente importantes no dejaría de responder a mis preguntas.

Cada vez que la Virgen se me ha aparecido, me he sentido llena de amor y de paz. Si alguna vez una pregunta revolotea en mi mente, se la hago. No siempre me contesta, pero a veces sí. Pero en tres ocasiones distintas en que le hice una pregunta me pidió no volver a interrogarla jamás. Fue en la tercera de ellas cuando me dijo que ya no se comunicaría conmigo si seguía haciéndole preguntas; que siempre que tuviera una intención particular de saber algo, se lo hiciera saber a través de la oración, y que me lo contestaría si era algo importante.

*¿Entonces Nuestra Señora responde a preguntas tuyas que ni siquiera le has formulado?*
Sí, porque conoce mis sentimientos y mi corazón.
*Cuando tienes estas experiencias, ¿conservas la conciencia de ti misma y del lugar donde te encuentras?*
En ciertas ocasiones sé perfectamente bien qué es lo que está ocurriendo. Una vez tuve clara conciencia de que una luz resplandeciente se presentaba ante mí. Sentí como si me anestesiaran. Creo que ésta es la experiencia real más parecida a la sensación que se tiene en las apariciones. Pero en ocasiones mi cuerpo reacciona como si fuera independiente de mí y yo no tuviera ningún control sobre él. En momentos así, pierdo por completo el sentido de lo que me rodea. A veces me ha ocurrido también que no puedo moverme, a pesar de lo cual oigo hablar a la gente, y lo que dice. En momentos así estoy consciente de dónde me encuentro, pero no puedo moverme. Una vez oí que alguien decía: "¡Su rostro es otro!," y otra persona: "¡Parece un cadáver!" Oía todo lo que decían, pero no podía moverme ni hacer nada, lo que de cualquier forma no me preocupaba. Lo único que sentía era como si mis manos estuvieran húmedas. Cuando salí de ese estado, lo primero que hice fue verme las manos y, en efecto, estaban mojadas. Eso fue para mí una señal, así que mantuve la calma y no hice ningún comentario sobre la experiencia que acababa de tener. Esa vez había un buen número de personas en la habitación donde había ocurrido la visión. Una señora que había estado sentada en el extremo de una banca se puso de pie intempestivamente y me dijo que en una de mis manos se veía una cruz blanca, con lo que coincidieron todos los presentes.

[NOTA: Más tarde, muchas otras personas vieron también esa cruz. Es común que bajo la piel de la palma de una de las manos de Christina se advierta un crucifijo resaltado. Incontables personas lo han comprobado. Otras veces, sobre la base de uno de sus pulgares han aparecido el Divino Rostro de Jesús, el rostro de la Virgen María o la cara del padre Pío. Otro de los hechos milagrosos que algunos individuos han presenciado ocurrió cierta vez que un grupo de personas invitó a Christina a orar con ellas y a ungirlas con un aceite bendito del que ya había hecho uso en otras ocasiones. Aquella noche, sin embargo, el frasco estaba vacío. Con todo, Christina recibió el mensaje interno de que sería llenado, tal como ocurrió milagrosamente a la vista de todos los ahí reunidos.]

Una vez concluidas estas experiencias, por lo general me siento llena de paz y tranquilidad. No hago el menor caso a los comentarios de los demás, aunque cualquier murmullo me causa molestias. Por eso prefiero estar sola.

*¿Qué podrías decirnos acerca de tu madre en la Tierra?*

Guardo recuerdos muy especiales de mi madre. Como todas las familias de la región, la nuestra padeció pobreza, pero fuimos felices porque vivíamos en paz y amor.

*¿Rezabas de niña?*

Sí, rezaba mucho. Todavía no sabía el rosario, pero hacía otras oraciones, como el Padre Nuestro y el Ave María.

*¿Cómo han influido estas experiencias en tus relaciones con tu familia?*

Amo a mi familia, mi esposo, mis padres y todos mis parientes, pero ahora mi única madre es mi madre del cielo, la Santísima Virgen, y mi único padre el Padre eterno. Jesús es mi hermano y redentor. El Espíritu Santo, la luz de Dios por la que el Padre y el Hijo me conceden los dones divinos de los que ya hemos hablado.

*¿Algún otro miembro de tu familia ha tenido revelaciones?*

Mi hija vio una cruz salir de mi mano. Cada uno de los rayos que brotaban de ella terminaban en una especie de trébol. Era una cruz tridimensional. Yo también la vi. Cuando esta visión desapareció, vimos en mi mano el rostro de Jesús, coronado de espinas, como lo vi en la primera aparición. No le dije a mi hija qué era lo que yo veía en mano; simplemente le pregunté: "¿Ves algo en mi mano?," a lo que me contestó: "Sí; veo el rostro de Jesús." Ella también lo había visto.

*Christina, ¿crees que estas experiencias hacen de ti una santa?*

Yo no hablaría de santidad. Lo único que sé es que Dios está presente en mi vida. Que mi vida ha cambiado y ahora está llena de paz y amor, y que puedo reconocer los sufrimientos de los demás.

Gracias a todo lo que me ha ocurrido, ahora puedo decirle a Dios: "No valgo nada." No pasa minuto sin que yo esté consciente de mi pequeñez. Las tentaciones me persiguen, y sé que puedo caer cuando se presentan.

Mi profundo amor a Dios es obra de su gracia. He terminado por darme cuenta de que todo esto es su voluntad, y resultado del don de la libertad que Dios nos concede. Así, ahora mi vida no consiste en otra cosa que en compartirlo todo con los demás y ayudarlos, lo cual me hace amar profundamente a todos los hijos de Dios. Lo digo sinceramente, con el corazón. Si dispusiera de la oportunidad y los medios de ir adonde me impulsa mi corazón, estaría siempre con los alcohólicos, los drogadictos y las víctimas de SIDA. No me importa cómo los llame la gente; para mí son hijos de Dios que se han desviado de su camino y se sienten perdidos. Sienten haber decepcionado a los suyos, a la humanidad y a Dios. Incluso llegan a creer que Dios se ha olvidado de ellos o que sencillamente no existe.

Me encantaría poder ayudarlos haciéndoles ver que Dios existe, que no los ha abandonado. Que son ellos los que se han alejado de él a causa de las tentaciones y el pecado, pero que Dios nunca dejará de amarlos hasta que exhalen su último suspiro.

*A veces el poder de Dios te permite ver el interior de una persona y conocer su alma. ¿Es así?*

Siento que una luz me revela cosas acerca de la gente. Al principio me daba miedo sentirlo; era realmente algo muy extraño. Pero me bastaba con que me presentaran a una persona para saber todo de ella al instante, para leer en su interior como si fuese un libro abierto. Algunas personas se mostraban sonrientes conmigo, pero yo podía saber que no eran sinceras.

Lo mismo me ha ocurrido con muchos sacerdotes. Basta con que se me acerquen para que sepa cómo son, si son honestos conmigo o no. Algunos de ellos vienen a mí movidos por la curiosidad de si mi don de sabiduría es real.

Te daré como ejemplo el de un sacerdote en particular, el padre John, una persona muy linda. Cuando lo conocí tuve una sensación muy agradable. Mientras le contaba mis experiencias, permaneció en silencio, con gran disposición a escuchar.

En un momento dado comenzó a hablar; me pareció que oraba en otro idioma. No puse atención a lo que decía. Más tarde me dijo que le había pedido a la Santísima Virgen que lo guiara para saber si mis dones eran verdaderos y estaban inspirados por Dios. Lo cierto es que mientras él oraba, sentí que una luz se apoderaba de mí y dejé de pensar en el padre John. La luz tomó posesión de mí por completo y empecé a saber cosas. Ya no escuchaba al padre; me desconecté de él y de todo lo demás. Luego me dijo que, mientras todo esto ocurría, no había dejado de hablarme, pero yo no oí nada. Sí sentí que de pronto me tocó, y en cuanto lo hizo sentí también como si me desprendiera de mi estado o condición humana. Como puede verse, yo no había perdido la conciencia al grado de no saber dónde estaba; simplemente experimentaba una enorme fuerza dentro de mí que de pronto me empujó a hablar. Al terminar, el padre John sonreía y se mostraba feliz. Yo no sabía qué había sucedido. Mientras duró aquella experiencia, me sentí inmersa en un estado luminoso, en medio del cual pude ver a Jesús y a la Virgen, a aquél crucificado y a ésta que me sonreía. Una vez que todo pasó, el padre John me dijo que me había hecho diez preguntas en español, y que le había pedido a Nuestra Señora que, como prueba del origen divino de mis dones, se las respondiera en inglés a través de mí.

*¿Qué ocurrió entonces?*

Que la Santísima Virgen contestó a través de mí las diez preguntas del padre John. Se las contestó en inglés, aunque habían sido formuladas en español. El padre me contó lo ocurrido, y en ese momento recordé vagamente algunas de las respuestas, aunque después las olvidé por completo. Yo le dije: "Me acaba de suceder algo muy extraño, padre; ya no recuerdo nada de lo que se me hizo saber acerca de usted." Él me contestó, sonriente: "No te preocupes, Christina. Al principio de este encuentro le pedí a la Santísima Virgen que te hiciera olvidar todos los detalles relativos a mí." Así, me dijo que ese olvido era voluntad de Dios. Se le veía feliz.

Volvió a visitarme días después. En esta ocasión supe de los pecados de algunos sacerdotes que se habían confesado con él y de personas con las que había tratado en Argentina. Pude responder a
muchas de sus preguntas, sobre diferentes asuntos. De pronto tengo
visiones en las que una persona aparece cometiendo un pecado.
Estas visiones me desagradan mucho, pero no puedo evitarlas. Una
vez le supliqué a Dios que me librara de ellas. Le rogué: "No me
hagas ver estas cosas, Señor. Dame cualquier otra cosa, la cruz o lo
que tú desees, pero esto ya no." A partir de entonces ha disminui-
do la intensidad y frecuencia de tales visiones, aunque todavía las
tengo; pero ahora ya no me inquietan tanto. Creo que, al con-
cedérmelas más gradualmente, el Señor me ayuda a aceptarlas.

*¿Por qué crees que, así como a ti, la Virgen María se esté apareciendo a
tantas personas en esta época de la historia?*

Porque, como ella misma lo ha dicho, nunca antes el mundo había
pecado tanto. Vivimos el final de una época, el fin del periodo de
Satanás, y por eso los pecados se multiplican. Los errores de Rusia,
de los cuales Nuestra Señora también me ha hablado, se difunden
por todas partes, y con ellos, velozmente, el pecado. Pero el mundo
no puede seguir así. A ello se debe que la Santísima Virgen clame
por el arrepentimiento de sus hijos. Si insiste tanto en cuestiones
como los sacramentos, la oración y el amor a los demás es porque,
como Dios mismo, anhela el imperio de la paz, en cumplimiento
también de la Escritura.

*Según me ha dicho el padre McGinnity, has recibido importantes revela-
ciones sobre el papel de Nuestra Señora en la salvación. ¿Puedes comen-
tarnos algo sobre lo que se te ha dicho y revelado?*

La Madre de Jesús siempre ha sido considerada por Dios Padre en
sus planes para el fin de los tiempos, y esos planes están a punto de
ser llevados a cabo. Como resultado de ellos, presenciaremos el
triunfo de su Corazón Inmaculado, pues constituyen también un
medio para el reavivamiento de la fe en el mundo entero. Aunque
al principio la Madre de Dios apenas intuía oscuramente lo que iba
a ocurrir, sufrió voluntariamente en silencio los grandes dolores de
su corazón. Después comprendió mejor muchas cosas, especialmente en la crucifixión. No obstante, se mantuvo unida a Dios en

todo momento, gracias a su pureza. Su Asunción al cielo, por obra
del Espíritu Santo, fue la culminación de la integración de su cuerpo y sangre a los de Jesús. Aun así, su papel es ahora más importante que cuando estuvo en la Tierra. Así como ahora su corazón
es inseparable del de su Hijo, su ofrecimiento y sacrificios están
indisolublemente unidos a los de él. Unida a la de su Hijo, su sangre da vida, pues se ha fundido en cuerpo y alma con Jesús. De este
modo, Dios se sirve de su sangre como sacrificio. Unida, ahora más
que nunca, a Jesús Redentor, sus sufrimientos son ahora también
mayores que nunca, pues transcurren en el eterno presente de
Dios. Ella es el medio por el cual Jesús llega hasta nosotros. Y lo
necesitamos ahora como nunca antes. En el santuario del Corazón
de Jesús hay dos altares: el de su propio Corazón y el del Corazón
de su Madre. Con su sacrificio, Jesús expía los pecados de las almas,
al tiempo que acepta los sufrimientos de su Inmaculada Madre en
reparación por los pecados de la carne (ahora más abundantes que
nunca); pero es el sacrificio de Jesús el que le concede a esta ofrenda mutua un valor infinito.

[NOTA: El director espiritual de Christina ha hecho la obser-
vación de que estas palabras de su dirigida revelan un grandioso
don de sabiduría. En relación con este tema específico de la
teología, en Colosenses 1, 24 San Pablo afirma que todos somos
"co-redentores" con Cristo, pues, sostiene, "cumplo en mi carne lo
que falta de las aflicciones de Cristo por su cuerpo, que es la
Iglesia." El sacrificio de Cristo fue perfecto en sí mismo, y nadie
podría hacerlo más valioso aún, pues su valor es infinito; sin
embargo, todos podemos contribuir en favor de la aplicación del
sacrificio de Cristo. Es por ello que salta a la vista que a Christina
se le haya hecho saber que Nuestra Señora sufre "por las almas que
le han dicho 'no' a Dios y rechazan la sangre dadora de vida de
Jesús." El padre McGinnity ha comentado también que "en las
apariciones Christina ha recibido el mensaje de que nadie puede
ver a la Virgen María tal como es, sino sólo su reflejo a través del
Espíritu Santo. Es él quien la muestra bajo la apariencia indicada
para la ocasión."]

# DIEZ

# Ser Uno con Cristo

PORQUE EN ÉL HABITA TODA LA PLENITUD DE LA DIVINIDAD COR-
PORALMENTE, Y EN ÉL ESTÁIS CUMPLIDOS, EL CUAL ES LA CABEZA
DE TODO PRINCIPADO Y POTESTAD.

—COLOSENSES 2, 9–10

Para poder comprender la relación especial de Christina Gallagher
con Jesús es necesario conocer un poco acerca del plan que el divino Salvador ha seguido a lo largo de la historia para hacer presente
en el mundo su amor misericordioso a través de las "almas sencillas."

Tras las revelaciones del Sagrado Corazón a la hermana
Margarita María Alacoque en el siglo XVII, el Señor siguió
mostrándose, cada vez con mayor frecuencia. Jesús le explicó a la
monja que el amor de su Corazón debía difundirse y manifestarse
a todos los hombres y que, tal como lo hizo, habría de revelarle
grandes gracias.

Estos mensajes extendieron ampliamente la devoción al Sagrado
Corazón, el cual pasó a ser interpretado como "símbolo del amor

ilimitado que movió al Verbo a hacerse carne, instituir la sagrada eucaristía, asumir los pecados del mundo y morir en la cruz para ofrecerse como víctima al Padre eterno."[1]

A medida que fue desarrollándose el plan del Señor de otorgar gracias especiales a las almas que veneraban su Sagrado Corazón, Jesús prometió servirse de más "almas sencillas." Con ellas se proponía, según él mismo dijo, transmitir mensajes al mundo y fundar nuevas devociones a su amor y bondad. Como de costumbre, cumpliría con su palabra.

Almas como la de Santa Margarita María fueron elegidas a causa de su debilidad, o de su insignificancia, como fue el caso de Santa Teresita de Lisieux, conocida precisamente como Florecilla del Señor y la predilecta de Christina entre los santos y santas que la han visitado. Santa Teresita predijo que algún día Dios obraría maravillas aun mayores en almas todavía más débiles que la suya. Habiéndose distinguido por la manera sencilla de alcanzar el cielo ofreciéndoselo todo a Dios con amor, la Virgen María instó a Christina a leer la autobiografía de la santa.[2]

Ya en el siglo XX, y en seguimiento de su plan para con las "almas pequeñas," el Señor le reveló a la hermana Faustina que por su intermedio beneficiaría a un gran número de almas.

Muchas otras almas ofrecidas como víctimas han sido agraciadas con la comunicación con el mundo sobrenatural. Todas ellas fueron elegidas por voluntad divina para conocer íntimamente el amor y misericordia de Jesús. Todas fueron elegidas por su pequeñez.

Las gracias que recibieron tenían como destino el mundo. Muchas de estas almas se ofrecieron a sí mismas como víctimas agradables a Dios. Sin embargo, en cada caso sus sacrificios persiguieron propósitos específicos, ligeramente distintos a los sacrificios de otras almas elegidas.

Así, Santa Teresita del Niño Jesús se ofreció como víctima del amor misericordioso; Santa Margarita María, de la justicia y la misericordia. Experiencias celestiales, profundas revelaciones, abandono, sufrimiento y caridad marcaron su vida en Cristo, porque estas "pequeñas almas" se volvieron uno con él. Veían al Señor con sus ojos, o con sus ojos internos, y se fundieron con su naturaleza y belleza divinas. Llegaron a conocerlo mejor que a sus semejantes.

El relato de las revelaciones y victimación en Cristo de Christina Gallagher no es menos apasionante y significativo que el de muchas de estas almas.

Jesús ha elegido en ella a otra "alma sencilla" para revelar su amoroso plan de salvación de las almas. Todo indica que en apenas siete años Jesús y su alma elegida han forjado una relación muy íntima, gracias a la cual Christina ha llegado a conocerlo profundamente, al grado de ser capaz de describir su apariencia y de comprender su voluntad.

Como otras almas elegidas, Christina ha visto a Jesús con sus propios ojos y observado sus acciones. En cuanto a su apariencia física, lo ha comparado con la imagen reproducida en el sudario de Turín, imagen que, según ha dicho, corresponde a la del "Jesús que conozco." Ha afirmado también que ninguna otra representación refleja fielmente su apariencia.

En afán de precisión, sin embargo, ha explicado que ha visto a Jesús bajo dos formas: la de su cuerpo sufriente, el cuerpo de la Pasión, y la de su cuerpo resucitado o glorificado. En ambos casos, el cabello le llega a los hombros y sus ojos son de color azul.

En cuerpo sufriente, Jesús aparece enjuto y quebrantado, con las mejillas hundidas y los ojos apesadumbrados. De barba y cabellos ralos y desordenados, su semblante delata que se halla al borde de la muerte y acentúa el dramatismo de su sacrificio.

En cuerpo resucitado, aparece joven y dichoso. Su rostro suele estar cruzado por una sonrisa. Su barba se muestra abundante, y su cabello ensortijado y resplandeciente. En su apariencia de resurrección, el Salvador no camina: vuela, y al hacerlo su enorme túnica blanca y su rojo manto ondean al viento.

Pero ya sea bajo una imagen o la otra, aparentemente las razones de que Christina pueda ver al Señor son muy especiales.

Dado que no existen palabras con las cuales describir adecuadamente las torturantes escenas de la agonía en el huerto y la lenta y agotadora marcha al calvario y la crucifixión, parecería que el objeto de las visiones de Christina de Cristo en su cuerpo sufriente es el de ejercer un penetrante impacto en nuestra conciencia del sacrificio de Cristo por la humanidad. No se escamotea en este caso ningún detalle visual. Christina ha visto fluir la roja sangre del Salvador, y sus miembros traspasados por enormes clavos. Se diría que por medio de estas revelaciones Jesús desea hacer hincapié en que efectivamente vivió y murió por la humanidad; en que en verdad pasó por la Tierra y su acto de redención fue real y estuvo lleno de significado.

La indiferencia actual de los seres humanos por el acto de redención de Cristo sacude a Christina hasta la médula de sus huesos. Desalentada a menudo por la inutilidad de transmitir sus conocimientos acerca del don de salvación de Dios, se ve obligada a aferrarse a su fortaleza y valor para seguir adelante en su misión de llamar a la oración, el sacrificio y la expiación.

Su lucha no tiene fin.

Ella misma le ha confiado a su director espiritual: "Estoy en un momento decisivo, pero Dios me da la fuerza para continuar. Más que nunca antes, ahora sólo vivo para Dios."

Las imborrables visiones de Cristo flagelado y crucificado son para Christina un recuerdo persistente y perturbador de que debe seguir adelante y transmitirle el mensaje a toda la gente. Ahora lo comprende, como comprende también sus sufrimientos. Éste es el propósito esencial de su vida. Esta urgente realidad no desaparece de su mente un solo instante, especialmente en lo que se refiere al mensaje de Nuestra Señora para Irlanda y el mundo.

Las reales y poderosas apariciones de Cristo en su cuerpo sufriente han dejado en ella la más profunda y viva de las impresiones. Estas apariciones le han demostrado que el Señor lo puede todo y que su justicia es real.

Jesús y su Madre dejaron constancia en 1992 de la gravedad de esta urgencia que en palabras de la Virgen es ahora mayor que nunca y desafía por completo al entendimiento humano. El momento está cerca; nada puede detenerlo ni desviarlo. Es, metafóricamente, el trueno de la justicia de Dios, cada vez más próximo. Frente a ello, a Christina no le queda sino orar y ofrecer más sufrimientos.

Sí: más sufrimientos. En esto radica la clave para comprender cómo es que Christina Gallagher se ha vuelto un solo ser con Cristo. A través de su sufrimiento por las almas—por todas las almas, aunque específicamente por las almas de los sacerdotes—accede a una unión plena con Nuestro Señor.

Tal como les ha ocurrido a muchas otras almas ofrecidas como víctimas, a Christina se le ha pedido especialmente sufrir por las almas de los sacerdotes, sufrimientos con los cuales el Señor le ha enseñado muchas cosas. Christina ve ahora en cada sacerdote a una víctima al servicio del Salvador como pastor de su rebaño. Comprende, así, la importancia del llamado y dignidad sublimes de estas almas, y por lo tanto la grandeza de su propia misión.

Más allá de las debilidades de los sacerdotes en lo individual, el fruto de sus sufrimientos, unidos a los de Cristo, es de inestimable valor en el cuidado del rebaño. Esta relevancia suele pasar desapercibida no sólo para los laicos en general, sino también para los sacerdotes mismos.

En un sugestivo mensaje transmitido la mañana del martes 23 de abril de 1991, el Señor le explicó a Christina que su paciencia y comprensión dan paso finalmente a su justicia, sobre todo si sus hijos sacerdotes no responden adecuadamente a su llamado.

Pueblo mío, he aquí a Jesús, tu Dios y Señor. ¡Cuántos de ustedes se hallan al borde del abismo de la muerte eterna! Yo te digo, pueblo mío: ¡despierta! Mi retorno está cerca. Mi santa Madre te llama a prepararte a mi ya próximo regreso. Pero su llamado ha sido desatendido y escarnecido. Mi gran misericordia está contigo, pero ya por poco tiempo. Vives una época, pueblo mío, de gran oscuridad y disipación. Despierta y mantente en oración.

Sacerdotes, hijos míos: mi Sagrado Corazón sangra por su falta de amor, y por su falta de valentía para proclamar mis enseñanzas. Sacerdotes, hijos míos, he aquí lo que les digo: si no cumplen mi misión en la Tierra ni proclaman la verdad de mi palabra entre mi pueblo, me obligarán a dejar caer sobre ustedes la mano de mi justicia. Se lo digo porque mi Sagrado Corazón arde de amor por ustedes. Deseo que mi pueblo conozca mi palabra.

¡Ora, pueblo mío! Ora para pedir sabiduría. Soy Jesús, el Verbo, la Sabiduría, la Verdad y la Vida Eterna para ti.

Christina ya sabía todo esto. Pero luego de recibir este mensaje, comprendió con mayor claridad la importancia de sus oraciones y sacrificios por aquellos a quienes Nuestro Salvador eligió como sacerdotes. Así, sus sufrimientos adquirieron para ella nuevo y especial significado. "Éste será el propósito de mi vida," se dijo solemnemente.

En consecuencia, en su doble papel de vidente y "alma victimada," Christina sabe ahora que sus sufrimientos son de mayor importancia en el plan de Dios que su función como mensajera.

Y en ello se esconde quizá la verdad más seductora del plan de Dios para hacer efectiva su victoria en el mundo.

Han sido muchos los mensajes transmitidos al mundo en bien de su salvación, y abundante también la indiferencia hacia ellos, como la propia Virgen María ha constatado. Pero todo ello parece ser irrelevante para el cumplimiento de la promesa del triunfo de su Corazón Inmaculado. La seguridad de la victoria de la Madre de Dios indica que su triunfo resultará no tanto de la respuesta de la humanidad a los mensajes celestiales cuanto de los misteriosos y potentes medios de Dios.

¿Y cuál de los medios de Dios podría ser más misterioso que el sufrimiento en la cruz? Es éste, sin duda, el mayor de los misterios. El misterio por excelencia. Así pues, se diría que las oraciones y sufrimientos de las "almas sencillas" a través de Cristo constituyen el medio por el cual habrá de consumarse la ya próxima victoria de Dios.

Incluso el papa Juan Pablo II ha escrito proféticamente que el ofrecimiento de los sufrimientos a Dios es la práctica que le permitirá a la humanidad alcanzar la anhelada unidad. Escribió así el Santo Padre:

Todos aquellos que sufren y creen en Cristo, y particularmente quienes sufren por su fe en él, crucificado y resucitado, deben reunirse al pie de la cruz en el calvario, a fin de que el ofrecimiento de sus sufrimientos apresure el cumplimiento de la oración del Salvador de que todos seamos uno (*Salvifici Doloris*, Sobre el significado cristiano del sufrimiento humano).

El sufrimiento de muchas personas inocentes es tan grande que Dios lo tomará en cuenta para elevar a sus víctimas a la gloria de la vida eterna.

El sufrimiento es la clave del triunfo, y quizá también de todo lo que Dios ha hecho a través de Christina Gallagher. Sin sus sufrimientos ni su victimación en Cristo, es probable que sus demás experiencias espirituales—sus apariciones y revelaciones—no hubieran sido posibles.

Volveremos a este misterio antes de concluir este libro, luego de haber visto y oído todo lo que necesitábamos ver y oír. Analizaremos entonces más detalladamente el significado profundo de ser crucificados en Cristo.

De ser "almas sencillas."

La clave para la comprensión de nuestra salvación se ha hallado desde siempre en las heridas del cuerpo de Nuestro Señor, y en cierta medida también en las heridas del cuerpo de estas valientes y pequeñas "almas victimadas," almas que mueren de algún modo en las heridas del Señor sin resistirse al llamado a sufrir por amor a él para atraer a los demás. Almas como Christina Gallagher.

## ONCE

# "El Corazón de Jesús Está Abierto a Todos"

EL QUE A MÍ VIENE, NUNCA TENDRÁ HAMBRE; Y EL QUE EN MÍ CREE, NO TENDRÁ SED JAMÁS.

—JUAN 6,35

La enigmática existencia de las almas elegidas no está hecha para quienes desean una vida fácil. No es una vida envidiable, pues implica enormes luchas, dolorosas persecuciones y la pena punzante de que los demás duden de uno. Christina sabe que, a pesar de todo, debe persistir. Antes que ninguna otra cosa, su vida es un testimonio del Señor, un testimonio que es inevitable dar porque forma parte esencial del plan de Dios para con aquella alma en particular.

Conozcamos ahora más de cerca la profundidad de la relación de Christina con Jesús, en sus propias palabras.

*¿Puedes relatarnos cómo ocurrió la primera aparición?*
Vi a Jesús. Fue mi primera experiencia de apariciones.

Fui a orar a una gruta. Junto a la pequeña cruz instalada ahí, sobre la que está también una imagen de Nuestra Señora, se había reunido un grupo de personas. Algunas de ellas comenzaron a decir que veían que la pequeña imagen de Nuestra Señora se transformaba en una de Nuestro Señor, cosa que al principio no noté. Sin embargo, pasado un momento yo también vi que aquella imagen se convertía en la de Nuestro Señor; pero en vez de tener fe en lo que ocurría, dudé. Pensé que si eso era real, debía haberlo percibido antes de que me lo hicieran notar. Eran tantas mis dudas que sentí deseos de retirarme; estábamos ahí para orar, no para buscar señales y maravillas. Pero de pronto alguien comenzó a rezar el rosario, y como yo no podía mostrarme irrespetuosa con el rosario, decidí quedarme. En un momento dado durante el rezo del rosario, una fuerza me impulsó a alzar la vista y vi frente a mí el rostro de Jesús coronado de espinas. Mi cuerpo se paralizó y me sentí sumamente afligida por mis pecados, aunque después me percaté de que no exactamente por mis pecados, sino por el pecado en sí, por ser la causa de que Jesús se encontrara en ese estado. En una etapa posterior se me reveló, por medio del conocimiento interior, que al redimir nuestra alma Jesús también nos dejó en libertad de actuar a nuestro gusto; pero que como todas las almas de la humanidad formamos parte del cuerpo místico de Cristo, nuestra libertad para pecar desgarra a ese cuerpo, motivo por el cual Jesús sigue sufriendo para redimirnos, y lo seguirá haciendo hasta que la Tierra se vea libre del pecado.

*Háblanos acerca de las experiencias con Jesús que has mencionado.*

Ver a Jesús no es como verlo en una pantalla de televisión. Se le ve con los ojos del alma.

*Pero lo ves, ¿no es así?*

Sí, veo a Jesús, pero no siempre con los ojos de mi cuerpo.

*¿Cuál es la expresión de su rostro? ¿Sonríe?*

Sonríe muy poco. El amor está siempre presente en él, pero también la firmeza. Sus labios casi no se mueven. Lo mismo ocurre cuando la Santísima Virgen habla; parecería que sus labios apenas se movieran. Ignoro cómo es que su voz se percibe tan claramente.

*¿Jesús permanece siempre inmóvil o se ha acercado a ti?*

Cierta vez en que lo vi de ese modo, con los ojos del alma, él miraba hacia el altar que hay en mi casa. Me dio mucha tristeza; creí que no quería mirarme. Pero en ese momento se volvió. Por lo general su expresión es seria; muy sincera y amorosa, pero seria. En el instante en que se volvió hacia mí yo estaba pensando en lo mucho que me gustaría que me mirara. Y en cuanto lo hizo, me sentí invadida por un amor muy profundo, que procedía de él. Quise lanzarme a sus pies, pero no podía moverme.

*Has dicho que Jesús se muestra serio, pero a todos se nos ha enseñado que Dios no se enoja nunca. Hay quienes lo han explicado con el argumento de que de ese modo expresas lo que has experimentado al percibir su insatisfacción con la humanidad. ¿Podrías explicarnos esa seriedad de la que hablas?*

Esa seriedad es lo que, según mi director espiritual, se conoce como la "justa ira de Dios," A Jesús le lastiman los actos de la humanidad, y expresa su enojo de diferentes maneras. Se muestra molesto ante el pecado y herido cuando ve que la gente peca.

*¿Cuál es, en tu opinión, la diferencia entre la ira de Jesús y la de los seres humanos?*

Una vez vi a Jesús en el cielo. Miraba al mundo y obviamente veía los pecados de los hombres. Luego escuché el eco de su voz, en tono firme. Dijo: "¡No!" Colocó entonces su manos sobre el mundo. Me estremecí. Es evidente que decía "¡No!" por la gente y el pecado o, mejor aún, por los pecados de la gente.

*A mayor precisión, la ira de Jesús no se expresa como una emoción violenta y arrebatada, como suele expresarse la de los humanos. ¿Es así?*

Sí. Incluso su enojo es producto de su gran amor por su pueblo, y está cargado de ese amor. Si un padre se siente herido por algo que ha hecho su hijo, sentirá ira, por el amor que le tiene. En la aceptación del pecado y el rechazo a Dios, Jesús ve una muestra de la debilidad humana. La gente no hace oración, ni toma conciencia de sus pecados. El mundo se hunde cada vez más en el pecado. Es el pueblo de Dios, redimido por la sangre de Cristo, el que abraza el pecado. Jesús anhela que el alma de su pueblo vuelva a la luz, la gracia y el amor que él le concede. Jesús me pidió que le diera de beber. Repitió tres veces su petición. Yo no sabía cómo podía darle de beber, y entonces me dijo: "Eres una uva madura por exprimir. Cuando seas exprimida, me darás de beber. No deseo agua ni vino; tengo sed de las almas a las que amo." En otra ocasión en que volví a ver a Jesús en el cielo, expresó de nuevo la firmeza de su justicia. Esta vez, hizo retemblar el cielo con su furia, al grado de que pude ver millones de chispas en el firmamento. Estaba profundamente resentido por los pecados del mundo. Luego, todo se sumió en profunda oscuridad. Repitió este acto tres veces. Ansía la paz.

A su derecha estaba un ángel, al que reconocí como el Ángel de la Ira, vestido de rojo. Cargaba una cruz luminosa encerrada en un círculo de luz. Desde atrás surgió de pronto una paloma blanca, que fue a posarse sobre la cruz luminosa. Un relámpago estalló en el cielo, seguido por un trueno. Yo no estaba en las alturas al lado de Jesús, pero tampoco en la Tierra; me hallaba en algún punto entre ambos. Sentí mucho miedo. El estallido del relámpago y el trueno fueron tan intensos que parecía como si la Tierra toda hubiera explotado. Miré hacia abajo y sólo encontré destrucción; los edificios se habían hecho añicos y la gente caía por las grietas. Todo era gritos y horror. Fue una escena verdaderamente espantosa.

Vi entonces que la Santísima Virgen se colocaba frente a Jesús, junto al que parecía muy pequeña. Sólo pude ver su manto, como si la mirara por detrás. Lloraba, y en medio de sus sollozos decía: "¡Misericordia, Hijo mío! ¡Misericordia!"

*¿Recuerdas en particular algo de la apariencia de Jesús?*

No. Lo único que sé es que lo amo. Que lo amo profundamente.

*¿Qué puedes decirnos del amor de Jesús?*

Su amor es más grande que el de la Virgen María, por más que en ocasiones se muestre serio o inflexible. Su amor por mí es mi vida. Él es mi redentor; es todo para mí, todo lo que pueda desear. ¿Cómo describir entonces el amor que siento por la Santísima Virgen, que es tan pleno? Es un amor por alguien a quien no se quisiera perder jamás, a cuyo lado se querría permanecer siempre. Si estoy en la Tierra es por deseo de Dios. Así, mi único interés es poder decir siempre "sí" a todo lo que

Dios quiera de mí: a transmitir sus mensajes, a cargar la cruz, a todo lo que él desee. Todo lo que deseo es hacer su voluntad. La vida en sí misma carece de significado para mí. Dios lo es todo para mí y mi único hogar es él, aun mientras estoy en la Tierra.

*¿Podrías hablarnos de la misericordia de Jesús?*

Para mí, el amor y la misericordia de Jesús son lo mismo, y se resumen en su Sagrado Corazón. Siempre que pienso en su misericordia, pienso en su Sagrado Corazón. El corazón de Jesús está abierto a todos. Nunca dejará de amar a una sola alma. Son las personas las que se alejan de Dios. Mientras vivamos, Dios nunca dejará de estar a nuestro lado, porque él es sólo amor. El Sagrado Corazón de Jesús es infinitamente misericordioso, porque está lleno de amor por su pueblo, al que ha redimido. Jesús seguirá amándonos por siempre hasta que exhalemos el último suspiro, momento en que cada uno de nosotros deberá tomar la decisión definitiva: la de optar por Dios o rechazarlo.

*¿Qué te ha dicho Jesús con la intención de que lo hagas de conocimiento de todos nosotros?*

Me ha mostrado con toda claridad que siempre está a nuestro lado y no nos abandona nunca, lo mismo que la Santísima Virgen. Somos nosotros los que nos alejamos de él, a causa de nuestros pecados, debilidades y esencia humana. Él jamás se aleja de nosotros.

Alguien dijo en una ocasión que si Jesús se hiciera presente en la Tierra en un lugar específico, millones de personas saldrían a su encuentro y desearían tocarlo. Sin embargo, ya está presente en todas las iglesias del mundo, en todos los altares y mediante la sagrada eucaristía. Su cuerpo y sangre son reales y se hallan vivos entre nosotros. No hemos recibido a un Jesús muerto, sino a Jesús resucitado. Es un Jesús que nos alimenta con su carne y con su sangre, un Jesús que es todo amor. Pero casi nadie quiere darse cuenta de ello.

Nadie se empeña hoy en día por ir a la iglesia para conversar con él o simplemente para estar en su compañía. No digo que deberíamos ir a la iglesia a pedirle cosas, sino más bien a decirle:

"Heme aquí, Señor. He venido porque quiero estar a tu lado. No soy nada, pero estoy aquí para amarte."

*¿Cómo hablas con Jesús?*

Cuando es de noche y no puedo estar en la iglesia, le digo en mis oraciones: "Jesús, permite que mi corazón se una al tuyo en los altares de todo el mundo. Sé que eso no es posible porque me encuentro aquí en este momento, pero tú sí puedes hacerlo, incluso mientras duermo, por medio de mi ángel guardián o cualquier otro instrumento de tu gusto." Todo lo que hago es permitir que cada momento de mi vida sea un acto de amor a Dios. El Hijo de Dios se humilló en el portal de Belén y en la cruz del Calvario. Toda su vida, y sobre todo su muerte en la cruz, fue un acto de amor por nosotros. ¿No podríamos corresponderle, aunque fuera nada más un poco? Él es la fuente del amor. Nos da su amor en su totalidad. ¿No podríamos devolverle algo de ese amor sin tener que pecar a cada instante? Cuando le damos algo a una persona por amor a Dios, compartimos con ella el amor de Jesús, y de este modo permitimos que Dios se comunique con nosotros. El amor de Dios es tan grande que me resulta imposible explicarlo. Rebasa mi mente y mi corazón, pero lo he experimentado tan profundamente que ya sólo quisiera morir por él. Daría mi vida por su amor, como él lo deseara. Siempre le pido a Dios que no me ponga a prueba, pero al mismo tiempo nada anhelo más en el mundo que ser capaz de decirle siempre "sí."

*¿Jesús te ha hablado del nuestro Padre eterno, su Padre?*

Sí. Me ha dicho que siempre debemos hacer su voluntad. En la ocasión en la que me mostró el infierno, me dijo: "Éste es el abismo del pecado, el infierno que espera a todos aquellos que no amen a mi Padre." Luego añadió: "Hija mía, une tu debilidad a mí, que soy toda fuerza."

*¿Todos podemos conocer a Jesús como tú lo conoces? ¿Podemos conocerlo sin tener las experiencias que tú has tenido?*

Sí. Estoy segura de que todo aquel que desee conocerlo como yo, lo logrará. Creo en Jesús. Quienes tienen fe también creen en él, porque él es la verdad. Nuestra debilidad, carne y naturaleza humana nos tientan a pensar que todo esto es una locura. Las tentaciones abruman nuestra mente con pensamientos como "Tú no tienes necesidad de creer en eso." Nos ocurre lo mismo con el ayuno, pues nos decimos: "Yo no tengo por qué hacerlo." El mundo actual vive en tal oscuridad que cree no necesitar de Dios. Cualquiera puede acercarse a Dios, pero para hacerlo tiene que volverse como un niño. Tiene que humillarse ante Dios. Mediante la oración, el sacrificio, el ayuno y, en especial, los sacramentos, todos podemos aprender a creer en Dios. Debemos acercarnos a él como niños, y él nos aceptará.

*Jesús ama a los niños. ¿Te ha hablado de ellos?*

Lo ha hecho sólo una vez, cuando me explicó cuáles son los tres pecados que más afligen a su corazón: el aborto, el abuso inmoral de los inocentes y el sacrificio de los inocentes a Satanás. Los tres afectan directamente a los niños, a los que ama porque son inocentes y se hallan indefensos.

*¿Jesús te ha dicho algo acerca del juicio individual y del juicio final de la humanidad?*

Me ha dicho que su mano caerá sobre el mundo más velozmente que el viento y que todos tendremos la oportunidad de convertirnos, creer en su existencia y conocerla. Pero también me ha dicho que el pecado es muy poderoso, y que en virtud de nuestro libre albedrío también podemos optar por él.

*¿Te ha dado indicaciones para dirigirte a él o a su Padre al orar?*

Jesús ha dicho que sólo a través de él se puede llegar al Padre. Es necesario que conozcamos al Padre y al Espíritu Santo, a los Tres que son Uno. También ha dicho: "Si conoces al Padre, conoces a Jesús." Pero yo, por ejemplo, siempre siento la necesidad de recurrir a Jesús, de servirme de su nombre para que interceda por mí ante su Padre.

*¿Debemos acudir directamente a Jesús o llegar a él por medio de la Virgen María?*

Cuando acudimos a la Virgen, veneramos a Dios, pues fue la Santísima Trinidad quien la eligió. Dios Padre eligió a la Virgen María para concebir a Jesús, su Hijo, por la fuerza del Espíritu Santo. La Virgen es toda pureza ante Dios. Cometeríamos un error si no nos acogiéramos a la Santísima Virgen como madre nuestra.

Tal como lo hizo Jesús en la bodas de Caná, cuando convirtió el agua en vino, debemos acercarnos a María, Nuestra Madre, y decirle: "Madre, ayúdanos." ¿Acaso ella podría dejar de interceder por nosotros ante Jesús y el Padre? Dios acepta nuestras oraciones cuando las dirigimos a la Santísima Trinidad, pero también gusta de que lleguemos a él por medio de la Virgen María, Madre Nuestra.

*¿Podrías hablarnos del amor de Jesús por Irlanda?*
Jesús y su Madre tienen gran amor por Irlanda, y me lo han dicho. Un gran número de irlandeses han predicado por el mundo la palabra de Dios, aunque muchos de ellos no han sido reconocidos como santos por la Iglesia en la Tierra. Sin embargo, los mártires de Irlanda no cesan de suplicarle a Dios en el cielo que tenga misericordia con su nación. La Virgen me dijo que deseaba que Irlanda se convirtiera en "una luz para el mundo." Porque aunque Dios ama cariñosamente a Irlanda, ama también a todas las personas del mundo.

*¿Te ha dicho Jesús algo sobre el Papa?*
Es la Virgen María la que me ha hablado mucho de él. Lo he visto muchas veces tendido en el suelo con el vientre sangrante. Como no acababa de entender por qué me era mostrado tantas veces de esta manera, un día se lo pregunté a Nuestra Señora, y me dijo que cada vez que ello ocurría era porque, gracias a la oración, Dios alejaba algún peligro del Papa, a pesar de lo cual el Santo Padre se ve permanentemente amenazado.

*Me enteré en un artículo que no sabías leer y escribir, pero que Jesús respondió a tus oraciones y te concedió el don de hacerlo. ¿Podrías decirnos algo acerca de esas oraciones tuyas a Dios?*
Mi madre padeció tuberculosis durante muchos años. Iba y venía del hospital. Así, no pudo enseñarnos a leer y escribir. A mí eso no me preocupaba, y nadie me animó a aprender. Era algo normal para mí. Sin embargo, llegó el momento en que tuve que ponerme al nivel de los demás, pero para entonces ya había alcanzado una edad en la que es muy difícil aprender cualquier cosa. Aquello seguía sin preocuparme mucho, pero me exponía a constantes humillaciones. Por lo tanto, decidí ir a la escuela, pero en ella me

sentía como si fuera invisible. Mi maestra de entonces vive aún, y recuerda todo esto. Siempre que llegábamos al momento de la clase en que los alumnos teníamos que leer en voz alta, otro tomaba mi turno: yo era la alumna invisible, porque por más que hacía no aprendía a leer.

Así pues, pensé que no tenía ningún sentido que siguiera yendo a la escuela, porque no hacía nada más que sentarme y ver. Aquello me lastimaba mucho. Sentía que sólo iba a que me humillaran. Supongo que si mi maestra no me pedía que leyera era porque sabía muy bien que no podría hacerlo. Así, no tengo por qué culparla, al contrario; en realidad me ahorraba la pena de nuevas humillaciones cuando volviera a intentarlo sin lograrlo nunca. Finalmente, poco antes de cumplir catorce años abandoné la escuela. Asumí que lo único que sabía hacer era asear la casa. Podía hacer muy bien cosas como lavar los platos, barrer, trapear y tender las camas.

Un día, la señora con la que trabajaba me dijo: "Christina, no sé dónde dejé mis anteojos. ¿Me podrías leer estas instrucciones?" Me quedé paralizada, ahí de pie, donde estaba. Fue tal la humillación que sentí que creí que no podría soportarla. Simplemente no supe qué hacer. Entonces ella me preguntó: "¿No sabes leer?" "No," le contesté, y eché a correr escaleras arriba. Pensé que jamás podría volver a verla a los ojos, así que dejé el trabajo. Fue justo en aquella época cuando me di cuenta de que mi padre y mis tías hablaban de mi madre. Estaba cada vez más enferma. Decían que estaba inconsciente, que le habían extirpado un tumor de los pulmones y que lo más probable era que no sobreviviría. Además, ya le habían hecho una segunda operación para extraerle líquido de los pulmones, y los médicos habían confirmado sus escasas posibilidades de sobrevivencia. Todos esperaban que muriera de un momento a otro.

Quería mucho a mi madre y deseaba verla, pero no me lo permitieron. Los recuerdos de esa época siguen afectándome. Finalmente, admití que los adultos pudieran ver a mi madre mientras que a mí se me prohibía hacerlo por ser una niña, así que me dije: "Está bien. Aun si me permitieran verla, no podría hacer nada por ella. Pero sé que hay alguien que puede ayudarla." Ese "alguien" era obviamente Jesús, porque para mí ya era entonces una persona real. Acudí entonces a Jesús y le pedí que me ayudara. Fui a misa un domingo; parecía como si el peso de todo el mundo se me hubiera venido encima. Entré a la iglesia presa de desesperación. Llegado el momento de la consagración, comencé a hablarle a Jesús, pero no fue hasta recibirlo en la eucaristía que pude realmente conversar con él.

Le dije: "Jesús, quiero pedirte que hagas dos cosas por mí. No sé cómo las harás, pero sé que puedes. La primera es que le devuelvas la salud a mi madre, porque aún la necesito más que tú. La segunda, que me enseñes a leer y escribir, porque no quiero ser humillada nunca más."

*¿Cuándo respondió Jesús a tus oraciones?*

Inmediatamente después de aquella fecha mi madre recobró la conciencia y su salud comenzó a mejorar. Esto sucedió hace veintiséis años. Sin embargo, yo seguía huyéndoles a libros y periódicos, porque no quería que nadie más se diera cuenta de que no sabía leer ni escribir. Olvidé la segunda petición que le había hecho a Jesús. Tiempo después, aunque ya no recuerdo dónde estaba, descubrí repentinamente que entendía a la perfección los símbolos impresos en un papel y que podía leer sin problema alguno. No podía creerlo, así que tomé una pluma y un papel e hice el intento de escribir. ¡También podía escribir! Aun así, no me convencí de que aquello fuera verdad. Le di a leer a mi hermana lo que acababa de escribir; me acuerdo muy bien del momento en que se lo entregué y le pedí que me dijera qué decía ahí. Yo había escrito una pregunta; pues mi hermana la entendió claramente. ¡Era verdad! ¡Ya sabía leer y escribir! No obstante, todavía me dije que quizá cuando una persona crece, su mente cambia, y que a ello se debía que yo hubiera aprendido a leer. Todo era producto del desarrollo de la mente. Pero muy pronto deseché esa idea y caí en la cuenta de que Dios había respondido a mi oración, por medios desconocidos. Claro que aun ahora no puedo jactarme de que mi ortografía sea perfecta. Todavía cometo errores cuando le escribo a la gente, pero ya no me preocupa. Lo que importa es que puedo leer y escribir.

*Jesús te entregó un anillo el 2 de mayo de 1992. En el mensaje que recibiste ese día se hablaba de otro anillo que te había sido entregado anteriormente. ¿Podrías decirnos algo sobre esos dos anillos?*

Efectivamente, recibí un anillo con un diamante engarzado en él, aunque después vi que eran tres. Sin embargo, la primera vez Jesús no me dijo que fuera un anillo; se refirió a él simplemente como "la piedra." Me dijo que era un don suyo. El don de la gracia de su amor.

El segundo anillo estaba relacionado con el matrimonio místico. La Santísima Virgen me condujo hasta Jesús como una niña en su Primera Comunión: vestida de blanco y llena de emoción y reverencia. Después, colocó el anillo en mi dedo y Jesús lo deslizó hasta el nudillo, tras de lo cual elevó la mirada a las alturas y dijo: "Nada en el cielo ni en la Tierra destruirá esta unión."

*¿Cuál crees que sea el significado de los dos anillos?*

No tengo idea.

*¿Crees que simbolice un esponsal espiritual?*

No lo sé. Lo único que sé es qué hay en mi corazón, en mi alma y en mi mente. Lo único que deseo es vivir para Dios.

*¿Está cerca el retorno de Jesús, su segunda venida?*

Sí. Todo lo que está ocurriendo actualmente es en preparación de la segunda venida de Cristo.

*A fines de octubre de 1993 recibiste un mensaje en el que se indicaba cuánto tiempo falta para la purificación. ¿Podrías hablarnos de él?*

Jesús me dijo: "Entrégame tu voluntad, tu vida y tu eternidad," y agregó: "Mi amor es un fuego ardiente que todo lo consume." Me dijo también que ansiaba, "con profundo deseo, entregarme a todos los corazones." Le pregunté si el castigo del mundo estaba lejos, y me contestó: "Mi Padre ha decidido la hora. Hay mucho por hacer, y ya queda poco tiempo."

*De igual manera, a fines de 1993, los días 25 y 27 de diciembre, fuiste objeto de dos importantes apariciones y de un mensaje de Jesús. Háblanos de ello.*

En la misa de media noche del día de Navidad, vi que Jesús se aproximaba lentamente a mí en todo su esplendor y en medio de una luz resplandeciente. A medida que se acercaba a mí, debajo de él se extendía una enorme nube negra que oprimía con sus pies, sin tocarla.

Escuché entonces tres bienaventuranzas:

"Bienaventurados los puros de corazón …

"Bienaventurados los que hacen la paz …

"Bienaventurados los que tienen hambre y sed de justicia …"

Después habló Jesús:

"¡Ay de aquellos que desatienden mis palabras, porque mi venida es más pronta que la luz! ¡Pronto!"

Le pregunté: "¿Qué tan pronto, Señor?"

Me miró a los ojos y sólo me dijo: *"Pronto."*

Y una vez dicho esto, se alejó a gran velocidad.

Dos días después, el 27 de diciembre de 1993, encontrándome en la misa por la festividad de San Juan Evangelista, vi un cáliz inmenso con una base de plata y una copa de oro. Pasados unos momentos, escuché el rumor de un burbujeo. Luego, vi que sobre la copa se elevaban transparentes burbujas de vapor y que del cáliz comenzaba a desbordarse un líquido blanco. Creí que vería sangre, pero ésta nunca apareció. Después, una paloma se posó sobre el cáliz, viendo hacia el frente y con las alas extendidas. Llevaba puesta una corona y parecía infatigablemente entregada a la purificación.

# DOCE

# Yo, Tu Padre, Yahvé

Por esto creerán que se te ha aparecido Jehová, el Dios de tus padres, el Dios de Abraham, Dios de Isaac y Dios de Jacob.

—Éxodo 4, 5

Christina cayó presa del más encendido asombro cuando, al retirarse una de sus amistades celestiales, escuchó en medio de las sombras un coro que entonaba un nombre.

¿Quién era aquel ser?

Su nombre no le pareció conocido. Sin embargo, aquella mujer ya se había presentado ante ella en varias ocasiones, vistiendo siempre como monja y comportándose infaltablemente en forma muy amigable, aunque sin identificarse nunca. Un día en que se apareció, Christina le preguntó: "En nombre de Dios, ¿quién eres y qué es lo que deseas?" Fue entonces cuando oyó el eco: "Catalina de Siena, Catalina de Siena."

Era, en efecto, aquella famosa santa, que se hacía presente por obra del amor. Enviada por Dios a causa de diversas razones, compartió generosamente con Christina la fortaleza por la que fue tan admirada en el siglo XIV.

No es de extrañar, así, que las visitas de Santa Catalina se hayan convertido muy pronto en gratos sucesos. Se hizo gran amiga de Christina. Como la Virgen María, la santa monja solía presentarse en compañía de otros santos, como San Juan Evangelista.

Aunque en su primera aparición se mostró muy reservada, con el tiempo Santa Catalina le ofrecería a Christina numerosos consejos sobre su vida de oración y misión, consejos todos ellos extraídos de su propia sabiduría y experiencia. En una de sus visitas imploró de Christina toda suerte de oraciones por los religiosos. Se hallaban en peligro espiritual, le dijo, y precisaban ayuda: "Ora por el Papa todos los días, y por los sacerdotes, los obispos, los cardenales y mis hermanas monjas." Como si hubiese sido una enviada secreta, también le reveló que la hora de la batalla final estaba cerca. El final era inminente. Le hizo saber además que el ejército celestial estaría de su parte para ayudarla a soportarlo.

No obstante, la exhortación de Santa Catalina también representa para nosotros el triste recordatorio de que la Iglesia actual está amenazada por abundantes peligros, de los que está dicho que habrán de multiplicarse. Es cierto que hoy en día hasta los problemas más graves no son novedosos para la Iglesia, pero en tiempos de Santa Catalina una de sus misiones principales consistió justamente en prevenir tales peligros.

Nacida en Siena en 1347, en la festividad de la Anunciación, esta renombrada mística es particularmente reconocida en la historia de la Iglesia por sus esfuerzos en defensa de la Santa Sede durante los complejos acontecimientos políticos y religiosos de aquella turbulenta época. Fue una guerrera. Un ser deliberadamente enviado por Dios en el momento y lugar justos.[1]

Hasta ahora no se ha desentrañado con claridad el motivo de que Santa Catalina haya visitado a Christina. Sin embargo, todo indica que entre la vida y misión de esta santa y las de Christina existen interesantes vínculos, tal como ocurre también con sus demás amigos celestiales.

Ambas fueron llamadas por Dios desde niñas. Ambas eran analfabetas. Cristo fue el primero en aparecérsele a Santa Catalina, lo mismo que a Christina. Ambas recibieron los estigmas en un momento posterior de su vida. Cabe hacer notar en particular que Santa Catalina recibió los estigmas en manos, pies y corazón mientras visitaba una pequeña iglesia de Pisa consagrada a Santa Cristina. Tanto Christina como Santa Catalina recibieron numerosas visitas celestiales de Nuestra Señora y del Señor, así como de Satanás. Santa Catalina también se vio terriblemente asediada por Satanás y sus demonios durante largos intervalos en los que era asaltada por degradantes tentaciones.[2]

De igual modo, lo mismo que la mística irlandesa, Santa Catalina también recibió de Jesús un anillo invisible de oro y perlas, como símbolo de su matrimonio espiritual de fe con Cristo. Matrimonio espiritual que, como el de Christina, la armó de valor, fuerza y certidumbre respecto de su muy especial relación con Dios.

Pero eso no es todo.

Quizá más que ningún otro santo o santa de la Iglesia, Santa Catalina se distingue en particular por haber escrito cuatro tratados en estado de éxtasis bajo la forma de conversaciones con el Padre eterno. Tras estudiar su libro, *El diálogo*, muchos eruditos se han convencido de la intensa unión espiritual de Santa Catalina con el Padre. Fue la suya una unión mística de amor que muy pocos son capaces de comprender, pues ¿cuántos de nosotros podríamos afirmar que conocemos al Padre eterno? ¿Cuántos podríamos asegurar que hemos tenido una experiencia mística con la primera persona de la Santísima Trinidad?[3]

No muchos. Pero Christina Gallagher sí. El Padre eterno le ha hablado y se le ha revelado de modo muy especial.

En cierta ocasión en que salía de su estado de éxtasis, Santa Catalina exclamó: "He visto los secretos de Dios." Más tarde explicaría que tales secretos no pueden formularse en términos humanos, pues no hay palabras con los cuales expresarlos. ¡Esas palabras no existen!

También Christina Gallagher ha visto los secretos de Dios y, aún más, a Dios mismo, a Dios Padre. Así es: ha visto al Padre eterno. Por increíble que parezca, en más de una ocasión ha tenido experiencias internas directamente relacionadas con él, experiencias místicas para las cuales no hay palabras, imaginación ni comprensión que basten. Lo mismo que con sus demás experiencias, Christina ha hecho grandes esfuerzos por describir tales encuentros espirituales, parte decisiva de las revelaciones de las que ha sido depositaria.

La relación de Christina con Dios Padre se ha vuelto más profunda en los últimos años. Más estrecha. El 5 de octubre de 1992, le habló así de su Hijo:

Pequeña mía, es mi deseo revelarte la apertura de los cielos y el cierre de la puerta. Todos aquellos que desean venir a mí han de hacerlo por la misericordia de Jesús, mi Hijo, y por medio de su Madre. Y quienes nieguen a mi Hijo y a su Madre, perderán la vida. Pues la vida sólo se encuentra a través de Jesús, mi Hijo, y su misericordia. Todos quienes desean hallar la vida mediante Jesús, deben beber de él. Hay muchos dioses falsos. El hombre ha vuelto a adorar todas las cosas del mundo, y adorando a dioses falsos no hace sino invocar al Anticristo. Oren a aquella que es toda sabiduría, pues sólo en ella reside la verdad.

De acuerdo con el padre McGinnity, este mensaje posee un gran significado, pues contiene un sentido muy profundo para nuestra época. Se trata de un mensaje que debe ser analizado con todo detalle. Luego de haberlo estudiado detenidamente y de horas enteras de oración, el teólogo propuso la siguiente interpretación:

La frase "los cielos se abrieron" aparece en la Escritura en referencia al bautismo de Jesús, pasaje en el que también se dice que "el Espíritu descendió" al momento en que Jesús era bautizado en bien de la salvación del mundo. Más tarde, Jesús afirmaría: "Seré bautizado con un nuevo bautismo, y cuánto anhelo su consumación." Aludía así a su muerte, con la que el mundo sería purificado. La "apertura de los cielos" a la que Christina está destinada sería entonces la curación o purificación del mundo. En consecuencia, el Espíritu de Dios habrá de descender sobre ella, tal como ocurre en el bautismo, al morir, un morir para resucitar, así como se pierde para ganar o se sufre en beneficio de la renovación.

Volviendo a la Escritura, el "cierre de la puerta" posee un significado muy claro en el contexto de los mensajes. En el Evangelio de San Juan, Cristo afirma: "Soy la puerta del redil." Este comentario está inscrito en el fascinante discurso acerca de su bondad y cuidados como buen pastor. Si el Padre le ha dicho a Christina que le será revelado el "cierre de la puerta," es probable que ella presencie el fin de este tiempo de misericordia, momento en el que, como el propio Jesús lo dice en los Evangelios, habremos de encontrar la vida en él. En otras palabras, ese momento llegará cuando, habiendo rechazado su misericordia, debamos enfrentar su justicia.

Así pues, quizá aquella frase aluda al fin del tiempo de la misericordia, en el que aún nos encontramos.

Si nos resistimos a aceptar esta bondad, provocaremos la purificación del mundo. Será el Padre quien determine a quiénes se les permitirá atravesar la puerta y quiénes quedarán fuera de ella; es decir, quiénes se salvarán y quiénes se perderán en esta importante fase de la historia de la salvación.

[NOTA: Comentario adicional del padre McGinnity al mensaje del 5 de octubre de 1992.]

Para comprender este mensaje, es necesario aplicar las reglas de la interpretación de la Escritura, de acuerdo con las cuales mensajes o palabras similares remiten siempre a nuevos discernimientos. Aquel mismo día (5 de octubre), Jesús se sirvió de palabras e ideas similares, las que dan luz acerca del mensaje del Padre celestial. Así por ejemplo, cuando el Padre dice "... deben beber de él," habla en términos semejantes a los empleados por Jesús anteriormente el mismo día cuando dijo: "Soy la paz, pero pocos beben de mí." Ahora bien: este mensaje iba dirigido a conductas dentro de la Iglesia como la negligencia, la profanación y "la conducción de los ciegos por los ciegos," todo lo cual constituye un mal ejemplo y un ejercicio imperfecto del liderazgo. Parecería entonces que la pregunta "¿Quién es quién?" fuera una manera cortés de decir: "Estén atentos: es probable que las personas que los conducen no sean tan confiables como ustedes creen." En otras palabras, ese "¿Quién es quién?" plantea dudas sobre la autenticidad de aquellos a quienes seguimos automática e incondicionalmente.

En el mensaje referido a "la conducción de los ciegos por los ciegos," lo cual da lugar al "pisoteo de la sangre del Cordero" (el abuso del santo sacrificio de la misa), Jesús formula la pregunta retóricamente: "¿Es que acaso mis pequeños pueden darle gloria a su Dios y Señor?" En otras palabras, cuando el sacrificio es deshonrado por la irreverencia de una conducta inmoral o, más específicamente, cuando no es debidamente predicado como lo que es, las personas que dependen de sus guías espirituales para el encuentro de la verdad se ven dañadas, abandonadas a su ignorancia y carentes de estímulos para responder con reverencia, adoración y arrepentimiento. Si no son conducidas a la aflicción por el pecado, no obtendrán perdón en la confesión. De este modo, el sacrificio es profanado, pues todas esas personas reciben la sagrada comunión.

Sin embargo, del propio mensaje se deduce que la responsabilidad de ello no es estrictamente suya, sino de los "ciegos" que los guían. En consecuencia, Jesús misericordioso es profanado y abandonado, dado que él es fuente verdadera de vida; la Iglesia adopta medios falsos para el cumplimiento de

su misión, y son invocados los "falsos dioses" a los que Dios
Padre hace mención. La Iglesia es dirigida según un patrón
mundano. Se dedica mucho tiempo a proyectos y propósitos
triviales y perturbadores ... Y todo ello en nombre de la
religión, cuando al mismo tiempo cada vez se le presta
menor atención al sacrificio de Jesús. El Padre señala
entonces en dirección a Nuestra Señora, a la que describe
como "sabiduría." Esto querría decir que quienes destinan sus
oraciones a la Virgen, como el Padre desea, son encaminados
por ella a la verdadera fuente de la gracia.

No obstante, el Padre Eterno le dijo aún más cosas a Christina.
Pocas semanas después, a fines de octubre de 1992, volvió a dirigirse a ella, esta vez con un importante mensaje sobre su vida y la
cruz que ha de cargar en ella.

Para sorpresa de Christina, el Padre sacó a colación una conversación que habían sostenido cuando ella era niña, y que Christina
recuerda a la perfección. Cuando tenía cinco años, el Padre eterno
la invitó a entrar a su reino, a lo que ella, como era de esperarse, se
rehusó. Sin embargo, el Padre aceptó y bendijo su decisión, o al
menos así lo creyó Christina, dado que no obtuvo reproche alguno
de su parte y amaneció tranquilamente en su cama a la mañana
siguiente. Treinta años después, el Padre le habló del significado de
aquella conversación:

"Amada hija: Yo, tu Padre, habré de revelarte lo que permanece
oculto para los instruidos. Mi reino es de los pequeños. Jesús, mi
divino Hijo, te bendijo y te dirigió su llamado desde que estabas
en el seno de tu madre. Yo, por mi parte, me dirigí a ti cuando
tenías cinco años. Tomaste entonces una decisión. Optaste por la
cruz, aunque yo, tu Padre, Yahvé, ansiaba librarte de la cruz, como
también ansié librar de ella a mi divino Hijo. Mas también mi
amado Jesús, Hijo mío, eligió la cruz en favor de mi pueblo. Tú no
adoptaste la cruz por ti misma; no habrías podido hacerlo. Lo
hiciste a través de mi divino Hijo. La parte que te ha tocado de ella
es muy pequeña, aunque también muy grande. ¿Comprendes
ahora qué fue lo que me pediste cuando te dije: 'Así sea'?"

"Sí, Padre mío, lo comprendo, pero muy poco," respondió Christina.

"¡Oh, pequeña mía! Son muy pocos los elegidos, aunque todos han sido llamados."

"Pero, Padre mío," replicó ella, "a pesar de que te amo, soy débil y nada valgo. ¿Cómo pudiste escogerme?"

"Por obra del amor del Corazón de mi divino Hijo. Los que son de tu generación, de tu progenie, se han rendido a la cruz. Jesús les ha dado su gloria, y los ha recompensado llamando siempre a uno de los miembros de esa progenie a ser uno más de los elegidos y bendecidos. Tú has sido elegida como fruto de la cruz que los tuyos comparten con Jesús. Yo soy el Señor tu Dios, y que así sea."

Así sea. A partir de esa noche Christina ha entablado nuevas conversaciones personales con el Padre eterno, las cuales conserva denodadamente en su corazón. Así, aún no nos han sido dadas a conocer, pero serán sin duda muy interesantes. Ella misma ha dicho que Dios Padre le prometió "revelarte muchas de las cosas que he escondido a los sabios e instruidos." Dios prefiere guardar todas esas cosas a los pequeños. Las ha guardado para ella.

Pero conozcamos más detalles de esta relación insondable por boca de la propia Christina.

*Christina, de acuerdo con lo que sabemos hasta ahora, por haber sido publicado, tuviste ya una experiencia mística con el Padre eterno y la Santísima Trinidad. ¿Podrías describirnos tal experiencia?*
Mientras rezaba las estaciones de la cruz y leía las meditaciones de un libro de oración, percibí claramente con la vista un rayo de luz que ascendía a las alturas. Vi después muchos ángeles, todos ellos bajo la apariencia de bebés y de piel aún más blanca que la luz en la que estaban sumergidos. Subían por aquel rayo de luz, aunque con sus pequeñas alas no podían llegar muy alto. Sin embargo, iban y venían a voluntad en medio de la luz. En lo alto se abría una enorme y resplandeciente extensión. Nunca había visto nada semejante.

Entonces vi a un hombre sentado sobre una enorme silla de madera. La silla era muy grande; lucía imponente. Era una silla de autoridad. Los cabellos del hombre sentado a ella eran blancos. Aunque parecía viejo, en su rostro no se percibía ninguna arruga. Era muy hermoso. Su cara era idéntica a la de Jesús, salvo por el hecho de que el cabello de Jesús es café y el de este hombre era blanco. Pero más allá de eso, sus rostros son idénticos. De pronto los vi juntos: Jesús fue a posarse a un lado, y la Santísima Virgen un escalón abajo. Distinguí entonces unos escalones muy grandes, aunque la luz los ocultaba casi por completo. Recuerdo que me dije: "Ése es mi Padre eterno, con Jesús, su Hijo, y la Santísima Virgen." Sin embargo, en ese momento pensé: "¿Y dónde está el Espíritu Santo?" Al instante me percaté de que toda aquella luz que veía era el Espíritu Santo. Durante todo este tiempo lucían aquí y allá grandes nubes luminosas, todas ellas diferentes y ocupadas por ángeles, las cuales flotaban sobre el lugar donde se hallaba sentado el Padre eterno y donde Jesús y la Virgen permanecían de pie. Oí entonces que millones de vocecillas se unían para entonar un cántico melodioso. Aquello era bellísimo. Parecía como si un grupo de niños cantara a lo lejos. Oía cantar a muchos niños, y su voz llegaba hasta mí como una brisa. Era un sonido magnífico venido de lejos, aunque sumamente suave, como auténtica música. No supe qué cantaban, pero la sola combinación de sus voces era prodigiosa. Su sonido era muy tenue, como el del viento, pero más expresivo aún.

*El 5 de mayo de 1992 se te dijo que la Santísima Trinidad habita en ti. Jesús te dijo que has hallado el favor de Dios. ¿Podrías explicarnos el significado de esto?*

Tuve que hacer grandes esfuerzos para descubrir el significado de esa revelación, pues aunque yo sabía que Jesús vivía en mí, ignoraba que la Santísima Trinidad pudiera habitar en el interior de una persona. Sin embargo, Jesús me dijo después que él es uno con su Padre, y que cuando un alma es elegida por Dios, son él y su Padre quienes la eligen. Me dijo: "Cuando abres tu corazón para recibir a Dios (es decir, si acepto a Jesús y permito que viva en mí), recibes también a mi Padre, que vive en mí por medio del Espíritu Santo." Cuando le pedí que me lo explicara, me dijo: "Cuando alabo a Dios, es a mi Padre a quien alabo," y añadió: "Todo esto es obra del Espíritu Santo, fruto de su acción." Así es como se manifiesta el Espíritu Santo. Esta gracia, sin embargo, no es exclusiva de mí. Está destinada a todos aquellos que reciben a Jesús con un corazón abierto. Jesús ha dicho: "Todos son llamados, pero pocos escogidos."

*¿Qué te explicó el Padre eterno acerca de que te cuentes entre los elegidos?*
Cuando le pregunté sobre el hecho de haber sido elegida, me habló de la progenie de mi generación, a la que Jesús ha glorificado. Gracias a que aceptaron la cruz, Jesús cumplió su deseo: el de que una persona de su especie fuera elegida.

*¿Es decir tú? ¿Eres tú esa persona elegida?*
Sí. Ocurrió que fuera yo.

*En octubre de 1992, el Padre eterno dijo haberse dirigido a ti cuando tenías cinco años. ¿Lo recuerdas?*
En ese entonces mi madre vivía en medio de constantes preocupaciones a causa de mis muchas enfermedades. Padecí pulmonía, en la que reincidí después. En esa ocasión en particular, estaba yo tan débil que mi corazón ya casi no latía. Dejé de respirar. Mi madre se alarmó y colocó su oído en mi corazón. Luego, hizo entrar a mi padre a la habitación. Pensó que, al oírlo llorar, mi corazón reaccionaría y volvería a latir. Fue en ese momento cuando tuve aquella experiencia con Dios. Tenía cinco años cuando sucedió.

Recuerdo esa experiencia. En cuanto oí la voz de Dios, supe que era él; me dijo que me llevaría al cielo. Le respondí que no quería ir al cielo todavía, que quería seguir en la Tierra, vivir y crecer y ser como mamá y papá. Quería casarme y tener uno o dos hijos, tal como efectivamente sucedió, pues me casé y tengo dos hijos preciosos; me gustaría tener más, pero no puedo a causa de mis enfermedades. Visto todo en perspectiva, esta conversación mía con Dios siendo una niña y el haber escuchado su voz me permiten comprender mejor muchas de las cosas que han ocurrido en mi vida.

*¿Cuál crees que haya sido el motivo de que el Padre eterno se haya dirigido a ti? ¿En qué circunstancias lo hizo?*
De niña tuve muchas enfermedades. En numerosas ocasiones, mis padres no estaban seguros de que amaneciera con vida a la mañana

siguiente. Pero yo no me daba cuenta de estar enferma; simplemente me preguntaba si Dios vendría a recogerme para llevarme al cielo. Me escondía bajo las sábanas y decía: "Si vas a venir por mí, ¡que sea en domingo!" Esperaba que aquel fuera un domingo que no terminara jamás y del que yo no volviera nunca. Pero cuál no sería mi sorpresa cuando escuché una voz que me decía esas mismas palabras, las de ser llevada al cielo. Sin embargo, le dije a Dios que quería vivir. Al final de esta conversación con él, oí las palabras: "Así sea." Entendí que eso quería decir que podía seguir viviendo y que en adelante todo marcharía bien. Para mí, el significado de lo que me acababa de ocurrir era que podía seguir viviendo.

*El 5 de octubre de 1992 recibiste un mensaje de Jesús. Te dijo que serías un alma victimada con él. Más tarde, también el Padre eterno se dirigió a ti. ¿Qué puedes decirnos de esta comunicación del Padre celestial contigo?*
Una de las cosas más extrañas de estas experiencias es que de inmediato se advierte la diferencia en la voz, aunque sea la misma. Para mí, la voz del Padre eterno es más fuerte, más sonora, de tono más firme, a pesar de lo cual no deja de ser hermosa y delicada. Pero es grandiosa. En cuanto lo escucho, sé que es él. Me ha hablado en varias ocasiones, algunas de ellas recientes. Me ha transmitido diversos mensajes, en los que me dice cosas como "Hija mía, yo soy tu Padre." Una noche repitió esto varias veces, y luego me pidió que me pusiera de pie. Yo le dije: "Preciosa sangre de Cristo, protégeme. En nombre de Dios, te digo: si no procedes de él, aléjate en nombre de Jesús." Pero la voz no dejaba de repetir: "Hija mía, yo soy tu Padre. Levántate y ora."

*Según tu director espiritual, recibiste el conocimiento acerca de los siete grados del espíritu y el camino del alma hacia la santidad. ¿Nos podrías hablar de ello?*
En enero de 1994 se me dio a conocer cuáles son los medios por los cuales un alma llega a la santidad. Se trata de los siete pasos de perfección, de los que ya se me había hablado pero que no entendía. Se me dijo que Dios desea que los siete grados de su Espíritu tomen posesión de una persona para que ésta alcance la

perfección en siete facultades: corazón, alma, mente, cuerpo, voluntad, inteligencia y memoria.

## Los Siete Pasos a la Perfección

Christina recibió de Dios todopoderoso el don del conocimiento de los siete pasos, etapas o grados del camino de la perfección, o de la purificación.

> Vi siete escalones. Entre mejor respondemos y nos entregamos a la cruz por amor a Cristo, mayor atracción ejercen sobre nosotros los grados del Esp'ritu a través de los cuales Dios conduce a las almas a niveles superiores.
>
> El centro de la Santísima Trinidad es la naturaleza divina, y sobre el centro de la naturaleza divina se alza el faro luminoso del Espíritu Santo. Dios hace alumbrar su Espíritu desde ese faro para llamar a las almas a niveles superiores de unión con él.
>
> Luego de alcanzar la unidad y el amor del centro de la naturaleza divina, Dios desea que las almas accedan a él en forma más profunda.
>
> Todas las almas han sido redimidas por Jesús, y por lo tanto forman parte del cuerpo místico de Cristo.
>
> Cuando una persona se humilla y permite que Dios crezca en su alma, Dios la eleva al grado de la unión o matrimonio místico con Cristo. Sin embargo, son pocas las almas que alcanzan esta unión, porque no todas son capaces de humillarse y de permitir que Dios crezca dentro de ellas.

## El Ruego de Nuestra Señora

La Santísima Virgen nos pide en sus mensajes que oremos, hagamos sacrificios y ayunemos, y con ello nos enseña a volvernos niños y humillarnos ante Dios rechazando los apetitos de la carne y abriendo nuestro corazón para permitir que el Espíritu fluya libremente por los siete aspectos de nuestro ser, a saber, corazón (canal o entrada principal a los demás), voluntad, mente, inteligencia, memoria, cuerpo y, por último, alma.

Dependiendo del modo en que respondan, los seis primeros aspectos pueden conducir el alma a las tinieblas o la luz. El corazón es el punto de partida de todos nuestros deseos, y necesita de la voluntad, la mente, la inteligencia, la memoria y el cuerpo para convertirse en un canal abierto que permita que los siete grados del Espíritu purifiquen y fortalezcan esos seis aspectos de nuestro ser, cuya respuesta conducirá al alma ya sea a las tinieblas o la luz.

EL CORAZÓN es el canal principal hacia las otras facultades, además de la fuente del deseo de la que depende el cierre o la apertura de los demás canales en lo que se refiere a la voluntad, la decisión o la acción, de modo que debe ser purificado de sus debilidades, porque posee en sí mismo la capacidad de abrirse o cerrarse a Dios.

LA VOLUNTAD puede mostrarse tan renuente a la voluntad de Dios que es capaz de oponerse obstinadamente al llamado divino y procurar únicamente sus propios intereses y beneficios al grado de ser excesivamente débil para optar por Dios.

LA MENTE puede dejarse llevar por el modo de pensar del mundo, las expectativas de la gente y las normas del juicio terrenal.

LA INTELIGENCIA puede perder conciencia de la suprema sabiduría de Dios y de que es un tesoro más grande que toda experiencia y esplendor humanos. Puede incluso racionalizar todo lo que se ajusta a su conveniencia y justificar como correcto lo objetivamente incorrecto. La pérdida de humildad ante Dios incrementa nuestra confianza en nosotros mismos y reduce nuestra fe en él; aumenta nuestra seguridad en nuestras capacidades personales y disminuye nuestra certeza en su fuerza, cuando él es la fuente y conducto de todos los talentos que poseemos. Dios puede verse precisado a impedir el acrecentamiento de nuestro orgullo y a tomar posesión de nosotros para que no perdamos el mayor de nuestros dones, que es él mismo. Sin embargo, la desaparición de nuestros puntos de apoyo nos hará sentirnos vulnerables e indefensos.

LA MEMORIA puede cegarse y perder de vista los misericordiosos actos que Dios ha realizado en el pasado, y necesitar por tanto fortalecimiento y purificación del cúmulo de preocupaciones personales que, una vez formado, obstruye nuestra amorosa dependencia de Dios, cuyo amor por nosotros es eterno. Para hacernos conscientes de ello, Dios tendrá que inducir en nosotros la constatación de que no somos nada y de que todo lo obtenemos de él, dador de vida.

NUESTRO CUERPO es débil a causa del pecado original y de las tentaciones que constantemente le ofrecen los espíritus malignos, aparte de las representadas por el orgullo. En consecuencia, corremos el riesgo de caer bajo la influencia de nuestro temperamento y apetitos físicos, como la codicia, la lujuria, la ira, la gula, la envidia y la pereza. Así pues, será necesario que fortalezcamos nuestro dominio de nosotros mismos, por medio del don del control personal otorgado por el Espíritu. Este reforzamiento espiritual de nuestras facultades superiores sobre nuestros apetitos inferiores destruirá la dependencia de la carne que hemos permitido que se desarrolle en nosotros.

EL ALMA puede sumergirse en tinieblas si las demás facultades no responden debidamente a Dios, siendo que está llamada a habitar en la luz. La purificación que necesita no equivale a la manifestación del Espíritu Santo propia del sacramento de la confirmación, pero inevitablemente dará como resultado una mayor libertad de acción del Espíritu ya recibido en el sacramento pero obstruido por nuestras imperfecciones e impurezas y por los residuos de pecados de los que ya hemos sido perdonados.

## La Purificación Puede Ser Dolorosa

El Espíritu de Dios puede exigirnos la práctica simultánea de los siete grados, o de tres o cuatro de ellos, o de cualquier otro número.

Si, por ejemplo, el corazón está abierto pero la mente es débil, Jesús querrá purificar la mente, y la oscuridad que experimentaremos dejará en nosotros una sensación de abandono. Como la mente no está en condiciones de comprender, pensará que Dios la ha abandonado. Será preciso esperar a que Dios penetre lo suficiente para purificar ese punto particular de la mente a fin de que podamos recibir la luz y alcanzar el conocimiento del Espíritu de Dios.

Si alguien vive abrumado por malos pensamientos y Dios purifica y fortalece su mente, encontrará la manera de vencer esos malos pensamientos; pero cuando Dios retire de la mente ese grado del Espíritu, aquélla recibirá un fuerte impacto y volverá a su antiguo estado. Así pues, en este caso la purificación provocará depresión e intranquilidad.

Los progresos del Espíritu de Dios en cada uno de estos aspectos constituyen un proceso doloroso, pero la clave para sobrellevarlo es la entrega al amor de Dios.

Mientras Dios se ocupa de purificar un aspecto en particular, todo parecerá sumido en tinieblas, dependiendo del grado de apertura u obnubilación de cada aspecto, así como del grado de acción del Espíritu divino. A mayor grado de acción del Espíritu, mayor fuerza de acción y, por lo tanto, mayor impacto.

También podría ocurrir que al tiempo que Dios conduce a una persona a un nivel específico por medio de la purificación, aquella persona, en razón del libre albedrío, caiga en las tentaciones de Satanás, peque y vuelva a las tinieblas. La memoria, por ejemplo, puede olvidarse de la misericordia de Dios y del sentido de la verdad. Por consiguiente, Dios, en su infinita bondad y misericordia, se verá obligado a repetir su acción, purificar de nuevo la memoria de aquella persona y restablecer esa facultad.

Si es la voluntad la que flaquea, la voluntad de Dios tendrá que obrar sobre ella. No obstante, nuestro libre albedrío puede decidirse en favor de la tentación de la carne y oponerse a los deseos que Dios ha implantado en nuestro corazón. Asimismo, si Dios actúa sobre la voluntad en cualquiera de los grados de su

Espíritu, tal voluntad puede vacilar, sentirse frágil e incluso creerse al borde de la ruina.

## La Clave Es Entregarse

La clave es ponerlo todo en manos de Dios. Cuando somos capaces de conocernos realmente como somos, nos damos cuenta de nuestra insignificancia, de que sin Dios somos nada y de que, más que cualquier otra facultad, nuestra voluntad debe aprenderlo. Nos percatamos de que dependemos de Dios para absolutamente todo, así como de sus dones de luz, sabiduría y misericordia y de los grados del Espíritu Santo en todos los aspectos de nuestra vida.

El Espíritu Santo está ansioso por fortalecer todos los aspectos de nuestro ser, y puesto que operan juntos, un problema en ellos afecta a todos los demás. Así, entre más pronto nos entreguemos a Dios y su amor, mejor. Entonces nos conoceremos y aceptaremos nuestra pequeñez frente a él, abriremos totalmente nuestro corazón y estaremos dispuestos a recibirlo todo humildemente de Dios.

## Cuando Las Cosas Marchan Mal

Cuando todo marcha bien es muy fácil ponerse en manos de Dios; pero cuando nos hallamos en problemas y nos decimos: "¿Por qué Dios no me ayuda?," buscamos pretextos para todo, tenemos pensamientos negativos y sentimos que no podemos más, de modo que retrocedemos a estados anteriores. Pero si hacemos un esfuerzo por entregarnos al amor de Dios y dejamos de dudar de todo, permitimos que nuestro corazón se abra por completo y que el Espíritu fluya libremente por este canal hasta lo más profundo de nuestra alma.

## Los Sacerdotes

Christina recibió la iluminación de que el proceso de purificación de aquellos que son llamados por Dios a la perfección a través de los siete pasos suele desembocar en un periodo de consolación para el alma, pero no es éste el caso de los sacerdotes. El sentido mismo del sacerdocio es la victimación en unión con Jesús, de modo que los sacerdotes comparten en forma especial el sufrimiento de Cristo, sumo sacerdote sacrificado por los pecados del mundo. En consecuencia, los sacerdotes que pasan por el proceso de la purificación sentirán un gran vacío durante y después de este periodo, porque los beneficios que en principio les corresponderían serán aplicados por Dios en beneficio de las almas a las que guían como pastores del rebaño divino. Jesús cuida de sus ovejas por medio del ministerio sacerdotal. De esta manera, los sacerdotes favorecerán al rebaño a su cargo con grandes beneficios espirituales cuanto más cerca estén de la perfección en el marco de los siete pasos.

No sería de extrañar entonces que un sacerdote pasara por su vida de ministerio sin el menor consuelo espiritual, presa siempre de tentaciones, soledad, vacío interior y la sensación de haber sido abandonado por Dios. En ocasiones, además, no se les permite incluso comprender los frutos espirituales que Dios extrae de su entrega como víctimas, las grandes riquezas espirituales que puede derrochar con sus ovejas más pequeñas.

Sin embargo, Dios espera que su pueblo (sus pequeñas ovejas) corresponda con oración y sacrificio a la abundancia de bienes espirituales que le ofrece en los sacramentos por intermedio de la victimación de sus sacerdotes, a fin de que quienes han sido ungidos para entregarse a su servicio perseveren en la santidad.

De acuerdo con la Escritura, Jesús le preguntó a Pedro tres veces "¿Me amas?" y éste contestó siempre "Sí," tras de lo cual le pidió que cuidara de sus ovejas y, como lo profetizó al instante el propio Jesús, ofreciera por ellas sus sufrimientos y su muerte misma. Esto quiere decir que la expresión de Jesús "Apacienta a mis ovejas" significa "Sufre por ellas." ¡La cruz es la pastura para alimentarlas!

## La Gracia de Dios y Su Recepción

El grado más alto de la gracia es el que recibimos en la sagrada eucaristía durante el sacrificio de la misa, cuando nos encontramos en estado de gracia. El requisito de hallarnos en estado de gracia indica la gran importancia del sacramento de la penitencia.

La segunda gracia más alta que podamos recibir es la que se nos concede justamente en el sacramento de la penitencia.

El tercer grado más alto de gracia es producto de la oración y de nuestras buenas obras en favor de los demás miembros del cuerpo místico. Esta gracia procede del gran faro luminoso, el Espíritu de Dios, que se une a las almas en el transcurso de los grados superiores de la perfección.

## Santidad

De todo lo hasta aquí dicho se desprende que la santidad no se restringe únicamente a la salud de la mente y el bienestar del cuerpo. Ser santo significa hallarse en unión completa con el Espíritu de Dios. Esta unión nos permite acceder a la fuente viva del eterno manantial del Espíritu divino.

## Qué Ocurre en la Muerte

Una vez que ha sido liberada del cuerpo, el alma es destinada a la vida inmortal, aunque su futuro en la eternidad depende del estado en el que se encontraba al momento de ocurrida la muerte y de su liberación del cuerpo. Cuando el cuerpo muere y el alma se libera, pasa a integrarse súbitamente a la intensa luz del conocimiento, de modo que es capaz de verse a sí misma al tiempo que es puesta a la vista de Dios. Se da cuenta entonces de las tinieblas a que la condenaron las acciones del cuerpo. La sensibilidad del alma a la intensidad de la luz de Dios es comparable a la del ojo frente al brillo de un millar de soles, de manera que en las sombras el alma se estremece de dolor. Es así que prefiere sumergirse en los mares del infierno para evitar la aflicción de la intensidad de la luz.

## Purgatorio

El alma destinada al purgatorio busca protegerse en él, en un nivel adecuado a su imperfección. Cae entonces automáticamente al purgatorio para ser curada y purificada, sabedora de todos los pecados que no expió de manera suficiente. Accede de buena gana a ocupar el nivel del purgatorio que le corresponda y se muestra eternamente agradecida a Dios, consciente de que algún día gozará de su presencia en el cielo.

## La Realidad del Infierno

Interrogada acerca del caso de las almas que mueren en pecado mortal, Christina explicó lo siguiente:

Si en la vida un alma se adentra cada vez más en el pecado, la oscuridad y la ceguera, Dios la llamará una y otra vez para urgirla a que responda a la luz.

Pero si una persona no desea escuchar, no quiere ver y se rehúsa a responder, su propio cuerpo será para ella y su alma un infierno, dado que el cuerpo y sus facultades responden únicamente a las tentaciones del demonio.

Si la persona muere en ese estado, su alma, una vez liberada de su mortalidad, se sabrá incapaz de exponerse a la intensidad de la luz de Dios, porque sencillamente no podría soportarla. Su dolor será inmenso, porque después de haberse preparado al infierno a lo largo de la vida del cuerpo en la Tierra, sufrirá una terrible agonía al descubrir la grandeza de Dios—todo amor y bondad—y la intensidad de su luz.

No será entonces Dios quien la condene ni la envíe al infierno, pues ella misma, incapaz de resistir el dolor de la intensidad de la luz divina, se lanzará al abismo.

La realidad del infierno subraya la importancia de la confesión y del verdadero arrepentimiento de nuestros pecados.

## Cielo

El alma que muere y, a causa de haber respondido al Espíritu y la gracia de Dios, se halla en estado de pureza para alcanzar al cielo, será conducida a un nivel fuera de aquella luz de Dios en el cielo, donde obtendrá completa satisfacción de acuerdo con su capacidad de Dios. Si en la Tierra se humilló a sí misma, permitiendo así el crecimiento del Espíritu de Dios, esa capacidad será mayor, como lo será también la de las almas que recibieron en vida un alto grado de llamados de Dios. Estas almas penetrarán hasta lo más profundo de la naturaleza divina. Podría comparárseles a relucientes cristales por los cuales atraviesa o se refleja la luz de Dios, contribuyendo así al aumento de su gloria.

## Los Santos

A ello se debe que dirigir nuestras oraciones a Nuestra Señora no sólo no reste méritos a la gloria de Dios, sino que, por el contrario, la favorezca, puesto que, habiéndosele concedido un lugar especial en el ámbito de la Santísima Trinidad, la Virgen es la única persona autorizada por el Espíritu de Dios para internarse en la esencia divina de la Santísima Trinidad.

De igual modo, nuestras oraciones a los santos redundan en mayor gloria de Dios, pues ellos también se hallan unidos al Espíritu de Dios en el nivel que les corresponda. Dado que han sido elevados al cielo por haber respondido al Espíritu durante su vida terrenal, Dios accede gustosamente a que su Espíritu se manifieste a las almas terrenales que buscan ayuda por medio de los santos.

## El Llamado a la Vida en la Santísima Trinidad

La Santísima Trinidad está integrada por el Padre y Jesús unidos por el Espíritu Santo, gran luz y sabiduría poseedora de abundantes dones estrechamente vinculada con el poder, grandeza, amor y unión entre el Padre y el Hijo, éste a su vez infinita misericordia y justicia de Dios. El Padre creó el mundo, el Hijo lo redimió y el Espíritu Santo lo purifica y atrae hacia sí. Dios desea acercar a él a todos los que han sido redimidos y son amados, pero el pecado los hunde en la oscuridad y les impide responder a la luz y la verdad.

Dios nos creó para amarlo y adorarlo, pero al hallarnos en el mundo y obedecer a las tinieblas del pecado, dejamos de amarlo para amarnos y cuidar de nosotros mismos. Esta tentación del mundo y la carne nos conduce a la oscuridad, en la que nos resulta imposible percibir la luz de Dios. Siendo creación divina, el mundo es también el reino del demonio, que no cesa de tentar a la carne. Pero gracias a que ha sido redimida, el alma puede elegir, por obra del libre albedrío, entre los deseos de la carne y el mundo y el hogar eterno que Dios le ofrece si sigue los pasos de Jesús. Es por ello que Jesús es el camino, la verdad y la vida.

## Dios Desea que Todos se Salven

Christina ha dicho que Dios desea que todas las almas se salven, pues Jesús murió por toda la humanidad. Sin embargo, Dios les concedió a todos los seres creados el don del libre albedrío, aunque, a su vez, Nuestra Señora no cesa de insistir en que todo lo que debemos hacer es dejar de pecar y volver a Dios. Es por ello que una y otra vez les suplica a sus hijos en todo el mundo que vuelvan la vista hacia su Hijo antes de que sea demasiado tarde, cuando aún disponen de tiempo para hacerlo. Pero ante la evidencia de tantas almas decididas a perderse, Nuestra Señora no puede menos que derramar lágrimas de sangre.

## El Libre Albedrío

Para explicar lo que entiende por libre albedrío y el modo en que podemos disponer de él para aceptar o rechazar la gracia de Dios, Christina ha dicho que la imagen con la que se me expuso el don del libre albedrío otorgado por Dios a los seres humanos y el permanente ofrecimiento de su gracia fue la de dos árboles, el Árbol Negro de las Tinieblas y el Árbol Blanco de la Luz.

Vi que del Árbol de la Luz salían gran cantidad de raíces blancas en todas direcciones, pero que las raíces negras del Árbol de las Tinieblas eran más grandes y se entrelazaban con las pequeñas raíces del Árbol de la Luz.

En representación de las personas, muchas pequeñas hormigas recorrían las raíces; las que caminaban por las raíces blancas del Árbol de la Luz se distinguían por una pequeña mota de luz blanca sobre ellas. Después de agitarse por mucho tiempo, llegaban al punto de entrelazamiento de las raíces y se detenían en aquel cruce de caminos sin saber cuál seguir. Si optaban por las raíces negras del Árbol de las Tinieblas, su luz desaparecía. Si más adelante volvían a encontrarse en un punto en el que coincidían ambos géneros de raíces y regresaban a las raíces blancas del Árbol de la Luz, su lucecilla brillaba de nuevo.

A medida que se acercaban a los troncos de ambos árboles, las que habían continuado por el Árbol de la Luz se perdían en medio de un intenso resplandor, mientras que las que habían seguido el camino de las raíces negras del Árbol de las Tinieblas parecían caer presas de la precipitación, como si se abalanzaran al infierno. Esto es lo que me fue revelado con absoluta claridad.

A mi entender, esta imagen representa el modo en que operan el libre albedrío y la gracia de Dios, la forma en que la recibimos y rechazamos y la permanente disposición de Dios a perdonarnos a lo largo de nuestra vida por medio de la confesión. Sin embargo, como al mismo tiempo hemos recibido de él el libre albedrío, de ningún modo nos obliga a aceptar el regalo de su gracia.

## La Función de un Alma Victimada en el Cuerpo Místico de Cristo como Conducto de la Gracia de Conversión de Dios

Entre mayor es la entrega que una persona hace de sí misma a Dios, más la exhorta el Señor a entregarse y mayor es la capacidad que le otorga para recibir su Espíritu y responder a él, lo mismo que a su amor y gracia, mediante el abandono y la confianza totales.

Esto significa que es deseo de Dios que los pecados de los demás sean purificados por el alma victimada o sufriente que se entrega a él y le ofrece su sacrificio para que, purificado por su unión con el sacrificio de Jesús, sirva al propósito de la conquista de muchas otras almas por Dios.

Basta mirar un crucifijo y ver los brazos extendidos de Jesús. Aceptó la cruz para redimirnos. Nació en un pesebre para demostrarnos que nada del mundo le interesaba. No dispuso de techo bajo el cual cobijarse para demostrarnos que todo lo que el mundo podía ofrecerle carecía de importancia para él. Sin embargo, siendo Hijo de Dios nos enseñó lo que sabía, lo que había aprendido de su Padre por medio del Espíritu. Así, transmitiéndonos sus conocimientos, recibidos a través del Espíritu, nos mostró el camino a casa: cómo conseguir la vida eterna. Nos enseñó que para acceder a ella por su medio debemos ser nada a los ojos del mundo.

Es por eso que si nos consideramos importantes, juzgamos nuestros progresos de acuerdo con los ojos del mundo y sólo nos parecen codiciables los bienes de la carne, nada conseguimos. Únicamente mediante el amor y el Espíritu de Dios lo conseguimos todo, pues le permitimos a Dios desarrollarse y crecer en nosotros. De este modo, nuestra alma se hace cada vez más a imagen y semejanza de Cristo. Entre más permitimos su transformación, el brillo del Espíritu y de la luz de Dios se extiende más y llega a un mayor número de personas, gracias a la humillación de nuestro ser y al engrandecimiento del Espíritu de Dios.

Así es como los sufrimientos y sacrificios libremente aceptados de una persona que confía y se entrega a Dios son utilizados por el Señor en beneficio de los miembros del cuerpo místico sumidos en tinieblas y con urgente necesidad de su gracia. Así es como muchas almas pueden verse atraídas hacia Dios por la acción purificadora del Espíritu divino en un alma victimada. Por lo tanto, esta obra de purificación realizada en ciertos individuos no tiene por objeto su exclusivo beneficio personal. Dios se sirve de ella, en su infinito amor, para lograr la conversión de las almas extraviadas.

## La Mano Paralítica y la Mano Útil

Christina recibió el ejemplo de las dos manos, la mano paralítica y la mano útil:

> Si una persona tiene una mano paralítica con la que no puede hacer nada, debe utilizar más su mano útil.
>
> La mano paralítica representa a las personas que no se interesan por Dios y carecen de la iluminación divina, mientras que la mano útil simboliza a aquellas otras que, como parte del cuerpo místico, se hallan preparadas para sufrir y cooperar con el Espíritu de Dios a la conversión de las demás. Jesús desea que su gracia de conversión pase de la mano útil a la paralítica para renovar de esta manera la vida de las almas.

Christina ha explicado así otras de las revelaciones que ha recibido:

> Una "conversión" es resultado de la gracia de la renovación de la vida del alma que proviene de los sufrimientos de otra alma. Dentro del cuerpo místico, Dios hace uso del alma victimada para auxiliar a quienes se hallan en las tinieblas del pecado. Toma para sí al alma victimada, la dota de dones y

gracias en abundancia, la procura y le da la fuerza y la capacidad para que se entregue por completo en sus manos a fin de ser estrujada como una uva.

El alma victimada es la mano útil, en tanto que el alma en tinieblas que no desea saber nada de la luz es la mano paralítica. A causa de la oscuridad y el pecado, carece de la facultad de acogerse a la luz y pedir el perdón de Dios. Quien se aleja de Dios y se hunde en el pecado es incapaz de advertir la verdad o realidad de la auténtica presencia de Dios, motivo por el cual Jesús se sirve del alma victimada hasta exprimirla para que su gracia y la luz de su Espíritu fluyan libremente hasta la persona que se encuentra en tinieblas, cuya alma recibe así nueva vida y todo su ser el renovado aliento de Dios.

Cada vez que sabemos de una persona que se ha convertido, hemos de estar seguros de que su conversión es fruto de la entrega de un alma victimada. Dios no obstruye el libre albedrío de las personas, pero hace uso de los esfuerzos de las almas victimadas para que, en unión con su divina misericordia, las almas necesitadas cuenten con la ayuda de que tanto precisan.

## Mensaje

El diálogo que se reproduce a continuación, sostenido como parte de un mensaje personal recibido por Christina el 24 de septiembre de 1988 [Véase el libro de R. Vincent *Please Come Back to Me and My Son*, citado en la bibliografía al final de este volumen], aclara las enseñanzas que acaban de citarse.

Nuestra Señora: Amada hija, debes saber que tu aceptación del dolor le ha permitido a mi querido Hijo hacer mucho bien. Tanto, que lloro de alegría.

Christina: Pero, Madre mía, mi dolor no vale nada. Mi único anhelo es que Dios pueda salvar muchas almas, y entre ellas la mía.

Nuestra Señora: Si aceptas todos los sufrimientos que Dios quiera concederte, muchas almas se salvarán. (Luego, le prometió a Christina que más tarde comprendería los misterios de Dios, aquello que "ha sido ocultado a los instruidos y revelado a los pequeños.") Sé que no comprendes lo que te ocurre, pero al aceptar la cruz que mi Hijo Jesús te ha permitido cargar, eres purificada en alma y cuerpo y haces posible la salvación de muchas otras almas. Tu cruz, hija mía, será muy pesada, y tus sufrimientos muy grandes a veces. Pero conserva la paz. Acéptalo todo, con todo el amor de tu corazón. Yo te confortaré y consolaré con lágrimas de alegría y aflicción. Estás entregándole a Dios tu cuerpo y tu alma. Te pido que te esfuerces por orar más. Conserva tu corazón al lado de Jesús, mi Hijo, y pídele que salve a todas las almas. Él te concederá todo lo que le pidas en tus oraciones. Díle que lo aceptas todo por amor a él.

¿Jesús o la Virgen te han dicho algo acerca del Espíritu Santo?

La Santísima Virgen me dijo: "La palabra de Dios está viva, es su Espíritu; la luz de Dios es sabiduría; la luz y la palabra de Dios son vida para todos aquellos dispuestos a recibirlas."

¿Has visto al Padre eterno cuando ha hablado contigo?

Sí, lo he visto varias veces, una de ellas en el cielo; pero lo he visto también en otras ocasiones. Me sería difícil describirlo. Puede adoptar muchas formas, según su voluntad. Me he dado cuenta de que, en ciertas ocasiones, también puedo verlo dentro de mí, bajo la forma de una luz muy intensa, que me vuelve consciente de su enormidad y de mi pequeñez. Frente a él soy apenas un grano de arena. Pero la grandeza y enormidad del Padre eterno son imposibles de describir. En su presencia me siento perdida en el espacio en medio del cielo. Pero, insisto, su pureza es tan grande que no se puede expresar con palabras. Por lo demás, estas experiencias me han ocurrido de manera tal que aún me resulta imposible comprenderlas del todo.

¿Has visto el modo de vestir de quienes habitan en el cielo?

A los únicos a los que he visto en el cielo son al Padre eterno, Jesús y la Santísima Virgen. A todos ellos los he visto vestidos de blanco y envueltos en radiante luz.

¿No has visto a nadie más en el cielo?

No.

Háblanos del amor del Padre eterno.

Su amor es enorme, pero aun siendo tan grande—y siendo tan grande él mismo—, su profundidad es tal que puede permitirse descender hasta un diminuto grano de arena como yo y elevarme a las alturas para unirme a él en Jesús.

[NOTA: En 1994, Christina dijo: "Hasta donde sé, las almas que están en el cielo—es decir, aquellas que han muerto en estado de gracia—vagan en la luz y el Espíritu de Dios, según el grado de apertura de su corazón a Dios y de respuesta a su voluntad. El grado de su recompensa depende de cómo le hayan respondido a Dios mientras estuvieron en la Tierra. Algunas almas son conducidas hasta los grados más profundos o más altos de la luz y el Espíritu de Dios como recompensa divina a sus sacrificios. La luz del Espíritu de Dios es como la de un millón de soles. El alma que ha sido colocada en los grados más profundos o más altos debe ser tan clara como un cristal en el que se refleja la luz y brillar intensamente para mayor gloria de Dios. Las almas del cielo saben de otras almas también en el cielo y de las que se encuentran en la Tierra por intermedio del conocimiento que reciben de Dios, por efecto del cual sólo pueden amar como ama Dios."]

*Se te ha revelado también que el día 25 de cada mes tiene un significado especial para el Padre eterno. ¿Podrías explicárnoslo?*

La Virgen me dijo que el número 2 simboliza su corazón y el de su Hijo, es decir los corazones unidos de Jesús y María, mientras que el 5 representa las cinco grandes heridas de Jesús, y el 2 y el 5 juntos, los siete dolores de la Santísima Virgen. Así, el día 25 de cada mes simboliza el ofrecimiento de los sacrificios de Jesús y su Madre en unión con las oraciones de los hijos de la Virgen, o hijos de Dios, al Padre eterno, unidas a su vez a sus corazones y sacrificios.

*¿Esto quiere decir que el día 25 de todos los meses del año es un día especial por ofrecer al Padre eterno?*

Sí. Así lo entiendo a partir de las revelaciones que me hizo Nuestra Señora sobre el significado del número 25. El gran poder de ese día se debe al ofrecimiento de las grandes heridas de Jesús junto con los sufrimientos de los corazones de ambos. Ese sacrificio mutuo implica también el ofrecimiento de los siete dolores de la Santísima Virgen.

*Como sabemos, Jesús nació el 25 de diciembre. ¿Crees que se deba a lo que acabas de explicar?*

Sí, pero siempre en representación del sufrimiento, el sacrificio y el triunfo.

# TRECE

# Donde los Ángeles se Aventuran

Y VI OTRO ÁNGEL FUERTE DESCENDER DEL CIELO, CERCADO DE UNA NUBE, Y EL ARCO CELESTE SOBRE SU CABEZA; Y SU ROSTRO ERA COMO EL SOL, Y SUS PIES COMO COLUMNAS DE FUEGO.

—APOCALIPSIS 10, 1

Nadie se atrevería a afirmar que puede haber experiencias aún mayores a la de contemplar el rostro del Padre eterno. Esta gracia especial desafía toda capacidad de comprensión, aunque Christina ha hecho su mejor esfuerzo por ofrecernos una versión adecuada. Sin embargo, el mundo del espíritu está lleno de encantos, de los que Dios lo ha dotado tanto para su placer como para el nuestro.

Mucho antes de formar al hombre, Dios creó a los ángeles. Éstos poseen nombre y rostro y pueden comunicarse con nosotros, a pesar de lo cual son seres excepcionales y diferentes. En todo caso, lo único que sabemos con certeza de ellos es que su naturaleza es un misterio.

"El ángel," escribió Santo Tomás, "es la más excelente de las creaturas, porque es entre todas ellas la que más se asemeja al creador."[1]

"Los ángeles son espíritus," escribió a su vez San Agustín, "mas no por ser espíritus son ángeles. Se vuelven ángeles cuando son enviados, pues el término "ángel" se refiere a su oficio, no a su naturaleza."[2]

Como espíritus puros, los ángeles son inteligencias creadas, absolutamente superiores a la materia y libres de toda relación con ella, tanto en su existencia como en su función. Son amigos cercanos de Dios, dotados, como los seres humanos, de libre albedrío. Tienen acceso permanente a Dios, y por tal motivo pueden comunicarse siempre con él. La Escritura abunda en historias de sus relaciones con los seres humanos. Así como ha permitido las apariciones de la Virgen María, Dios ha permitido también que muchas personas vean a los ángeles y reciban sus mensajes.

Christina Gallagher es, también en este caso, una de esas almas.

Sí, Christina ha visto a los ángeles; los ha visto muchas veces, tanto en la Tierra como en el cielo. Con sus propios ojos los ha observado cantar gozosamente las alabanzas de la Santísima Trinidad.

Estas extraordinarias experiencias angélicas no han cesado. Los ángeles han tenido a bien presentarse ante Christina una y otra vez, a menudo entonando el Ave María o el Gloria. Sus cánticos suelen ser perfectamente armónicos, como los de un coro profesional. Su voz es música que vuela como murmurante viento, aunque de una calidad jamás vista sobre la Tierra.

"Hay ángeles grandes y ángeles pequeños, transparentes y coloridos," ha dicho Christina. "Los ángeles que he visto son parecidos a los seres humanos. He visto al Ángel de la Ira y al Ángel de la Paz."

En otra de sus experiencias místicas, Christina contempló una fuente bellísima sobre la cual, como pequeños ángeles, revoloteaba juguetonamente una parvada de aves, o cuando menos eso le parecieron. Otras veces ha visto ángeles diminutos carentes de alas subiendo y bajando de los cielos en completa libertad.

Del mismo modo en que, por autorización de Dios, los ángeles pueden adoptar forma humana para aparecérsele a una persona, también les está permitido emitir voz humana y hablar en el idioma de los hombres. Como mensajeros que son, prácticamente están obligados a hablar, sobre todo en el caso de nuestros ángeles guardianes.

Una vez a Christina se le apareció su ángel guardián, al que confundió con San Judas, pero cuyo nombre es Carmelo. Habiéndola tomado por sorpresa, le dijo que no tenía nada que temer, y que él "alejaría sus temores y le daría paz," lo que ocurrió de inmediato.

Sin embargo, casi todos los ángeles que se le han aparecido se han mantenido en silencio frente a ella, pues en su caso ha sido su presencia lo único que Dios ha pedido de ellos.

Christina ha sido visitada asimismo por el Ángel de Irlanda, el Ángel de la Ira, el Ángel de la Paz e incluso por el bienaventurado arcángel Miguel.

El Ángel de Irlanda se le mostró de manera imponente. Muy bello, transmitía al mismo tiempo una profunda sensación de protección y poder. En una de sus apariciones, Christina lo vio "desplazarse sobre Irlanda." Identificó a Dublín y Cork, aunque ningún otro lugar. "El Ángel de Irlanda apareció cubierto por una intensa luz de extraordinaria pureza," diría Christina después. "Pero también emitía un denso resplandor. Tras de proyectarlo, ese fulgor se dispersaba como niebla. Aquella luz," añadió Christina, "simbolizaba las gracias que el pueblo irlandés estaba recibiendo a cambio de sus sacrificios y sufrimientos."

Por su parte, el Ángel de la Ira, ángel de la justicia divina, es un ángel magnífico que, envuelto en vestiduras rojas, le hizo sentir a Christina "la inmensidad de su poder y autoridad como ángel de la justicia divina." Lo mismo que la hermana Faustina, se presentó ante la mística irlandesa como el ángel convocado por Dios para combatir al mal.

Al igual que la del Ángel de Irlanda, la presencia del Ángel de la Ira resultó tan impactante para Christina que, abrumada, exclamó: "Señor, ten la bondad de alejar de mí a este ángel." Sin embargo, después descubrió que lo que le espantaba de él no era su fiereza, sino su extraordinaria perfección.

Apareció entonces, casi de inmediato, el Ángel de la Paz, complemento evidente del Ángel de la Ira. Ataviado de blanco y con el cuello cubierto de oro, este espléndido ángel despedía auténtica paz, paz que Christina "sintió" al instante, como cuando se le apareció la Reina de la Paz. "Es un ángel que derrama paz," ha dicho de él.

Finalmente, también el bienaventurado arcángel Miguel la ha visitado. Se le apareció en todo su poder, con una gran espada tendida en confirmación de la protección que podía darle.

Según el testimonio de Christina:

Es enorme. Parece un hombre gigantesco, con alas y rodeado por radiante luz. Lo he visto de diferentes formas. Es muy hermoso. Su rostro es duro. Su fuerza me asombra al grado de atemorizarme.

Hacía muchos ademanes con su espada. Me pareció mucho más fuerte que el demonio. Es el más poderoso de los seres celestiales, después de Dios y la Virgen. Palpé la intensa sensación de su protección. La suya es una fuerza espiritual de paz y seguridad. Me dejó verdaderamente pasmada.

El arcángel Miguel se le apareció por vez primera en un tiempo en el que era asediada por Satanás. Sin embargo, desde que la Virgen María le aseguró que contaría con la protección del ángel, Christina no ha dejado de percibir intuitivamente la constante presencia del príncipe de los ejércitos celestiales, presencia que efectivamente puede "sentir."

Ya hemos citado la descripción de Christina sobre el imponente poder del bienaventurado Miguel. El poderoso arcángel se le apareció al papa Gregorio Magno en Roma en el año 590 en respuesta a sus súplicas para la eliminación de la peste. De pie en la cima del castillo de San Angelo, exhibió su espada para hacer constar que las oraciones del pueblo habían sido escuchadas. La peste se extinguió repentinamente. Miguel se ha distinguido a lo largo de la historia por defender a los justos; así, prestó ayuda a

Constantino en sus dificultades y a Santa Juana de Arco cuando salvó a Francia.

Todo ha cambiado para Christina desde la aparición del arcángel. "Siempre está a mi lado," explica: "Me hace sentir muy feliz, más que antes. Pero a pesar de estar segura de su cercanía, lo invoco con mucha frecuencia."

[NOTA: Tras una experiencia particularmente difícil con el demonio, durante la que éste dejó impresas sus garras en uno de los brazos de Christina, Dios le concedió a la vidente el don de no volver a sentir temor intenso nunca más. Este don le fue otorgado como consecuencia, específicamente, del temor que le produjo el contacto con el diablo. Así pues, el ataque de Satanás fue permitido por Dios únicamente para que Christina pudiera recibir el magnífico don de disipar sus temores, lo cual significó el ahondamiento del amor y la misericordia divinas.]

La propia Reina de la Paz ha instruido a Christina para que implore continuamente la ayuda del arcángel, aun sabiéndose protegida por él. "Hija mía, haz un uso más frecuente del agua bendita. Invoca más a menudo al arcángel Miguel. Pídele que te proteja."

Todos deberíamos hacer lo mismo. No tenemos por qué someternos al imperio del temor y la inquietud. Christina insiste en que para ahuyentar el miedo basta con invocar al arcángel Miguel, nuestro amigo y protector. Ahora más que nunca es de gran importancia que no dudemos en recurrir a su protección, porque se acerca la época de la gran batalla celestial prevista en el Apocalipsis, en la que el arcángel desempeñará el papel de principal defensor de los creyentes.

Esa batalla será conducida ciertamente por muchos de aquellos ángeles especiales. Desde el ángel "fuerte" que determina "quién es digno de abrir el libro y desprender los sellos" hasta los "siete ángeles" que "vendrán a derramar sobre la Tierra los siete frascos de la ira de Dios," el Apocalipsis revela que los ángeles habrán de ocupar el puesto principal en la victoria decisiva del Señor. Obedeciendo las órdenes de Dios, integrarán la primera línea celestial, siempre a la caza del enemigo, hasta el fin.

Y todo indica que ese fin está cada vez más cerca. Aparte de haber entrado en conocimiento de todos esos ángeles increíbles, a Christina se le ha relevado recientemente la existencia de otro misterioso ángel. Se trata del mismo ángel enviado anteriormente por Dios en un momento histórico crucial. Según el propio Jesús le ha dicho a Christina, se acerca la hora en que ese ángel habrá de presentarse nuevamente en la Tierra.

Nos referimos al Ángel de la Pascua, mencionado en el libro del éxodo. Su venida, su inminente arribo, es quizá una de las revelaciones más importantes entre todas las que Christina ha recibido de Dios.

El domingo 5 de septiembre de 1993, la Reina de la Paz hizo saber que Dios ya le ha ordenado a este ángel preparar su visita. Fue aquélla la segunda vez en la que se le habló de él a Christina.

Hijos míos, traigo para ustedes un mensaje de amor y paz. Lloro por la seguridad de su cuerpo y alma. Reciban de mí la armadura de la protección de la luz de Dios.

Se juzgan sabios e instruidos, pero son torpes y ciegos. Lean la palabra del Señor su Dios. Han sido redimidos por su sangre.

Despierten antes de que sea demasiado tarde; se lo ruego, hijos míos. El Ángel de la Pascua está por llegar. Nada deseo más que el que sean sabios e instruidos en la luz de Dios.

Vistan su armadura. Préndansela sin temor.

Soy su Madre y habré de dirigir esta batalla. Así como Dios me eligió para traer al mundo al redentor como fruto de mi vientre, habré de elevarlo a la gloria como rey en beneficio de todos ustedes, porque soy la servidora de Dios y participaré en su gloria y su victoria por la redención de la raza humana, pues en esa gloria triunfará también mi Inmaculado Corazón.

Hijos míos, no vacilen en responder a mi llamado. Hagan realidad mi mensaje de amor y paz, con el que alcanzarán vida y esperanza. Yo los bendigo en el nombre del Padre, del Hijo y del Espíritu Santo.

El Ángel de la Pascua, llamado en el Éxodo Ángel de la Muerte o Destructor, cumplió una función decisiva en la salida de Egipto de los israelitas. Dios les dijo a Moisés y Aarón que todos los primogénitos de Egipto morirían en la noche de la Pascua, misión que le fue encomendada justamente a este ángel. Aquella noche, sólo los primogénitos de quienes habían obedecido las órdenes de Dios y marcado su puerta con la sangre del sacrificio pascual fueron salvados de la muerte. Al día siguiente, los israelitas eran liberados de la esclavitud.

¿Qué ocurrirá esta vez? La respuesta debe estar en alguno de los pasajes del Apocalipsis.

De lo que sí estamos ciertos es de que cuando llegue la hora de separar el trigo de la paja, a los justos de los pecadores, este imponente ángel será uno de los encargados de ejecutar el mandato divino.

# CATORCE

# La Iglesia Triunfante

... Porque el Señor Dios los alumbrará, y reinarán para siempre jamás.
—Apocalipsis 22, 5

La Iglesia católica ha reconocido como santos a cientos de sus fieles. Sin embargo, ignoramos la existencia de muchos otros verdaderos santos, y la ignoraremos siempre. A pesar de ello, los santos nunca serán demasiados, puesto que, destinados a vivir en unión con Dios, son sus voceros y nos sirven de conducto para llegar a él.[1]

Aun quienes no pertenecen a la Iglesia católica no pueden dejar de experimentar la irresistible atracción que los santos ejercen. Bien puede ser que, en un principio, esta seducción sea obra de la curiosidad, pero también que, con el tiempo, suscite no sólo admiración, sino imitación.[2] Es por este motivo que los santos son los mejores promotores y representantes de la Iglesia, de modo que no es de sorprender que Dios los haya enviado a Christina a fin de difundir su importante misión como asistentes de nuestra salvación.

Las referencias que ha hecho Christina sobre las apariciones a ella de los santos son tan fascinantes como todas sus demás experiencias. Sin embargo, son especialmente relevantes, pues gracias a tales apariciones es que hemos podido comprender mejor lo decisivo de la acción y ayuda permanentes de los santos por medio de su intercesión.

Ésa es precisamente la principal de sus funciones: interceder. Hablan por nosotros. Si sufrimos, le ruegan a Dios que nos conceda la curación espiritual; y si corremos peligro, invocan la protección del cielo en nuestro favor. Los santos buscan todo aquello que pueda beneficiarnos. Son nuestros intercesores ante Dios. No nos resta sino pedir su ayuda.

El hecho de que Dios haya enviado al lado de Christina a ciertos santos que puedan ayudarla a cumplir su misión no carece de significado. San Patricio, San José, el padre Pío, Santa Brígida, Santa Teresita de Lisieux, la hermana Faustina, San Juan Evangelista, San Antonio—su santo patrono—y Santa Filomena—patrona de la casa de oración de Nuestra Señora Reina de la Paz—son apenas algunos de ellos. Ha visto también a San Pedro y San Pablo. Asimismo, a fines de 1993 recibió la visita de Teresa Higginson, mística inglesa del siglo XIX que se distinguió por su devoción al divino rostro como asiento de la sabiduría divina.

San Patricio, patrono de Irlanda, se presentó a Christina el 8 de diciembre de 1992, fiesta de la Inmaculada Concepción:

> En cuanto San Patricio se me apareció, corrí a su lado. Me tomó de la mano. Vi y sentí el contacto de su cabello y de su barba. En la otra mano cargaba a un cordero. En aquella con la que me tomó llevaba su cayado, que me pidió sostener. Era de madera y curvo como serpiente, pero al momento se volvió de oro y adquirió una apariencia preciosa y deslumbrante. Le pregunté por qué me había pedido que lo sostuviera. Me dijo que en él estaba contenido el poder de Dios. Sonrió y me explicó que en el pasado la gente había creído que era un bastón mágico, cuando en realidad contenía la fuerza de Dios. Acaricié entonces al cordero y le pregunté

por qué lo traía. Me dijo que era el Cordero de Dios, con el que todas las pequeñas víctimas se hallan unidas por obra de sus sacrificios.

Después elevó la mirada al cielo y alzó su cayado al tiempo que una nube negra se cernía sobre nosotros. Le pregunté qué era aquello. Me dijo que era la oscuridad de la muerte para las personas que se muestran ciegas a Dios. Luego le habló a la nube, pero no oí lo que dijo. En el cielo se dio entonces gran agitación, y parecía que el sol estuviera a punto de aparecer. En medio de aquel marasmo surgió de pronto un resplandor, y pude ver el rostro de Dios Padre, que miraba complacido a San Patricio.

Más tarde le hice varias preguntas sobre las almas victimadas y le pregunté también si él era una de ellas, a lo que me contestó, sonriendo y viéndose los pies: "¿A qué crees que se deba que camino descalzo?" Le expliqué lo que sentía y le pregunté si alguna vez se había sentido abandonado por Dios. Volvió a sonreír y me contestó: "Sí, pero gracias a eso alcancé la gloria." El amor y celo de Dios inundaban su corazón.

Después se presentó ante nosotros el arcángel Miguel. Lo hizo para hacerme saber que podía contar con él. "San Patricio," pregunté entonces, "¿por qué siempre estás en el mar o sobre agua?" Me contestó: "Porque fue en el mar donde oí por primera vez la voz de Dios. Amo el mar." [NOTA: Siempre que se le ha aparecido a Christina se muestra en efecto cerca del agua.] Le pregunté también si era irlandés, cosa que su acento sugería, pero no me contestó; me dijo en cambio que los irlandeses celebraban siempre el día de San Patricio el 17 de marzo. (Dijo esto lleno de alegría.) "Pero hay quienes aseguran que nunca existí," continuó. Al verlo caminar a la orilla del mar sobre las piedrecillas del cielo, me sentí protegida. Percibí entonces el aroma de un magnífico perfume.

[NOTA: El padre McGinnity ha dicho de esta experiencia muy especial que, no siendo un caso de ubicuidad y representando algo más que una aparición común, en ella la vidente fue trasladada desde el aquí y el ahora a un nivel de realidad mística que no obstruye la percepción sensorial. Así, el alma recibe la verdad divina por medios aparentemente naturales.]

El significado de esta aparición especial de San Patricio, su intercesión ante Dios Padre en favor de Irlanda y el modo en que alentó a Christina en su calidad de alma victimada cobraron todo su sentido cuando, en medio de agitados acontecimientos políticos, se pretendió introducir perversamente en Irlanda la práctica del aborto, la legalización de la homosexualidad, el divorcio y la eutanasia en abierto desafío a la ley de Dios.

Christina ha tenido muchas apariciones como la que acabamos de describir, pero sería imposible referirlas todas. Dejemos que sea ella quien, con sus propias palabras, nos hable acerca de estos encuentros.

*Háblanos de los ángeles y santos a los que has visto.*

Los ángeles y santos que he visto son mensajeros de Dios que interceden por nosotros ante los corazones de la Santísima Virgen y de Jesucristo. Nuestra Madre celestial y Dios mismo desearían que todos los conociéramos. Son auxiliares nuestros, no enemigos o seres a los que debamos temer. Para mí ahora son seres absolutamente reales. Son mis verdaderos amigos, como no los hay en la Tierra. Podemos confiar por completo en ellos, cosa que por desgracia no podemos decir de nuestros amigos terrenales.

*¿Cómo es el padre Pío? ¿Su rostro es como el de sus imágenes?*

Viste una túnica café, como aparece en sus imágenes, pero luce además una alegría radiante. En ninguna de sus representaciones lo he visto tan feliz.

*¿Habló contigo?*

Sí, me habló en secreto acerca de otra persona. Me explicó cosas por las que esa persona atravesaba y que yo no comprendía. Me dijo muchas cosas sobre esa persona y sobre su vida. Me dio muchas explicaciones para que pudiera entender su situación.

*Háblanos de tus apariciones de San José.*

San José es siempre muy amable y delicado. Es tan gentil como la Virgen. En ocasiones lo he visto portando un lirio. Una noche lo vi inclinarse sobre mi cama y pude sentir la profundidad de su amor y su paz. Me hizo saber que me ofrecía ayuda y protección.

*¿Cómo es?*

Es alto, delgado y de pelo cano. Se cubre con cualquier cosa, con apenas un trozo de tela. Su vestimenta es completamente diferente a la de la actualidad.

*¿Habló contigo?*

Me dijo que debía conservar la paz y no temer.

*¿Podrías describirnos a Santa Bernardita? ¿Te habló?*

Cuando la vi por primera vez, ella estaba perdida en la contemplación de la Santísima Virgen. No pude deducir con precisión su edad; parecía de entre diez y doce años. Sus manos son muy pequeñas. Iba vestida de café y se cubría con un velo gris. Es de frágil complexión y de cabello negro. Es muy bella, prácticamente una niña.

*¿Cómo la reconociste?*

¡Al principio no la reconocí! Le pregunté a alguien acerca de ella y me dijo que era Santa Bernardita. Yo ya conocía la historia de Lourdes, pero no del todo bien a Santa Bernardita. Fue un sacerdote quien me la describió. Un día en que le platicaba mi experiencia, me dijo: "Tú eres otra Bernardita." Lo dijo en referencia a mi falta de educación escolar. Me explicó que tal vez a eso se debiera que Santa Bernardita se me haya aparecido junto con la Virgen. No sé si sea así.

*Háblanos de Santa Teresita, la florecilla de Dios. ¿Cómo es ella? ¿Qué te dijo?*

Es muy tierna, muy amable, muy cariñosa y la más bella de todas. La considero mi mejor amiga. Claro que todos los santos son mis amigos, pero cuando necesito ayuda o tengo que tomar una decisión, Santa Teresita es la primera en venir a mi lado.

*¿Alguna de sus apariciones ha sido particularmente memorable?*

Una vez, estando en misa, vi que Santa Teresita aparecía detrás del altar, y Santa Bernardita tras ella. Ésta parecía muy pequeña a su lado. Santa Teresita llevaba una enorme rosa, de color amarillo limón con puntas rojas, hermosísima. Me dio la impresión de que hablaban entre ellas. Santa Teresita se inclinaba hacia el sacerdote.

Entonces apareció la sagrada eucaristía, envuelta en potente luz. Mientras las almas de los santos elevaban sus manos hacia ella, todo el conjunto fue cubierto por una nube gris. A continuación, del centro de la sagrada eucaristía comenzaron a brotar gotas de sangre.

Las nubes se blanquearon y las almas bajaron las manos. Entendí que aquellas almas habían sido elevadas a un nivel más alto del purgatorio, pero aún no del todo liberadas.

*Alguna vez has mencionado entre tus apariciones la de Santa Teresa de Ávila. ¿Podrías relatarnos la experiencia que tuviste con ella?*

En cierta ocasión en que visité a unos amigos míos en el norte, muy devotos de Santa Teresa de Ávila, ni siquiera se me había ocurrido dirigirle mis oraciones. No me interesaba; toda mi atención estaba puesta en Santa Teresita, mi florecilla, mi pequeña amiga. Pero en una misa en casa de esa familia, la vi. La santa tenía fija la mirada en mi director espiritual y observaba cada uno de sus movimientos. Después se volvió hacia mí y me miró con firmeza. Aquella vez su presencia dejó en mí una sensación desagradable, que sin embargo se disipó en nuestro segundo encuentro. Se dirigió primeramente a la señora que es su devota, a la que miró y le sonrió, y luego se volvió a mí. Se me reveló de tal forma que en cuestión de segundos percibí su personalidad. Posee una determinación muy fuerte. Una vez que ha tomado una decisión, sería capaz de derribar una pared con tal de llevarla a la práctica, a tal punto es grande su fe en Dios. Descubrí que lo que le da a su vida interior esa magnífica fuerza es su fe en su unión con Dios, y que por ello nada puede interponerse en su camino hacia el cumplimiento de la misión que Dios le ha encomendado. Sin embargo, también pude saber que su energía no excluye la dulzura. Lo comprobé en mi interior. Gracias a ello se formó entre nosotras un vínculo muy profundo. Me tomó de la mano y colocó en ella tres pequeñas rosas. A partir de ese momento ha sido extraordinaria conmigo. Jamás he tenido un problema con ella; la amo de verdad, y creo conocerla bien. Aunque jamás me compararía con ella, ahora puedo compartir en mi interior su fuerza divina y su amor a Dios, lo que me impulsa a ser más fuerte. Así, ahora reconozco en mí una pequeña parte de la personalidad de Santa Teresa.

*¿Crees entonces que la rudeza que originalmente sentiste en Santa Teresa era producto de su personalidad?*

Sí. Su fe y unión con Dios siempre han debido ser muy firmes, a causa de la labor que le ha tocado desempeñar. No permite que nada le impida cumplir con la misión que Dios le encomendó.

*¿Podrías hablarnos de San Patricio y de la revelación que te hizo sobre la casa de oración?*

Fue algo muy hermoso. Vi al arcángel Miguel sobre una iglesia sin techo. Bajaba y subía desde la iglesia, al tiempo que por doquier se escuchaba el aullido de los demonios. Tanto el interior como el exterior de esa iglesia me fueron revelados como sagrados. Supe también que muchas almas están espiritualmente muertas. Luego, el arcángel se elevó sobre un altar, abrió el sagrario, tomo la sagrada eucaristía y la colocó en su mano. Después, le entregó el sagrario a un ángel. Estaban presentes ahí muchos y muy diferentes ángeles. Cada uno de ellos portaba un sagrario distinto, pero después desaparecieron. Sin embargo, el arcángel Miguel repitió sus acciones varias veces. Cada vez que descendía volvía a escucharse el aullido de los demonios. Ignoraba yo qué podía significar aquello, empezando por el hecho de que la iglesia careciera de techumbre, lo que no parecía concordar con el de que los demonios estuvieses atrapados. Luego se lo conté a mi director espiritual, pero tampoco él pudo deducir el significado de esta experiencia. Después se me apareció San Patricio. Estaba en mi casa haciendo oración y le pedía que el arcángel Miguel me protegiera y me ayudara a entender aquella visión de la iglesia. Me dijo que la iglesia sin techo representaba el estado actual de la Iglesia; que sus autoridades derrochaban los tesoros de Dios. Luego me dijo que el arcángel Miguel protegía a la sagrada eucaristía. Me dijo que la casa de oración era símbolo de la Iglesia.

En ese momento se me dijo que el techo de la casa de oración no tenía por qué ser reparado, pero dos días después se me dijo lo contrario: que necesitaba reparación. San Patricio me explicó que la reparación del techo de la casa de oración simbolizaba nuevamente la situación de la Iglesia, que también debía ser reformada. Me recordó que ya se me había transmitido el mensaje de que la Iglesia sería sacudida hasta sus cimientos. En representación de ello era que la casa de oración lucía de esa manera. Todo tenía que ser derrumbado en ella. Debía hacerse una nueva instalación eléctrica, colocarse nueva tubería y construirse un nuevo techo. Comprendí entonces que la reparación total de la casa de oración implicaría grandes sacrificios. San Patricio me explicó además que, a diferencia de los seres humanos, que construimos de abajo hacia arriba, Dios construye de arriba hacia abajo. Vendrán, así, muchos sufrimientos, tanto dentro como fuera de la Iglesia. Pero el castigo que recibiremos nos purificará. Le pregunté si la Iglesia iba a desaparecer, la Iglesia católica. Me dijo que no, pero que sería purificada y fortalecida para que las puertas del infierno no prevalecieran contra ella.

*En alguna ocasión mencionaste también haber visto al obispo Fulton Sheen.*

Supe de él en un viaje reciente a Nueva York, donde me mostraron algunas fotografías suyas. Le dije entonces a mi director espiritual: "Éste es el hombre al que vi en el grupo que asistía a la Santísima Virgen."

*También he leído acerca de las apariciones que has tenido de la hermana Faustina y San Juan Evangelista. ¿Podrías hablarnos de ellos?*

He visto a la hermana Faustina varias veces, y a San Juan Evangelista únicamente dos. En una ocasión los vi juntos en una velación, pero no me dijeron nada. Le pregunté entonces a mi director espiritual cuál podría haber sido el significado de esa visión.

*¿Cómo supiste que se trataba de la hermana Faustina?*

La reconocí por una estampa suya que tengo. Una persona me la regaló y me habló de ella.

*¿Y cómo fue que reconociste a San Juan Evangelista?*

Una de las veces en que lo vi, Catalina de Siena lo llamó por su nombre; estaba en medio de una multitud de santos que en esa ocasión acompañó a la Tierra a la Santísima Virgen. Se desprendió de aquel grupo y lo conocí.

*¿Por qué se te aparecieron?*

Para saberlo, le describí esta aparición a mi director espiritual, a quien le hablé específicamente de la hermana Faustina y San Juan Evangelista. Quería saber por qué había visto en una aparición a dos santos aparentemente desligados entre sí, lo que en un principio supuse que carecía de significado. Mi director espiritual me dijo que trataría de desentrañar ese misterio, y una semana después me preguntó: "Christina, ¿has tenido alguna iluminación referida a la hermana Faustina y a San Juan?" "No," le contesté. Me dijo: "Creo que ya sé lo que esto significa." "¿Qué?," le pregunté, y me respondió: "San Juan Evangelista está relacionado con el apocalipsis o 'momento final,' como se le llama precisamente en el libro del Apocalipsis." El padre McGinnity me explicó entonces que la aparición significaba que el "momento final" está cerca, puesto que, en el Apocalipsis, San Juan fue el único en escribir sobre él. Yo lo ignoraba. Su presencia al lado de la hermana Faustina indicaba que vivimos la época de la misericordia que precede a la justicia de Dios.

De igual manera, hallándome en misa el 27 de diciembre de 1993, San Juan Evangelista se me apareció en medio de un intenso resplandor. Estaba reverentemente arrodillado, pero después se puso de pie y tomó un libro. Me pregunté qué libro podría ser aquél, y se me dijo que era el Libro de la Vida. [NOTA: En una aparición ocurrida en 1992, Christina había visto ya este mismo libro, y que Jesús lo sostenía sobre la ciudad de Los Ángeles, California.]

# QUINCE

# El Abismo del Pecado

APARTAOS DE MÍ, MALDITOS, AL FUEGO ETERNO PREPARADO PARA
EL DIABLO Y PARA SUS ÁNGELES.

—MATEO 25, 41

Reforzados por cada vez más numerosas apariciones de la inminente justicia divina, los mensajes recibidos por Christina
Gallagher acerca de la urgencia de la conversión son muy semejantes a los revelados en Fátima.

El mensaje es en esencia el mismo. Destaca en él el acento
puesto en la urgencia de aplicarlo, pero en realidad transmite las
mismas lecciones de amor, paz, fe y esperanza presentes en los
Evangelios. No obstante, implica también un vívido recordatorio
de los riesgos y consecuencias del pecado, consecuencias relativas
no sólo a esta vida, sino sobre todo a la siguiente. Todos sabemos,
por haber sido ampliamente proclamada, cuál es la consecuencia
última del pecado: el infierno. Escribió el profeta Isaías: "He aquí
que la ira de Dios quema y su carga es pesada. Sus labios están
llenos de indignación y su lengua es un fuego que devora."

El dogma del infierno es sin duda la más terrible de las verdades de la fe católica. Su existencia es tan cierta como la de Dios y el mundo. Nada de lo que Dios ha revelado posee la contundencia del dogma del infierno. En la Escritura se le menciona muy a menudo. Jesús alude a él hasta quince veces en el Nuevo Testamento.[1]

De acuerdo con las interpretaciones de los teólogos, sin infierno no habría un mal último por evitar ni un precio inevitable por pagar. Sin infierno, cada individuo acomodaría a placer la combinación de bien y mal en su vida según su conveniencia. Si el infierno no existiera, las acciones de una persona en esta vida carecerían de valor, significado y equilibrio. Sin consecuencias eternas, la conducta humana se normaría según las circunstancias de cada situación.[2]

Sin infierno, la humanidad sería solamente humana y se extraviaría en el relativismo ético y en el racionalismo. En consecuencia, justicia e injusticia se confundirían y los fundamentos morales de la civilización se volverían vulnerables. Ya en 1884 el papa León XIII se refirió a este tema en su encíclica *Humanum Genus* ("La raza humana"), en la que advierte proféticamente contra las falacias de la naturaleza humana, y especialmente de la razón humana.[3]

Muchos santos y almas privilegiadas han visto el infierno a lo largo de la historia. Todos han transmitido sobre él prácticamente la misma información. El infierno, han dicho, es el infierno.

Los grandes sufrimientos de las almas en el infierno son producto de la conciencia de haber perdido a Dios para siempre. Todos los santos han coincidido claramente en ello. Sin embargo, quienes han visto el infierno también han confirmado su oscuridad, hediondez, fuego y dolor. Es un lugar, han asegurado, consumido por las llamas. Santa Brígida afirmó incluso que el calor del infierno es "tan grande que aun si el mundo entero se incendiara, el fuego de la conflagración no sería nada en comparación con el del infierno."

A Christina también le ha sido revelada la verdad de este sitio de fuego y tinieblas, del que están ausentes el amor y la paz. No la ha olvidado, como no la olvidaron los niños de Fátima. Su versión acerca del infierno es muy similar a la dada en Fátima y a la referida por innumerables santos, relatos todos ellos que nos sumen en desesperación e incertidumbre.

En 1917, la Santísima Virgen les mostró a Jacinta, Francisco y Lucía en Fátima este inframundo habitado por el fuego, e imploró: "Ahora que han visto el infierno, destinado a las almas de los pecadores, difundan por el mundo la devoción a mi Inmaculado Corazón, que es lo que Dios pide para salvarlas."

Años después, la hermana Lucía aún no podía olvidar aquella visión en todos sus detalles. "Vimos un inmenso mar de fuego. En medio de las llamas, demonios y almas condenadas se revolvían como carbones encendidos de forma humana, lo mismo transparentes que de color negro o cobrizo, y flotaban sobre aquella conflagración, consumiéndose entre las llamas expresamente dirigidas contra ellos." Comentó también que aquellas almas no podían sostenerse y se estremecían de dolor y desesperación. Los demonios se distinguían de ellas por poseer horribles y repugnantes formas de animales, desconocidos pero de cualquier forma temibles. "Si aquella visión no hubiera desaparecido," insistió, "habríamos muerto por el terror que nos inspiraba."[4]

Las revelaciones de Christina Gallagher confirman ese ambiente de pesadilla. El 29 de marzo de 1989, Jesús le mostró el infierno. Aquella visión la estremeció. "Fue terrible," comentaría después. Fue, en efecto, una visión desoladora. Dice haber contemplado un mar de fuego que se extendía sobre una zona inmensa. "Así de grande es el infierno," aseguró.

Aquel enorme lugar, ocupado en todos sus puntos por incesantes llamas, alojaba a muchas personas desvalidas. Sumergidas en el fuego, sus cuerpos parecían "de formas diferentes, aunque todas de color negro." Christina vio a aquellos cuerpos entrar y salir de las llamas, y que sufrían hasta el punto en que "verlos resultaba insoportable." Las llamas, concluyó, "los traspasaban."

Tras haberle mostrado el infierno, el Señor le dijo: "Éste es el abismo del pecado, el infierno, al cual son enviados todos los que no aman a mi Padre. Hija mía, une a mí tu debilidad, que soy toda fuerza."

Lo mismo que para Lucía, la visión del infierno fue inolvidable para Christina.

El infierno es todo fuego. Jesús estuvo a mi lado a lo largo de esta experiencia. Fue terrible, indescriptible. Quisiera no volver a pasar jamás por esta experiencia. Todo estaba sumido en espantosas tinieblas. No vi sino un mar de fuego que parecía no tener límites, y cuando miré abajo vi llamas sobre llamas, entre las que distinguí cuerpos que, como si aquello fuera un mar, nadaban en el fuego.

Los cuerpos eran negros, y las intensas llamas los atravesaban. Entre las llamas percibí una gran cantidad de cuerpos. Sentí miedo y terror. No pude evitar sobrecogerme. Desde entonces no he cesado de rogar que nadie más sea lanzado al fuego del infierno.

Ya se le ha pedido interceder por la salvación de miles de almas de las llamas del infierno. Tras cinco semanas de sufrimiento, se le exhortó a aceptar la crucifixión.

Christina accedió, y le dijo al Señor: "Si lo crees necesario, crucifícame."

Después se le aparecieron numerosos demonios inflamados de ira. Al día siguiente Jesús le informó que gracias a sus sufrimientos cinco mil almas de personas aún vivas habían sido libradas de las garras del infierno. Christina le preguntó: "¿Y si volvieran a pecar?," a lo que Jesús le respondió: "Las he tocado para salvar su espíritu para la vida eterna."

Tal como lo han afirmado muchos santos, Christina sostiene que quienes van al infierno han elegido ese destino. Aun oponiéndose a toda lógica, este razonamiento es cierto. "Según lo entiendo, este hecho tiene que ver con el libre albedrío y el pecado," explica.

Hay personas que no son conscientes de sus pecados. Precisan de la ayuda de los pastores de cualquier iglesia. Son los pastores los que deben ocuparse de que la gente tome conciencia de la realidad del pecado, pues muchas personas ni siquiera son capaces de advertirla. Sin embargo, Dios es tan misericordioso y está tan lleno de amor que puede servirse del sufrimiento para que una persona ajena al conocimiento del pecado cobre conciencia de él, hecho que equivaldría a una purificación. Dios desea que todos nos salvemos, pero de nosotros depende en definitiva aceptar y buscar la ayuda del cielo.

Aun así, hay quienes deciden persistir en su manera de vivir a sabiendas de que obran mal. Estas personas parecerían preferir cualquiera de las cosas del mundo a Dios; saben que sus acciones son equivocadas, pero siguen entregadas a la búsqueda de la lujuria y el poder. Están conscientes de su situación, y se saben al servicio del diablo, príncipe o rey de este mundo, sobre el que se extiende su dominio. La carne no cesa de tentarnos. Es débil. Debemos volvernos hacia Dios y rogarle que nos conceda su gracia a través de la oración y los sacramentos. Debemos humillarnos y permitir que el Espíritu de Dios crezca en nosotros.

Dios nos pide orar, ayunar y ofrecerle todo lo que somos. Mediante su gracia, la oración y los sacramentos nos da la fuerza que necesitamos. Quien se aleja deliberadamente de Dios y se niega a conocerlo, debe saber que elige el camino del infierno. Es así como los seres humanos eligen, con sus acciones, las llamas del infierno.

Después de aquella impactante escena del infierno, la Santísima Virgen volvió a ofrecerle aliento a Christina. Sin embargo, le recordó también el lamentable estado del mundo actual. Muchas almas, le dijo la Virgen María, se condenan al infierno si se obstinan en no escuchar ni llevar a la práctica los mensajes. "Hija mía, no temas al mundo. Olvídate del mundo y trabaja únicamente por la salvación. La purificación está cerca. Muchas almas se condenarán a causa de los pecados del mundo y los pecados de la carne. Tú, hija mía, debes expiar las blasfemias que se levantan contra mi Hijo en la sede de Pedro. Mi Hijo se halla rodeado de corazones llenos de celos y envidia."

Con la experiencia del infierno aún fresca en su memoria, a fines de octubre de 1992 Christina volvió a escuchar los ruegos de la Reina de la Paz:

> Al mundo le esperan muchas calamidades. El alma de la humanidad debe ser purificada. Dios desea que me presente en muchos lugares del mundo para prevenir a mis hijos. Algunos me responden momentáneamente, y otros no quieren saber de mí. Muchos irán al infierno. La mayoría, al purgatorio. Y aun los que lleguen al cielo tendrán que pasar por el purgatorio. Ora, ora, ora.
>
> Mi corazón está destrozado, lleno de aflicción. Quisiera que mis hijos disfrutaran de abundantes gracias, y de paz. Sin embargo, se obstinan en permanecer en tinieblas y pecado, y corren tras la satisfacción de los deseos de la carne y del mundo. El mundo no desea la paz, sólo la muerte.

Después habló Jesús, en estos términos: "Padecerán una tribulación tras otra. Quienes han sido sellados con mi sangre componen el séquito de mi Sagrado Corazón y del Corazón de mi Madre."

Desesperanzada, Christina imploró a Nuestra Señora: "Madre, ¿qué puedo hacer yo?" Pero no obtuvo respuesta.

Ya le había sido dada.

# DIECISÉIS

# "Satanás Intenta Frustrar Mi Plan"

... ENTONCES EL DRAGÓN SE FUE A HACER GUERRA CONTRA LOS OTROS DE LA SIMIENTE DE ELLA.

—APOCALIPSIS 12, 17

Con estas palabras de la Virgen María se inició un oscuro y penoso periodo en las experiencias de Christina. La patente realidad de esa afirmación resulta increíble para muchas personas. Hay incluso quienes se burlan de ella. Sin embargo, no tiene nada de gracioso.

Christina asegura que desde 1988 se ha encontrado con Lucifer en cuando menos doce ocasiones, y con otros demonios otras tantas. Se trata de encarnaciones del mal con las que el infierno pretendería acecharla. Christina le escribió así al padre McGinnity: "El demonio está causando gran destrucción a mi alrededor, y contamina todo lo que hago."

Estas terribles experiencias comenzaron intempestivamente.

Seis semanas después de que Cristo se le apareció en una gruta en el condado de Sligo, Christina despertó un día a las 3 de la mañana para enfrentar en corazón y mente una espantosa pesadilla en toda su realidad. Un extraño ruido la sobresaltó. Cuando alzó la vista, vio que el Maligno, Satanás, se encontraba en su recámara.

Invadida por el pánico, pensó que su vida llegaba a su término. De no haber sido por un protector invisible, está segura de que el demonio hubiera acabado con ella.

Sentí que junto a mi cama se libraba una batalla. Vi claramente al diablo, pero no pude ver a su oponente; el demonio hacía intentos por acercarse a mí, pero aquel protector invisible se lo impedía. Aquello fue horrible. Yo sabía que era el demonio. Era parte animal y parte humano. Su rostro, humano, exhibía extrañas facciones. Sus ojos eran de un rojo encendido. Sentí que una mano invisible cubría mi cuerpo con lo que me parecií ser una sustancia líquida.

En medio de su desesperación, tomó un folleto con una oración: "Oh, Jesús, báñanos con tu sangre preciosa para enfrentar los peligros de la vida." Pero el demonio ni se inmutó.

Venciendo sin saber cómo aquel terror casi mortal, logró huir. Avanzó lentamente en dirección a Satanás, que estaba justamente frente a ella y quien comenzó a retroceder a medida que ella caminaba. Finalmente, tras de lo que le pareció una eternidad, consiguió deslizarse a la cocina. Tomó de inmediato un libro de oraciones que sus hijos habían recibido en su confirmación e imploró nuevamente la ayuda de Dios. No obstante, el demonio siguió impasible.

"Hubo momentos en que sentí que todas mis energías me abandonaban. Creí morir. Por más esfuerzos que hacía por alejar al demonio, éste permanecía en su sitio."

Luego de más de dos horas de escalofríos y terror, aquella experiencia llegó a su término. Satanás se desvaneció en un instante.

Cuando el temor cedió y Christina recuperó su paz y tranquilidad, comprendió el motivo de que debamos orar siempre con el corazón. Sin embargo, no acababa de entender por qué se le había permitido a Lucifer visitarla o cuál era la razón de que hubiera querido acometerla. Un sacerdote de su localidad no supo responder a sus preguntas, de manera que se dirigió a Dios diciéndole: "¡Te ruego, Señor, que nunca jamás vuelvas a permitir que me ocurra algo como esto, sea para bien o para mal!"

Su deseo no sería cumplido. A nuevas y más numerosas visitas de la Virgen María les sucedían más apariciones del demonio. Un día en que volvía a casa en su automóvil, sintió intensamente la presencia del Maligno. Supo de inmediato que era él. Había vuelto.

De pronto, una fuerza invisible de origen desconocido se prendió de las llantas de su auto y las hizo girar, con lo que estuvo a punto de proyectarlo fuera de la calle. Alarmada, luchó con todas sus fuerzas por mantener el control del auto, que parecía resistirse a retomar su marcha normal.

Fue en ese momento cuando vio a Satanás, quien, "bajo la forma de algo que semejaba un gran muñeco negro, se reía y burlaba de mí."

El terror se apoderó de ella, e imaginó lo peor. Podía accidentarse en cualquier momento. Finalmente, tras una desesperada súplica a la Santísima Trinidad y luego de haber implorado la ayuda de los ángeles, los santos y todas las creaturas celestiales, el demonio desapareció.

El demonio no ha cesado de agredirla desde entonces. Cada vez se presenta bajo distinto aspecto, con diferentes métodos y con la persistente intención de tomar ventaja sobre ella. Sin embargo, ninguno de sus disfraces logra el cometido de esconder su identidad, pues el mal que lo acompaña es inocultable. "Experiencias de este tipo sacuden el alma y todas las células del cuerpo," asegura Christina. "El diablo es verdaderamente aterrador."

Entre los muchos disfraces de los que Satanás se ha servido para presentarse ante Christina están el de ser humano común, el de semihumano y el de animal. Para Christina estas experiencias han representado un brutal periodo de aprendizaje. Ahora ya es capaz de reconocer al instante como fuerzas infernales vengadoras en su contra hechos como tenebrosas sombras, aromas misteriosos y súbitos sonidos extraños. "Son cosas muy raras. Muchas veces me ha ocurrido que, estando en la cocina, escucho una explosión completamente anormal. De igual manera, en cualquier momento percibo olores o ruidos. Al principio parecería que nada sucede, pero en cuanto veo una sombra o formas animales o humanas, sé de inmediato qué ocurre. Al instante me pongo en manos de Dios. Comienzo a orar dirigiéndome a Jesús, a Dios Padre y al Espíritu Santo. Rezo lo que se me ocurre, cualquier cosa que me dicte mi corazón. A menudo, ofrezco el ataque mismo de que soy objeto, el momento que estoy viviendo o lo que Satanás pretenda hacerme. Se lo ofrezco todo a Dios. Gracias a ello, el demonio termina por desaparecer. En esos momentos me siento impulsada a orar más intensamente, con mayor sinceridad y amor. Y entonces todo concluye."

Luego de tantas experiencias malignas, tantos ataques demoniacos y tantas pesadillas, ahora a Christina le basta cualquier indicio para advertir la presencia del demonio, así no pueda verlo ni oírlo. Su oscura presencia, "mezcla de una frialdad y odio intensos," invade el ambiente y hace temblar a Christina, con tal intensidad que casi se diría que la paraliza. "Después de haberme encontrado por primera vez con la Santísima Virgen," ha relatado, "las apariciones del demonio han aumentado. En una ocasión lo vi en Dublín bajo una forma abominable, a pesar de lo cual hablaba como ser humano. Lo acompañaban otros demonios de apariencia diferente. En cierto momento me ofreció darme una parte de su reino, refiriéndose a la Tierra, mientras yo no dejaba de orar a Jesús. Luego se puso furioso y me dijo que acabaría conmigo; que lanzaría contra mí una viscosa espuma blanca y gris que a su soplo ardería como fuego para consumirme. No podía más; creí que las llamas me aniquilarían. No estaba segura de salir con vida de ese trance."

Para quien no ha tenido estas experiencias, señala Christina, el terror demoniaco que producen es inimaginable. ¿Pero es que acaso alguien querría comprobarlo? Para Christina, los encuentros con el demonio han sido escalofriantes y perturbadores. "He pasado por experiencias con el Maligno que me han aterrorizado hasta casi causarme la muerte," comenta.

Satanás le ha gritado y la ha acusado y calificado de loca muchas veces. En medio de sus arranques de ira, se ha mofado de ella y la ha provocado inmisericordemente con palabras insultantes, como si fuera una niña.

En una ocasión le preguntó: "¿Dónde está tu Dios ahora?" Y sin esperar respuesta, él mismo contestó: "No te quiere, ni yo tampoco."

Las amenazas de "destruirla" y echar abajo su casa de oración han sido incontables. Christina ha dicho de su esquizofrénico enemigo que "es como dos personas al mismo tiempo. En un momento dado puede hablarme con toda tranquilidad en un intento por seducirme, pero al ver que no lo consigue, al instante se pone furioso, como si automáticamente se convirtiera en otra persona. Su furia es espantosa. En una ocasión me dijo que le haría creer a toda la gente que yo era blasfema y mentirosa y que destruiría la medalla Matriz y la casa de oración."

Todo esto ha creado para Christina una suerte de zona de guerra espiritual. Satanás no duerme nunca, no descansa nunca, no se rinde nunca. Siempre está a la ofensiva. De sus muchas experiencias satánicas Christina deduce ahora que el temor le da al demonio la mayor de sus ventajas. A eso juega. Como pequeña araña, es capaz de suscitar gran temor. Incluso la Santísima Virgen le dijo a Christina: "Es el temor el que te hace retroceder. El temor no viene de Dios; es obra del Príncipe de las Tinieblas. Quiere mantenerte en la oscuridad. Para combatirlo, hazlo todo por amor a Jesús, mi Hijo."

Estas experiencias le permiten a Christina guiar a los demás respecto de la presencia del demonio.

Nunca debemos olvidar que Dios es luz y Satanás tinieblas, y que si bien es cierto que tememos encontrarnos en una habitación oscura, también lo es que la luz disipa al instante toda oscuridad. Si abrimos nuestro corazón a Dios, que es luz, minaremos el tenebroso poder del demonio y dejaremos de sentir miedo. Su poder nunca es superior al permitido por Dios. Pero somos nosotros quienes le damos cabida al hacer un mal uso de nuestro libre albedrío, olvidarnos de nuestras oraciones y negándonos a vivir de acuerdo con los mandamientos de Dios.

Así jamás podremos alcanzar la paz, ni el amor, distraídos como estamos en todo lo que se nos pone enfrente. Todo nos atrae. Sin embargo, en muchos de los sitios del mundo no se tiene consideración ni amor por los demás. Necesitamos de Dios, y con él y por medio de su ayuda y de su gracia alcanzaremos la paz. La Madre de Dios no cesa de incitarnos a reconocer las necesidades de los demás. Debemos amarlos como Dios desea que nos amemos unos a otros y como él nos ama. Cuando el demonio intenta distraernos y fastidiarnos, perdemos nuestra paz. Y sin paz y distraídos nos resulta imposible orar como deberíamos.

Caso diferente es cuando intentamos orar y nuestra mente está ocupada en algo que acaba de ocurrirnos, cosa que suele preocupar a muchas personas. Pero lo verdaderamente grave es que el demonio pretenda siempre alejarnos de la oración. Al rezar el rosario, por ejemplo, podemos toparnos con muchas dificultades. En nuestra familia pueden surgir rencores y problemas entre quienes desean rezar el rosario y quienes se oponen.

El demonio se sirve de todos estos medios para obstaculizarnos. No obstante, tenemos que darnos cuenta de que es suficiente con que nos pongamos en contacto con Dios para resistir los embates de Satanás por medio de la gracia y el amor de Dios y con la intercesión de la Virgen María. De este modo lograremos hacer siempre la voluntad de Dios y liberarnos de tentaciones. ¿Cómo podemos enfrentar las tentaciones de Satanás? Por medio de los sacramentos, la oración verdaderamente salida de nuestro corazón, el ayuno, el sacrificio y el amor, cosas todas ellas contra las que Satanás nada puede. Nada detesta más el demonio que el amor y la fe en Dios.

Aun así, el Maligno nunca se da por vencido. Así es al menos en nuestra época. La Virgen María le dijo a Christina que el poder y la furia de Satanás se han extendido ya por el mundo entero y que, habiendo escapado de las profundidades del abismo, los demonios se han apoderado de la Tierra. Es la guerra. Es imposible que los demonios triunfen, pero jamás se rendirán. Su propósito es el mismo de Nuestra Señora: ganarse las almas. Y ninguna está fuera de su alcance.

De acuerdo con su director espiritual, a Christina se le ha mostrado por conocimiento infuso el modo como Satanás, sirviéndose de los medios más viles, puede tomar posesión de las almas. Así lo ha explicado el padre McGinnity:

A Christina se le ha hecho saber que debemos tener mucho cuidado al elegir a quién permitirle "ponernos la mano encima" y acercarse a nosotros; que algunas fuentes de energía no proceden de Dios. Tal vez a esto se deban ciertos casos más bien extravagantes de aparentes "curaciones."

Mediante la oración buscamos la gracia del Espíritu de Dios y anulamos en nosotros los deseos del mundo, deseos que de otra manera volverían a levantar la cabeza. Las prácticas ocultistas y la "posesión" consecuente pueden ser resultado de la búsqueda de los poderes del mal. Estos poderes y energías tienen un origen preciso: el Maligno.

Todo esto está vinculado a una batalla por la predilección de los seres humanos. Cuando la gente desea poder, opta por el pecado, y en consecuencia elige el mal, a Satanás y al infierno. Christina ha señalado que "dado que poseemos libre albedrío, Dios no cesa de llamarnos para recordarnos que debemos utilizarlo adecuadamente, mediante el discernimiento que surge de la oración. Estamos llamados a tomar decisiones correctas. Sin embargo, también Satanás pretende atraernos. Nuestra capacidad para hacer la voluntad de Dios se fortalece con la oración y los sacramentos. Mas, con engaños y tentaciones, Satanás se empeña en estar presente en todo momento. Su intención es influir sobre nuestro libre albedrío para que rechacemos a Dios."

En Irlanda, la Virgen María proclamó ante Christina la cercanía de su triunfo. El 28 de diciembre de 1992 le anunció la proximidad de su victoria, aunque también le dijo que debía orar más, como nunca antes:

Hijos míos, oren como nunca antes. Satanás intenta frustrar mi plan. Amen a sus enemigos, hijos míos, hijos de la luz. Sólo por medio de la oración y el sacrificio podrán obtener las gracias que necesitan para abrir su corazón y amar de verdad. No se aferren al pasado; vivan sólo en el presente. Oren por todos los que están ciegos y se niegan a reconocer la verdad de mi mensaje. Oren y amen a todos los que los rodean. Les ofrezco mi amor, capaz de inflamar hasta los corazones más fríos. La luz de mi amor disipará la oscuridad.

Amada hija, el mundo se halla en grave peligro. Dios desea purificarlo, pero debe hacerlo por etapas. Sin embargo, los hombres de la destrucción pretenden que los hijos del mundo gobiernen a los hijos de la luz, mis hijos, para que todo sea invadido por las tinieblas. Pero con la ayuda de ustedes, pequeños míos, mi Inmaculado Corazón habrá de triunfar, siempre y cuando ustedes sigan aceptando el don de mi amor y ofreciéndole a Jesús todos sus sufrimientos y dificultades. Soy su amorosa Madre y deseo, pequeños míos, ofrecerles a Jesús junto con el triunfo de mi Corazón Inmaculado.

Satanás pretende destruir todo lo que encuentra a su paso. Todo indica que el mensaje de la Virgen María que acabamos de reproducir está dirigido a los jóvenes. Satanás desea servirse de ellos como instrumentos de destrucción, al tiempo que Nuestra Señora nos pide que oremos más que nunca. De ello se deduce que el demonio y sus colaboradores son también más fuertes que nunca, pues todos los demonios del infierno han sido soltados sobre la Tierra.

Christina insiste en que "no tenemos nada que temer de la oscuridad si nos ponemos bajo la luz, si permitimos que Jesús esté presente en nuestra vida. Esto es lo que me ha enseñado la Santísima Virgen. Entre menos le temamos a Satanás y mayor sea nuestra fe en Dios, más capaces seremos de aceptar la voluntad divina."

Esto no significa que debamos negar la existencia de Satanás. Christina ha referido que Nuestra Señora le dijo que negar la existencia de Satanás es tanto como negar que el pecado existe. Y si negamos la existencia del pecado, negamos a Cristo y su sacrificio de redención en el calvario, sacrificio que fue hecho, tal como la Virgen ha subrayado, "para redimirnos de nuestros pecados."

La negación de Satanás, y la consecuente negación del infierno, nos induciría, en palabras de Christina, a "bajar la guardia y exponer nuestra alma, que es exactamente lo que Satanás desea."

Así, tal como lo aconsejó San Pedro, *sed templados, y velad; porque vuestro adversario el diablo, cual león rugiente, anda alrededor buscando a quien devore*" (1 Pedro 5, 8).

# DIECISIETE

# La Cámara del Sufrimiento

La obra de cada uno será manifestada, porque el día la declarará; porque por el fuego será manifestada, y la obra de uno cuál sea, el fuego hará la prueba. Si permaneciere la obra de alguno que sobreedificó, recibirá recompensa. Si la obra de alguno fuere quemada, será perdida; él empero será salvo, mas así como por fuego.
—1 Corintios 3, 13–15

Por la misma época en la que a Christina le fue mostrado el infierno, se le mostró también el purgatorio y sus sufrientes habitantes. Fue otra visión horrenda, porque también algunas de estas desgraciadas almas experimentan los efectos del fuego. Sin embargo, éste es un fuego de purificación, no de condena.

También la realidad del purgatorio impactó a Christina. Como la mayoría de las personas, no se había puesto a pensar en la verdad de su existencia. En la actualidad se habla muy poco del purgatorio, incluso entre los católicos. Con todo, su existencia es una enseñanza que procede de los apóstoles y de la que pueden hallarse trazas en la Escritura.

Se ha dicho que el purgatorio es parte necesaria de la justicia divina, sensible a todos los pecados. La Iglesia enseña que aun el pecado más insignificante disgusta a Dios. Así, su misericordia, que perdona, no excluye a su justicia, que depura.[1]

En consecuencia, el purgatorio es un lugar de justicia. Muchos santos han testimoniado y escrito sobre este estado transitorio. Se trata de un lugar temible pero que, a diferencia del infierno, no carece del todo de paz y esperanza.

Como la del infierno, la pena del purgatorio es doble: pena de pérdida y pena de los sentidos. La pena de pérdida consiste en la privación temporal de la presencia de Dios, bien supremo, fin beatífico al que tienden todas las almas. Es una sed mortal que atormenta al amor que las almas sienten por Dios. Por su parte, la pena de los sentidos es semejante a la que experimentamos en nuestra carne.[2]

Aunque su naturaleza no está definida por la fe, los doctores de la Iglesia sostienen que este mundo de sufrimiento es un lugar oscuro y nublado, una amplia extensión de nieblas y cenizas de diferentes niveles, algunos de ellos severos.

Christina comprobó que el purgatorio es efectivamente así.

La mística irlandesa percibió tres niveles del purgatorio, cada uno de los cuales sirve de prisión a cierto número de almas. La visión del nivel inferior le resultó especialmente impactante, aunque se le dijo que no era el más bajo de todos, lugar éste que, se le hizo saber también, recibe el nombre de Cámara del Sufrimiento. En antiguos libros de historia católica en los que se detallan revelaciones personales se hace mención de este sitio, cuya vista, se dice, es aterradora.

Santa Ludovina de Schiedam, muerta en 1433, escribió acerca de esa cámara a partir de sus propias experiencias de éxtasis místico. Luego de haber visto el nivel más bajo del purgatorio, distinguió lo que parecían fosas amuralladas en una inmensa cárcel de fuego. "¿Ahí es el infierno, hermano?" le preguntó al ángel que la guiaba, quien le contestó: "No, hermana; es el extremo del purgatorio que colinda con el infierno."[3]

En otra de sus experiencias del purgatorio, Christina fue conducida por un lúgubre pasillo a cuyos lados se veían puertas y que desembocaba en un vano más amplio. Su alma deseó retroceder, pero al mismo tiempo se sentía impulsada a seguir adelante. Deteniéndose en cada puerta, experimentó la agonía interior que debían soportar las almas de aquellas diversas cavernas, la última de las cuales era la más terrible de todas. Sin embargo, cuando quiso acercarse a ella fue arrebatada por una bola de luz.

Como muchos otros testigos del purgatorio, Christina lo recuerda como un sitio desconsolador de "cenizas y escasa luz," ocupado por personas de toda clase, sacerdotes inclusive, sumidas en un profundo estado de inquietud. A las que ella pudo ver las encontró presas de permanentes tormentos y ansiosas de ver a Dios. Hasta ellas llegaban, además, los fétidos olores del infierno. "Fue algo horrible, verdaderamente espantoso," comentaría Christina.

Lo mismo que ocurre con los presos terrenales, las almas del purgatorio no desean otra cosa que ser libradas de su cautiverio, sufrimiento y pesar. Anhelan salir de ahí. Al ver a Christina, de inmediato comenzaron a suplicar su ayuda.

Su director espiritual supone que ha sido visitada por muchas almas del purgatorio—sacerdotes, laicos y aun obispos—que, deseosas de ser liberadas, le han rogado que ore por ellas.

El 2 de noviembre de 1992 vivió una experiencia que le permitió conocer la difícil situación de quienes se hallan en el purgatorio. "Veo a las almas del purgatorio sumergidas en un mar de oscuras nubes del que pugnan por salir y desde el cual, llamándome por mi nombre, claman: 'Christina, ora por mí, ora por mí,' al tiempo que se afanan por tocar las cuentas de mi rosario." El 4 de diciembre de 1993 volvió a verlas implorando ayuda con las manos extendidas, escena que asoció con la agitación de las multitudes que se arremolinan en la Plaza de San Pedro en Roma con la intención de tocar al Papa.

Jesús la condujo en otra ocasión a lo largo de un estrecho pasadizo que conducía hasta un oscuro túnel en dirección al purgatorio. Pasó junto a puertas que se abrían como manejadas a control remoto. Vio ahí a muchas personas encapuchadas y ataviadas con prendas de color café, a dos de las cuales reconoció al instante. Aquellas infelices almas inclinaban la cabeza, como quebrantadas de dolor. "El piso estaba muy sucio," cuenta Christina, "como cubierto por un lodo fétido. Sentí tristeza y pesar por aquellas almas. No las conocía por haber tenido relación con ellas ni por haberlas tratado personalmente, sino nada más de vista. Una de ellas era un sacerdote, y la otra un laico. Se mantuvieron todo el tiempo a cierta distancia de nosotros. Sin embargo, en cierto momento las sentí tan cerca de mí como a mi madre o mi padre. Las quise mucho. De pronto, Jesús me abandonó ahí. Me vi atrapada entonces contra lo que parecía ser un muro. No podría describirlo. No podía moverme, aunque no me importó. No hacía sino clamar: 'Jesús, libra a estas dos almas; si así lo deseas, déjame a mí en su lugar, pero líbralas a ellas.' Estaba dispuesta a quedarme ahí y padecer todos los sufrimientos que fuera necesario. En ese estado de indefensión, vi a unos demonios jugar con el fuego, el cual tomaban entre sus garras para lanzármelo. El dolor que aquello me produjo era más intenso que el que sentimos al quemarnos en la Tierra. Pero nada me importaba más en ese momento que la libertad de aquellas dos almas. Sin embargo, en ese instante una enorme bola de intensa luz me arrebató de aquel sitio, y todo concluyó."

El Señor le confirmaría después que esas dos almas—el sacerdote y el laico—habían sido puestas en libertad. A fines de octubre de 1993, muchas almas de diferentes niveles del purgatorio se le aparecieron en la casa de oración para rogarle que orara y ofreciera por ellas sus sufrimientos. Una de ellas, de origen inglés, le habló a Christina de "la fe de Inglaterra" y le dijo que esa nación sería "salvada por Jesús en unión con su santa Madre, mediadora de todas las gracias."

Christina aprendió de todas estas experiencias que nuestra intercesión por la liberación de las almas del purgatorio es de gran valor y que una de las funciones de la casa de oración es la de incluir en los planes de Dios a las almas del purgatorio, almas que, según Christina, estarían dispuestas a hacer cualquier cosa con tal de verse aliviadas de sus sufrimientos y esclavitud.

A fin de ahorrarle a su padre las penas del purgatorio, la misma Santa Catalina de Siena se ofreció a la justicia divina para sufrir en su lugar, ofrecimiento que, como cabía esperar en este caso, le fue aceptado. Se dice que ésta fue la razón por la que la santa sufrió hasta su muerte los más extremos tormentos, en pago por la libertad de su padre.

Como Santa Catalina, nosotros también estamos en condiciones de contribuir a la liberación de las almas, especialmente por medio de la oración, mucha oración. "Nuestras oraciones," ha dicho Christina, "son la clave de su libertad."

# DIECIOCHO

# El Signo del Poder del Anticristo

A AQUEL INICUO, CUYO ADVENIMIENTO ES SEGÚN OPERACIÓN DE SATANÁS, CON GRANDE POTENCIA Y SEÑALES Y MILAGROS MENTIROSOS, Y CON TODO ENGAÑO DE INIQUIDAD EN LOS QUE PERECEN, POR CUANTO NO RECIBIERON EL AMOR DE LA VERDAD PARA SER SALVOS.

—2 TESALONICENSES 2, 9–10

Antes de abordar las experiencias de Christina Gallagher con el ser que ha sido llamado el Anticristo, es preciso referirnos a los orígenes de esta desconcertante profecía, de tan antigua como extraña historia. Se trata sin duda del suceso más misterioso y complejo de todos cuantos han sido predichos, y de uno de los más importantes.

La palabra Anticristo, la cual proviene de la Escritura, está compuesta por dos términos griegos: *anti*, que significa "contra," y *Xpistos*, "Cristo," de donde se deduce que quiere decir "contra Cristo." Desde tiempos de los apóstoles se ha afirmado que el Anticristo será el mayor enemigo de Jesucristo. En la Biblia se le

llama también "hijo del pecado, hijo de la perdición, bestia salida
del abismo, inicuo, abominación de la desolación."[1]

A lo largo de la historia, los padres y teólogos de la Iglesia
católica han considerado a este déspota futuro como el más impío
de los hombres, auténtica encarnación de Satanás. No sabemos
nada más del Anticristo; sólo que el número resultante de la suma
de las letras griegas que integran su nombre es el 666.[2]

San Juan escribió en el Apocalipsis: "Aquí hay sabiduría. El que
tiene entendimiento, cuente el número de la bestia, porque es el
número del hombre: y el número de ella, seiscientos sesenta y seis"
(Apocalipsis 13, 18). San Juan llama a este número "el número del
hombre" porque el número seis, correspondiente al día en que fue
creado el hombre, interviene tres veces en su composición, a saber:
en su forma concreta de seis, como múltiplo de diez y como
múltiplo de cien, lo que da un total de 666.[3]

Sin embargo, la pregunta a la que todos quisiéramos responder
es: ¿cuándo se presentará ese monstruo, personificación misma del
Anticristo?

El debate sobre el particular no ha perdido intensidad al paso de
los siglos. De los textos de los teólogos se desprende la conclusión
de que el Anticristo hará su aparición una vez cumplidas ciertas
condiciones primarias previstas en la Escritura.

De acuerdo con estos eruditos, cuando el mundo entero renun-
cie a Cristo, rechace la autoridad de su Iglesia y diga: "No queremos que éste reine sobre nosotros" (Lucas 19, 14) y "No tenemos
rey sino a César" (Juan 19, 15), Dios lo entregará al hombre del
pecado. Éste lo sumirá entonces en las tinieblas del error y el vicio,
puesto que el mundo se habrá negado a la luz y la verdad. No son
éstas, con todo, las únicas condiciones.[4]

Según los eruditos de la Iglesia, la Iglesia católica está destinada
a sufrir una gran persecución, la cual hará que todos sus sufrimientos anteriores parezcan insignificantes. Ya en el siglo IV San
Agustín escribió que tales persecuciones serán violentas, como las
que padecieron los primeros cristianos. En medio de ellas ocurrirán también terribles engaños, fraguados por falsos hermanos. La

combinación de estas dos clases de persecución será más temible que cualquiera de ellas por separado.

No es fácil discernir qué ocurrirá, por más que en cada siglo haya aparecido al menos un líder desenfrenado. Lo único que podemos adelantar es que cuando la herejía, la apostasía, el cisma, la incredulidad y la irreverencia se muestren en todo su esplendor; cuando la mayor parte del género humano se abandone a las pasiones y beba de la fuente de la iniquidad, surgirá el Anticristo.[5]

Sin embargo, el cumplimiento de esta antigua profecía ofrece muchas otras complejidades.

Teólogos de diferentes épocas han insistido en que el ser demoniaco será precedido por importantes acontecimientos políticos y religiosos, lo que indica que la razón intelectual y moral será sometida por las corrientes dominantes del pensamiento y despojada de todas sus bondades.[6]

La consecuencia de todos estos hechos, afirman los teólogos, será la generación de un vacío, el cual será llenado por un mundo ansioso de contar con una filosofía y una autoridad en las cuales creer y a las cuales obedecer. Esta nueva autoridad remplazará al cristianismo. Surgirá así una Babel de ideas absurdas y extravagantes. Todo ello conducirá en definitiva a un estado de perversión que pondrá al mundo en manos del "hombre de la perdición."[7]

¿Ha llegado ya el momento de que eso ocurra?

Muchos guías protestantes y católicos así lo creen. Los signos de los tiempos convergen en una respuesta afirmativa. El mundo es un caos. Todas las restricciones sociales y morales se han venido abajo. Del aborto a la eutanasia, de las prácticas ocultistas a las religiones de la Nueva Era, del rechazo total de los diez mandamientos a la negación de la ley del amor decretada por Cristo, todo parece indicar que el mundo está listo para asistir a la aparición del "hombre del pecado."

Otras de las condiciones también predichas para ello parecen asimismo haberse cumplido ya. La primera de ellas, según se dispone en la Escritura, es el alcance de la tribulación en el mundo entero, lo cual ocurre ya en el presente como consecuencia de la debacle de la naturaleza y la civilización, lo que provoca indecibles sufrimientos. De igual forma, se supone que los judíos habrán vuelto ya a sus antiguos territorios, lo que también ya ha ocurrido. Finalmente, en el mundo ha de instaurarse una paz falsa. Con la caída del comunismo y la iniciativa de paz de Israel con sus vecinos se ha difundido como nunca el anuncio de la paz. Todo mundo habla de paz. De Kampuchea a Sudáfrica, se diría que presenciamos una explosión de propuestas de paz.

El director espiritual de Christina Gallagher asegura que su dirigida ha visto al Anticristo. A la mística irlandesa se le ha mostrado un hombre de alrededor de 50 años, "parecido a un obispo" y que desborda "sensaciones de horror." Ha dicho Christina: "Su rostro es macilento. Lleva el cabello, de color muy negro, cortado casi a rape. De cara redonda con facciones muy marcadas, sus ojos son sumamente oscuros. Es de anchas espaldas. Su mirada es penetrante y avasalladora, muy poco común. Nunca sonríe. Parece sacerdote u obispo, aunque de ninguna manera estoy afirmando que lo sea. Lo he visto unas veinte o veinticinco veces, siempre con esa apariencia inmutable. Lo reconocería de inmediato si lo viera en televisión o en persona." Christina insiste en que lo ha visto "en varias ocasiones," y que en cada una de sus apariciones ha escuchado la voz de la Santísima Virgen diciendo una y otra vez *"Anticristo."*

¿Por qué es que ha visto a ese hombre tan a menudo? ¿El rostro que describe pertenece efectivamente al Anticristo? De acuerdo con el padre McGinnity, Christina está absolutamente segura de ello. Sin embargo, la Virgen María le ha proporcionado información adicional sobre hechos específicos relacionados con la venida del Anticristo.

A fines de 1991, a Christina le fueron dadas a conocer tres fechas a las que debía estar muy atenta. En retrospectiva, es probable que asuntos mundiales más bien insignificantes y de escaso valor ocurridos en esas fechas ejerzan importantes efectos en las condiciones necesarias para la toma del poder por el Anticristo. He aquí la interpretación del director espiritual de Christina:

En noviembre de 1991, la Virgen María le dijo a Christina Gallagher: "Observa qué ocurre en el mundo en estas tres fechas." A continuación, la Madre de Dios le transmitió a la señora Gallagher tres fechas. [Christina escribió en su momento el mensaje recibido y lo sometió a la consideración de su director espiritual. La señora Gallagher ignoraba su significado, pero su director espiritual especuló que la primera fecha, 9 de diciembre, aludía a la importante reunión de Maastricht, Holanda, o al encuentro entre Gorbachov y Yeltsin previsto para el mismo día.] El 10 de diciembre, la Santísima Virgen se presentó de nuevo a Christina, y ésta le preguntó: "¿Qué fue lo importante de ayer?," tras de lo cual agregó: "¿Fue la reunión de Europa?" Nuestra Señora hizo una pausa y contestó: "Sí. Esa reunión es una de las señales del poder del Anticristo. Pero muy pocos se dan cuenta de la rapidez con la que erige su imperio."

El 9 de diciembre fue firmado en Maastricht, Holanda, un tratado al que le fue concedido el nombre de esa ciudad. Aunque su propósito expreso es la unificación económica de Europa, la política de seguridad que ello implica influirá inevitablemente en la legislación de los Estados miembros. Entre las consecuencias inmeditadas de la pertenencia a ese bloque están la cesión de la autonomía nacional y la imposibilidad de aplicar políticas sociales en desacuerdo con la laxa legislación liberal general. El aborto, por ejemplo, deberá ser considerado un "servicio"; la práctica de la homosexualidad, un "derecho individual," etcétera.

La segunda fecha era el 3 de enero de 1992. Ese día se anunció que en una importante reunión por celebrarse en Washington se cancelarían ciertas disposiciones legales a fin de permitir la integración de los países de Europa oriental a la Unión Monetaria Internacional.

La tercera fecha mencionada por Nuestra Señora no tenía relación con las votaciones en Irlanda para la aprobación o rechazo del tratado de Maastricht. El 15 de junio fue, en cambio, el día en que el amenazador y manipulador gobierno irlandés estafó presurosamente a la nación con la promesa de un aumento del 30 por ciento a los agricultores si ratificaban el tratado de Maastricht. La votación tuvo lugar el 18 de junio, coincidiendo paradójicamente con la fiesta de Corpus Christi. Así como el cuerpo y la sangre de Cristo fueron cambiados por treinta monedas de plata, el pueblo irlandés, engañado y desinformado, se dejó seducir por la promesa de un aumento del 30 por ciento para conceder su voto en favor de Maastricht.

Estas tres fechas están vinculadas con el poder del Anticristo para tomar el control de los gobiernos del mundo, y por lo tanto de sus recursos económicos, a fin de impedir el ejercicio individual de los derechos y la libertad humanos.

Christina añade: "Sé que este asunto tiene que ver con el Tratado de Maastricht y la unificación monetaria, inducida por el referéndum de Maastricht."

No obstante, a fin de colocar todo ello en la perspectiva adecuada, el padre McGinnity ha tenido a bien recordarnos que aunque cabe la posibilidad de que un individuo en lo particular sea utilizado como anticristo, cualquier fuerza o poder que se oponga al reino de Dios también podría ser descrito como anticristo. De este modo, no conocemos aún la verdadera identidad del Hijo de la Perdición ni el momento en que será declarado su reinado, a pesar de lo cual prevalece la sensación generalizada de que su presencia será manifestada muy pronto.

Es muy importante, entonces, que conozcamos de viva voz las interpretaciones de Christina acerca de esta fascinante profecía.

*Sabemos que has tenido experiencias relacionadas con el Anticristo. ¿Podrías describírnoslas?*
He visto muchas veces a ese hombre. La primera vez que lo vi no tenía idea de quién pudiera ser. Lo único que pude ver de él fueron su cabeza y su rostro. Lo he visto en varias ocasiones más, sin que hasta ahora pueda decir que haya algo específicamente malo en él, a pesar de lo cual siempre deja en mí una sensación de

horror. Destaca sobre todo por sus ojos. Son terribles. Los siento penetrar en mí, y no me agrada. Como no sabía cómo proceder, un día le pregunté a Dios en mis oraciones: "Señor, ¿quién es ese hombre?," tal como lo hice en el caso de Catalina de Siena. Al momento escuché la voz de la Virgen María que decía: "El Anticristo." Fue uno de los mayores impactos de mi vida. He vuelto a ver muchas veces a ese hombre desde entonces, pero ahora lo único que hago cuando estoy frente a él es encomendarme a la preciosa sangre de Cristo y pedirle que me proteja.

*¿El Anticristo que has visto es joven o viejo?*

Es un hombre como de cincuenta años de edad, de cara redonda, un tanto calvo pero con el cabello restante muy negro, corto y bien peinado. Parece obispo. Pero insisto en que su mayor peculiaridad está en sus ojos. Son negros, o de café muy oscuro. Supongo que de joven fue muy apuesto, pues nada en él delata la menor malicia. De lo que la Santísima Virgen me ha dicho acerca del Anticristo deduzco que habrá varios de ellos, aunque en el mundo ya existen varios "anticristos" y muchas personas que se oponen al Señor.

*Sin embargo, de acuerdo con la profecía el Anticristo será un hombre en particular. ¿Crees que el hombre al que has visto lo sea? ¿Crees que sea el Anticristo del que se habla en la Biblia?*

Mentiría si asegurara que lo es. Lo más que puedo decir es que es posible que sea el personaje al que la Biblia llama "el Anticristo." Pero esto no pasa de ser una opinión mía, porque por lo demás ignoro el motivo de que esta aparición me haya sido destinada.

*¿Quiere esto decir que, en tu opinión, es posible que el Anticristo que te ha sido mostrado sea el verdadero Anticristo?*

Si no lo fuera, no entiendo por qué el Señor me ha permitido verlo y escuchar el término "Anticristo." En la época en que comenzaron sus apariciones, yo no sabía nada acerca del Anticristo. ¿Por cuál otro motivo me habría sido revelado entonces? La Virgen María me dijo: "Muy pocos se dan cuenta de la rapidez con que el Anticristo erige su imperio." Quizá ahora existan muchos anticristos, pero en definitiva uno de ellos sobresaldrá por encima de los demás.

*¿Has visto a ese hombre entre los líderes políticos de la actualidad?*
No, pero no veo la televisión ni leo los periódicos, así que quizá existe. Tal vez exista, pero yo no lo he visto.
*¿El Anticristo que se te ha aparecido te recuerda a alguien en particular entre las personas del mundo actual?*
Si dijera que vive en la actualidad, mi afirmación sería sencillamente una hipótesis. Sin embargo, es un hecho que vivimos el "final de los tiempos" y que de todo lo que la Santísima Virgen me ha dicho cabe deducir que el Anticristo ya está presente en el mundo actual.

# TERCERA PARTE

## Mensajes Desde las Alturas

DIECINUEVE

# La Búsqueda del Significado de las Revelaciones

POR VERDAD HALLO QUE DIOS NO HACE ACEPCIÓN DE PERSONAS, SINO QUE DE CUALQUIERA NACIÓN QUE LE TEME Y OBRA JUSTICIA SE AGRADA. ENVIÓ PALABRA DIOS A LOS HIJOS DE ISRAEL ANUNCIANDO LA PAZ POR JESUCRISTO; ÉSTE ES EL SEÑOR DE TODOS.
—HECHOS 10, 34–36

A lo largo de la historia, la Virgen María se ha hecho presente en muchos lugares del planeta para comunicar a sus hijos un mensaje celestial de llamado evangélico y advertencia profética. El mensaje es serio, pero el mundo se ha obstinado en desatenderlo, olvidarlo o, peor aún, ignorarlo.

¿Por qué necesitamos esos llamados? ¿Cuáles han sido los errores del mundo? ¿Qué ha ocurrido con nuestra fe? ¿Qué podemos hacer en medio de este caos?

En las revelaciones que se han hecho a Christina se alude expresamente al conocimiento de Dios de los extravíos de los hombres y, en consecuencia, a la urgencia de que el género humano vuelva su mirada a Dios antes de que sea demasiado tarde.

Tras un detenido análisis, todo indica que las apariciones y mensajes concedidos por Dios a Christina persiguen un doble propósito. El primero de ellos es reavivar la fe e instar la vuelta a Dios, a la manera de los Evangelios y la prédica de San Juan Bautista, quien excitó fervientemente a la conversión y el bautismo como signo del arrepentimiento. De igual modo, los mensajes de la Virgen María son un llamado a la conversión. El segundo propósito es de carácter profético, y por lo tanto está directamente asociado con la Escritura. El mensaje es en esencia el mismo: la solución a nuestros problemas está en Dios, no en los hombres. Lo único que necesitamos es volvernos a él. Sin embargo, hoy como nunca antes hacerlo representa una apremiante urgencia, aspecto que se subraya en los mensajes una y otra vez. Nuestra Señora ha dicho que "ha llegado la hora de la conclusión de una era y el inicio de otra." Es la hora del cumplimiento de las profecías, aun de las más antiguas formuladas en la Escritura, e incluso en el libro del Génesis.

El mensaje de Christina es el mensaje del Evangelio. Nuestra Señora nos convoca a "la paz, la oración, la conversión, el arrepentimiento, el sacrificio y la expiación." Insta a los católicos a recibir el sacramento de la penitencia y a asistir al santo sacrificio de la misa. Más aún, nos implora amar a Cristo en la eucaristía. Estos mensajes son de la mayor importancia, porque nos exhortan a responder con nuestra fe a la invitación que Dios nos hace de volver a su amor. Es preciso entonces que los atendamos, pues si respondemos al amor de Dios garantizaremos la presencia en nuestra vida de los ingredientes proféticos de los mensajes mismos. El llamado de Dios no tiene por qué atemorizarnos, pues nos hallamos bajo su luz.

"Lo que la Santísima Virgen nos pide," ha dicho Christina, "es que oremos constantemente, y que lo hagamos con el corazón, sobre todo el rosario. Nos pide también que volvamos a Dios cuando aún es tiempo de hacerlo, que nos arrepintamos sinceramente de nuestros pecados y acudamos a la confesión; que amemos a Dios en la misa y la eucaristía; que nos amemos unos a otros, y que dejemos de buscar faltas en los demás, discutir por tonterías y forcejear entre nosotros. Sus mensajes nos señalan que Dios nos ha vuelto partícipes a todos del cuerpo místico de Cristo por medio de la fuerza de la resurrección."

La luminosa reflexión de Christina sobre el primero de los propósitos de los mensajes celestiales que se nos dirigen en esta época es indudablemente perfecta, al grado de recordarnos las palabras de San Pablo: "Pues vosotros sois el cuerpo de Cristo, y miembros en parte" (1 Corintios 12, 27).

Pero más allá de la cantidad de mensajes que Dios envíe, la respuesta a ellos depende estrictamente de nosotros. Tenemos que pasar a la acción. La Santísima Virgen le dijo precisamente a Christina: "Yo puedo ayudarlos, pero son ustedes los que deben decidir."

Las revelaciones recibidas por Christina en el curso de los últimos siete años nos muestran a un Salvador que sufrió mucho por redimirnos y que sigue doliéndose de nuestros pecados e indiferencia. Christina nos ha dicho que esos sufrimientos son reales y muy intensos. En las experiencias que ha tenido de Jesús no cesa de hablársenos de su infinito amor y permanente llamado a la salvación, lo que no obsta para que en ellas se enfatice también lo penoso de sus dolores y sufrimientos a causa de nuestro rechazo por medio del pecado. Cristo no ha dejado de demostrarle a Christina, tanto de palabra como a través de sus encuentros, su profundo anhelo de abrigar a todas las almas. Su hambre y sed de almas es infinita.

Ya hemos dicho que, como parte de su entrega a Dios, Christina Gallagher ha tenido que ofrecerse como víctima y abandonarse a la voluntad de Dios. Es justamente en la entrega total a Dios donde reside la clave del mensaje que el cielo quiere hacernos llegar.

Al contemplar la vida en Cristo de Christina debemos tomar en cuenta en particular la gran importancia de su total entrega como respuesta al llamado de Dios. Bien puede ocurrirnos, como suele suceder siempre que se trata de personas que han sido marcadas con los estigmas, que la confusión o asombro ante el fenómeno de sus heridas tangibles nos induzca a perder de vista las profundas implicaciones de la íntima relación de su alma con Dios. El verdadero mensaje que estamos llamados a practicar es precisamente esa relación de intimidad. La gracia divina de Dios no cesa de recordárnoslo, pues la sola expresión "Jesús, creo en ti" supone la aceptación de su amor, confianza y misericordia por parte de quienes efectivamente creen en el Salvador resucitado.

Dios no descansa nunca en su propósito de llamar nuestra atención. Ya sea por medio de un símbolo viviente del sufrimiento como Christina o de los mensajes que no sólo quiere que leamos sino, sobre todo, que llevemos a la práctica, Dios no cesa de invitarnos a volver a él y de abrirnos los ojos ante los amenazantes peligros que penden sobre nuestro planeta.

Guerra, enfermedad, desintegración familiar, pobreza, apostasía: vivimos inmersos en una crisis catastrófica. El cielo pretende hacernos ver que la humanidad vive en la letrina del pecado y el ateísmo. Los mensajes de la Reina de la Paz indican que tales peligros atentan ya contra la sobrevivencia misma del planeta. El 6 de mayo de 1993, Nuestra Señora le dijo a Christina:

Hija mía, el pecado está causando y atrayendo la destrucción del mundo. Queda ya muy poco tiempo para la consumación de la segunda venida de Jesús, mi Hijo. La guerra se extenderá por todas las naciones. Habrá más enfermedades que nombres para identificarlas. Los lamentos a causa del hambre alcanzarán al cielo.

Los habitantes de la Tierra desearán no haber nacido, y muchos de ellos acusarán a Dios. Dejarán de implorar la misericordia divina.

Hija mía, difunde este mensaje. No teman, hijos míos. Sepan que Dios les permite sufrir en favor de los infelices pecadores.

Este segundo propósito de los mensajes de Christina, los proféticos llamados de alarma, está permanentemente presente en las revelaciones y apariciones que le han sido deparadas.

Sus experiencias místicas de los últimos años han consistido lo mismo en visiones del papa Juan Pablo II en medio de grandes dificultades que en anticipaciones acerca del abandono del mundo por Jesucristo. Estas elocuentes escenas resumen simbólicamente las muchas advertencias que la Virgen María nos ha dirigido. Es evidente, así, que el cielo está preparando a la Tierra para acontecimientos largamente previstos, todos los cuales implican la purificación y están cada vez más cerca de nosotros. Las "almas elegidas" nos recuerdan por su parte que tales sucesos no pueden ser aplazados, sino en todo caso mitigados hasta su prometido cumplimiento.

El 20 de agosto de 1991 Christina presenció la terrible escena del súbito retiro de las manos de Jesús de la base del globo terráqueo y su sustitución por un pilar en ruinas, incapaz de sostener al mundo. Luego de esa inquietante visión, la Virgen María confirmó la proximidad de una época de tribulación.

Hija mía, yo, tu inmaculada Madre, deseo que abras tu corazón y pongas en el mío todo lo que te perturba.

El mundo se apoya en pilares. El gran pilar es Jesucristo. Sin embargo, los pilares están a punto de venirse abajo. Jesús, mi divino Hijo, retirará en cualquier momento su mano, pilar de Dios. El mundo caerá entonces en las profundidades de su pecado y beberá su amargura. No permitas, hija mía, que mis palabras te trastornen, pero es mi deseo transmitirte estos mensajes. Mantente alerta y conserva abierto tu corazón a todo lo que te doy. Te guardo bajo mi manto, hija mía.

Pasada esta experiencia, la Santísima Virgen urgió al director espiritual de Christina a leer "los siete sellos" del Apocalipsis. *Especialmente el séptimo sello,* indicó. Tras esta aparición, Christina pensó que el mundo entero sería lanzado al infierno, a "las profundidades de su pecado," como se lo había dicho la Virgen. No fue aquella, ciertamente, la primera vez que la Madre de Dios enunciaba esas duras palabras, pero en su revelación podía percibirse un sentido de realidad mucho más apremiante. Dios bien sabe que una imagen habla más que mil palabras, de modo que por medio de esta revelación deseó transmitirles a sus hijos el mensaje más importante de todos, comunicado a Christina Gallagher por la Santísima Virgen María.

La Madre de Dios añadiría después: "Oren y mediten en la Pasión de Jesús."

Y más tarde: *"La alarma del reloj está a punto de sonar. La hora está cerca. ¡Oren, oren, oren!"*

Esta escena estremeció tanto a Christina que, afligida y temerosa, se comunicó telefónicamente con una amiga, y después con su director espiritual, a pesar de lo avanzado de la hora. Lloraba; tardó más de un día en recuperarse.

"He pasado por muchas otras experiencias, presenciado apariciones temibles y visto de frente al Maligno, pero ésta ha sido la más espantosa de las que he tenido directamente con Dios," comentaría después. Ignoraba en qué forma dar a conocer este mensaje, pues no quería provocar alarma. "No es ése el deseo de Nuestra Señora," diría.

En muchos de los mensajes proféticos hechos llegar a Christina se alude explícitamente a la cercanía de la purificación del mundo, pero la Virgen María le ha insistido en que el motivo de su presencia en la Tierra es conducir hacia Dios a todas las almas, revelación en la que hallamos la esencia del llamado profético de la Madre del creador. Esta reiteración de la misión de Nuestra Señora parece indicar que ella está en condiciones de salvarnos del infierno si nosotros, por nuestra parte, respondemos a su llamado, pero que de ninguna manera podrá librarnos de los trágicos acontecimientos por venir.

Christina supone, así, que están en puerta tiempos muy difíciles para todos, independientemente de nuestra condición o nuestras previsiones. La Virgen María le dijo que la causa de ello es que "nunca antes la humanidad había sido tan indulgente con los actos de Satanás," así como que la gente "desea permanecer en las tinieblas y el pecado."

Los mensajes de Christina nos hacen saber que nos encontramos en el periodo de misericordia más intenso que haya habido jamás, pero también que ese periodo está llegando a su fin para dar paso al periodo de la justicia.

Para incitar nuestra respuesta a la misericordia del Señor, en sus mensajes proféticos a Christina la Virgen María ha hecho hincapié en la realidad del mal, el pecado, Satanás y el infierno en el mundo de hoy. Esos mensajes despiertan y profundizan nuestra conciencia tanto del amor y la gracia divinos como de la inminente justicia del Señor.

En muchos de los mensajes proféticos dados a Christina se hace mención de los pecados del mundo. Hemos sido advertidos expresamente de que el pecado del aborto es uno de los tres pecados que más ofenden a Nuestro Señor, junto con "el abuso inmoral de los inocentes y el sacrificio de los inocentes a Satanás." La Reina de la Paz se lo confirmó a Christina: "El aborto es el mayor pecado contra Dios. Con él se le permite al diablo obrar más intensamente que nunca." Nuestra Señora ha revelado en más de una ocasión que con el aborto la gente peca contra el Espíritu Santo, porque "la vida pasa por el Espíritu Santo." No obstante, Christina no cesa de recordarnos la generosidad del perdón de Dios. Su misericordia no es otra cosa que perdón, así cometamos los peores pecados, inclusive el aborto. A ello se debe que Jesús le haya dicho a la hermana Faustina: "Ve por el mundo entero proclamando mi misericordia."

En el caso de los católicos, el perdón de Dios se obtiene a través de la Iglesia. Es éste otro de los núcleos de los mensajes entregados a Christina Gallagher. El verdadero motivo de la presencia actual de la Madre de Dios entre nosotros es la necesidad de poner en práctica y conservar las enseñanzas de Cristo, así como, de acuerdo con Christina, llamar a sus hijos a volver a la abundante fuente de la misericordia y el amor del Corazón de su Hijo Jesús. En retrospectiva, las muchas apariciones de la Virgen representan el timón que desea corregir el curso de la nave. En los mensajes a Christina encontramos numerosos llamados celestiales a la Iglesia y sus sacerdotes, obispos y religiosos, llamados que constituyen también una de las misiones especiales de Christina. Las palabras de la Virgen María a los religiosos revelan que la Iglesia se halla en grave peligro de traición. Engañosas acciones, como la traición de Judas, están a punto de ocurrir, y generarán una severa crisis dentro de la Iglesia. Los mensajes de Nuestra Señora predicen que esta crisis será el calvario y la crucifixión de la Iglesia, seguidos sin embargo por su resurrección gloriosa en el triunfo de su Inmaculado Corazón.

En los siguientes capítulos conoceremos otros de los mensajes recibidos por Christina y examinaremos las palabras de Dios y Nuestra Señora, en las que descubriremos este constante llamado a la fe, la esperanza y el amor. Las revelaciones hechas a Christina dejan ver que Dios desea perdonarnos, olvidar lo ocurrido e invitar a sus hijos a integrarse a su plan de salvación del mundo. No nos resta sino decir "sí" para que su amor se aloje en nosotros. Así lo hizo Christina cuando fue llamada o, más bien, elegida.

Porque Christina fue elegida.

Fue elegida como alma especial en la que pudiese habitar la Santísima Trinidad. El 5 de mayo de 1992, Jesús le pidió hacer un esfuerzo por comprender mejor la naturaleza de su llamado. Asimismo, le reveló uno más de sus secretos.

"¿Comprendes, pequeña mía, que vivo en ti?"

"Sí, Jesús," respondió Christina.

"Pero no sólo yo: la Santísima Trinidad vive en ti. Todo el que me ama, ama a mi Padre y al Espíritu Santo. Tu corazón es la morada de la Santísima Trinidad."

Christina le confesó entonces: "Sé que vives en mí, pero ¿cómo es que ahora me dices que la Santísima Trinidad habita en mi corazón?"

"Pequeña mía," contestó Jesús, "quien me ama a mí, ama al Padre y al Espíritu Santo. De ese modo, su corazón se abre a la Santísima Trinidad."

Sí, la Santísima Trinidad habita en Christina Gallagher, quien nació y creció en una región de Irlanda históricamente llamada al sufrimiento y al servicio de Dios. En su caso, todo cobra sentido.

Nada ha ocurrido por error. No hay coincidencias ni accidentes. La historia comprueba que desde hace muchos siglos Irlanda abrió su corazón para recibir en él a la Santísima Trinidad. En fecha tan remota como el siglo V, San Patricio, el paternal amigo y visitante celestial de Christina, desafió y se opuso abiertamente a los druidas idólatras de Irlanda con una sencilla demostración de la existencia de la Santísima Trinidad.

En respuesta al argumento de los druidas de que la sola idea de una trinidad era absurda, pues era imposible que tres personas vivieran como una sola, San Patricio se inclinó y, recogiendo del suelo un trébol, cuyo tallo sostiene a tres hojas, ilustró así a sus antagonistas, con absoluta firmeza: "Para demostrar la realidad y posibilidad de la existencia del Padre, el Hijo y el Espíritu Santo me ha bastado desprender del suelo esta humilde planta, que pisamos todos los días, con lo que queda de manifiesto que la verdad puede comprobarse aun con los ejemplos más sencillos." Así pues, la Santísima Trinidad ha sido vigorosamente proclamada en Irlanda desde hace mucho tiempo, y hoy sigue firmemente arraigada en los corazones de los fieles.

Así como se apresura a comunicar sus mensajes a quienes se muestran dispuestos a escuchar, Christina es la primera en reconocer que no es mejor que nadie. Todos los corazones, insiste, son llamados a convertirse en morada de la Santísima Trinidad. "Pero ya no debemos posponer más nuestra respuesta," exclama angustiosamente. "¡El tiempo corre y está a punto de agotarse!"

En los capítulos siguientes profundizaremos en los principales temas de los mensajes recibidos por Christina, a fin de comprender mejor el llamado de la Virgen María. Tales revelaciones van desde la función en nuestra vida de la misa y los sacramentos hasta los mensajes especiales de Dios y Nuestra Señora acerca del Santo Padre, la apostasía y la tribulación.

Estos mensajes no pueden quedar sin respuesta. Con ellos se pide, y hasta suplica, que todas las almas se vuelvan hacia Dios. Como los Evangelios, estos mensajes son la Buena Nueva, que debe ser proclamada para que todos la escuchen y, sobre todo, la vivan y difundan.

Como a Christina Gallagher, por este medio se nos llama a todos a entregar nuestro corazón a la Santísima Trinidad y a participar en el inminente triunfo de Dios. Nunca antes en la historia la victoria divina se había mostrado como un triunfo tan cierto como para que, al igual que los druidas paganos, el mundo sea capaz de negarlo.

# VEINTE

# Orar de Corazón

JEHOVÁ, A TI HE CLAMADO: APRESÚRATE A MÍ. ESCUCHA MI VOZ CUANDO TE INVOCARE. SEA ENDEREZADA MI ORACIÓN DELANTE DE TI COMO UN PERFUME, EL DON DE MIS MANOS COMO LA OFRENDA DE LA TARDE.

—SALMO 141, 1–2

¡Dios es infinito!

Poseer su gracia es poseer a Dios mismo. Perseverar en la posesión de su gracia hasta la muerte es un don tan grande que, según las enseñanzas de los Padres de la Iglesia, nadie puede merecerlo, aun si hiciera todas las buenas obras de todos los santos del cielo. Dios concede este don gratuitamente y se lo otorga, como lo enseña San Agustín, a quienes lo solicitan diariamente en sus oraciones.[1] Escribió San Agustín: "Debemos orar todos los días para hacernos merecedores de ese don, porque aun los justos corren siempre el riesgo de perderlo." Por su parte, San Pablo, el apóstol, escribió: "Quien se empeña en alcanzar el triunfo no ve coronados sus esfuerzos a menos que luche limpiamente." Esta lucha limpia es la que se libra por medio de la oración.[2]

Si queremos hacer la voluntad de Dios, tenemos que orar. Sin embargo, la Virgen María le dijo a Christina que nuestras oraciones deben salir de nuestro corazón, tal como los santos lo han afirmado desde siempre.

Desde sus primeras apariciones a Christina, el 21 de enero de 1988, Nuestra Señora le pidió hacer su mayor esfuerzo por lograr que su oración fuera producto de lo más profundo de su alma. "Quiero que ores más, tanto como puedas. Sé que tienes que ocuparte de tu familia, pero mi Hijo y yo te daremos las gracias que necesitas para poder orar. De modo que te digo: no temas. Sé que aún no comprendes muchas cosas, pero llegará un día en que las comprendas. Ya has aceptado en tu corazón la necesidad de orar, pero es mi deseo que ores cada vez más. No pierdas tu tiempo, hija mía. Te amo."

No le fue fácil a Christina aceptar estos consejos, pues ella misma admite, no sin vergüenza, que "tenía por costumbre rezar el rosario lo más rápido posible. No ponía atención en lo que decía." El 22 de agosto de 1991, Nuestra Señora la alentó de nuevo a seguir aprendiendo sobre el valor de orar con el corazón: "Deseo muchas acciones y mucha oración. ¡Ora, hija mía, ora, ora! El demonio intenta frustrar mi plan para Irlanda y el mundo. Pero con tus oraciones, sacrificios y sufrimientos ofrecidos a Jesús, mi Hijo destruirá sus acechanzas. Ten paciencia. Manténte alerta por medio de la oración y las buenas obras. Ama a todos cuantos te rodean, hija mía; que tu corazón sea mi corazón. Por medio de la oración te concederé todas las gracias que necesitas. Reza con frecuencia mi hermosísimo rosario. Jesús, mi Hijo, espera grandes cosas de ti. No dejes de responder a su amor."

No es de sorprender que casi todos los mensajes de Nuestra Señora a Christina Gallagher vayan dirigidos también a todos nosotros, y ello por un motivo: los mensajes de la Virgen María nos llaman a recuperar la fe. Más allá de cuál sea nuestra religión, esos mensajes nos invitan, como creyentes que somos, a regresar a Dios. Sin embargo, responder a ese llamado implica un esfuerzo de nuestra parte, un esfuerzo verdadero salido de nuestro corazón. Y ese esfuerzo sólo puede ser realizado mediante la oración.

Aun en medio de las pruebas más dolorosas, los fieles debemos perseverar y persistir en la oración. La Virgen le dijo a Christina que Dios desea curar a su atribulado pueblo, pero que para ello éste debe acercarse a él con fe y confianza, las cuales se incrementan con la oración.

Mi Hijo Jesús desea que triunfes sobre todo mal. Haz más oración, y ayuna durante tres días. Pídele a Jesús, mi Hijo, que fortalezca tu fe cuando sientas que se debilita. Mi Hijo te ha dado palabras de consuelo, pero sin una fe firme, su efecto es nulo. Sé fuerte, hija mía. No asistas a la santa misa sólo por costumbre. Cuando vayas a misa, ama profundamente a mi Hijo.

Nuevas invitaciones a orar de la Santísima Virgen han ido acumulándose a lo largo de sus apariciones a Christina. El 24 de febrero de 1988, Nuestra Señora la instó a seguir el camino que la Reina de la Paz les propone a todos los seres humanos para llegar a Dios. Es el camino de los santos, muchos de los cuales no fueron sino pecadores arrepentidos. Es el santo camino de la oración.

Christina ha comentado también que Nuestra Señora le dijo: "Ora con el corazón. Cuando hablas con alguien, pones atención en lo que dices. Cuando hables conmigo, pon atención en lo que dices." "Debemos meditar en los misterios del rosario," añade Christina, "y poner atención en lo que decimos y a quién se lo decimos. En ese momento vivimos los misterios de la Santísima Virgen con Jesús, desde el 'sí' de nuestra Madre a Dios hasta los sufrimientos de Jesús en nuestra redención y la resurrección de Cristo, a la que también nosotros somos elevados y con la que nos unimos si también nosotros decimos por nuestra parte 'sí.'"

# VEINTIUNO

# La Piedra Angular de la Vida

PROCURAD LOS MEJORES DONES.

—1 CORINTIOS 12, 31

Abrumada por la bondad de Dios, Santa Teresa de Ávila le preguntó en una ocasión al Salvador: "¿Cómo puedo agradecértelo?" Nuestro Señor le contestó: "¡Yendo a misa!"

Las revelaciones hechas a lo largo de la historia abundan en testimonios del valor de la misa, valor no sólo para las almas, sino también para la Iglesia y el mundo.

"¿Acaso puede haber algo más grande que estar en misa y que ser conducidos durante la consagración al pie de la cruz al lado de la Madre de Dios? Asistimos entonces al mismo sacrificio que se realizó en la cruz," ha dicho Christina.

Christina Gallagher afirma que el santo sacrificio de la misa es, indudablemente, la oración por excelencia. Nada hay más grande que ella. Nada más poderoso. Así lo aseguraron también los santos. Sabemos, además, porque así se nos ha dicho, que la misa posee un valor infinito para la sobrevivencia misma del planeta. El padre Pío, místico que recibió los estigmas, dijo en una ocasión que "el mundo soportaría la ausencia del sol, pero no de la misa." Hay testigos de que lo afirmaba con absoluta convicción.

Otros santos han coincidido con él en este aspecto. Santa Gertrudis tuvo la revelación de que por cada misa a la que asistimos con devoción, Nuestro Señor nos enviará un santo para que nos conforte a la hora de nuestra muerte. A muchos otros santos también se les hizo saber que ofrecer una misa en favor de una persona viva es más valioso que hacerlo por un difunto. San Anselmo, uno de los grandes doctores de la Iglesia, aseguró que una sola misa ofrecida en toda la vida por uno mismo bien puede ser de más valor que mil después de muerto, afirmación con la que el papa Benito XV estaba de acuerdo.

La Virgen María se expresó en estos mismos términos ante Christina Gallagher, quien señala: "Nuestra Señora no deja de recomendar a sus hijos la asistencia a misa, a diario de ser posible. Querría que la misa fuera para sus hijos la piedra angular de su vida, sobre la cual construir todo lo demás."

La Reina de la Paz nos ha exhortado desde Irlanda a abandonarnos como niños a la voluntad de Dios, lo que por sí mismo nos conducirá a Jesús y a su santa mesa en el altar. En muchos de los mensajes a Christina se nos asegura que nuestra vida puede cambiar por efecto de la misa y los sacramentos. Las gracias que recibimos en los sacramentos todos los días nos ayudan a ser nuevamente como niños en lo que respecta a nuestra fe. La Madre de Dios ha dicho, por su parte, que este cambio no puede ser obra de nuestra voluntad, que carece de la fuerza suficiente para lograrlo. Somos muy débiles y nos distraemos muy fácilmente. La Virgen insiste en que para conseguir esa transformación necesitamos de la ayuda espiritual que nos prestan los sacramentos y la misa.

En octubre de 1992, Nuestra Señora abundó en el tema de la misa y su valor. "Hija mía, si pudieras ver el mundo por mis ojos y darte cuenta del valor del santo sacrificio de la misa y del rezo del rosario desde el corazón, irías a misa varias veces al día y rezarías permanentemente el rosario con el corazón."

Como para resaltar el amor y la paz que recibimos de los dones sacramentales de Dios, la mística de Irlanda experimentó en dos ocasiones, en forma inesperada, milagros relacionados con la eucaristía.

En una ocasión, al comulgar durante una misa a la que asistió en una iglesia de Irlanda del Norte, la sagrada eucaristía se convirtió milagrosamente en carne al sólo tocar su boca. En otra, Nuestra Señora le ofreció el cáliz, en el que pudo ver y beber la preciosa sangre de Cristo como sangre verdadera. Ambos acontecimientos impresionaron vivamente a Christina, quien ha dicho: "Todo a mi alrededor pareció detenerse. Fue como si de pronto hubiera sido extraída del mundo. Tras recibir la santa eucaristía, volví a mi asiento, pero al momento perdí conciencia de las personas que se encontraban a mi lado. Me sentí llena de paz. Sentía cómo la eucaristía se ensanchaba en mi boca. Era una sustancia viscosa, carne. Pensé: 'Señor, ¿como voy a tragar esto? ¡Me voy a ahogar!' Pero al instante se dio la deglución. Pude sentirla. Ingerí la santa eucaristía sin ningún problema. En otra ocasión recibí la sangre preciosa de Cristo en un cáliz que me fue entregado por Nuestra Señora. Con el cáliz entre las manos, me di cuenta de que lo que se hallaba en mi boca era un líquido especial. De inmediato supe qué era: la verdadera sangre de Jesús. Sabía diferente, pero por el esfuerzo para sostener el cáliz no me fue posible verla."

En los últimos cinco años Christina ha recibido reiterados mensajes de Dios y Nuestra Señora alentándola a un uso frecuente de los sacramentos. El 28 de febrero de 1988, la Virgen la instruyó así: "Hija mía, diles a todos mis hijos que vuelvan a mí y a mi Hijo. Estamos a la espera de ellos, porque los amamos. Que se arrepientan y confiesen. Que se liberen de todos sus pecados y reciban dignamente el cuerpo y la sangre de mi Hijo. Que oren y hagan sacrificios. A cambio de ello, yo pondré paz en sus corazones."

Los sacramentos ponen permanentemente a nuestro alcance el don de la paz, que sin embargo muchas personas rechazan, lo que hiere y aflige a la Madre de Dios. En su mensaje del 10 de julio de 1988, ésta informó a Christina que incluso algunas almas bendecidas no creen que "en la consagración de la misa estén presentes el cuerpo y la sangre de Jesús. No creen que el pan y el vino se conviertan en su cuerpo y sangre … Amemos a Jesús en la misa y la sagrada comunión."

Dos semanas después, el 14 de julio, Nuestra Señora les advirtió a sus hijos: "No asistan a misa por costumbre. Amen a mi Hijo cuando vayan a la santa misa …" Para evitar confusiones al respecto, el 11 de agosto de 1988 imploró de Christina comprender que, más que ninguna otra cosa, el Señor desea encontrarnos a su mesa: "Hijos míos, asistan a la santa misa. Ofrézcansela al Padre, para consolar el Corazón de Jesús, mi Hijo."

Además de ofrecer el don de la alegría, la misa y los sacramentos también nos ofrecen protección. Como cabía esperar de una madre, Nuestra Madre celestial ha dicho que los creyentes deben valerse de su protección. El 15 de agosto de 1988 le recordó a Christina la importancia de una reconciliación frecuente y la protección adicional provista por los sacramentos, que lamentablemente muy pocos aceptan: "Mis hijos se han olvidado del sacramento de la penitencia. ¿Ignoran acaso que jamás se librarán de la influencia y malas obras de Satanás si no piden perdón? De ahí que sea tan importante, hijos míos, que le ofrezcan amorosamente a mi Hijo todas las penas de su corazón. Muchos de ustedes obtendrían de ello grandes beneficios …"

A continuación, Christina nos explica con sus propias palabras lo que ha aprendido acerca de la necesidad de acudir frecuentemente al Señor en la misa y los sacramentos.

*¿Cómo podemos estar atentos a Jesús en el curso de nuestra vida?*
Yo suelo distraerme con muchas cosas y olvidarme de la gracia de Dios. Es por eso que no debemos cesar de pedírsela al Señor a través de la oración, el sacrificio y el ayuno. La sagrada eucaristía nos ayudará a ello más que ninguna otra cosa. Pero para recibir la santa eucaristía debemos ser dignos de ella. La Virgen asegura que todas estas cosas contribuyen a que recibamos la gracia de Dios. Todo esto nos ayuda a acercarnos a él y a estar siempre conscientes de su presencia.

*¿Qué te ha dicho Nuestra Señora sobre la presencia divina en la santa eucaristía?*

En su segunda aparición, la Santísima Virgen se me mostró a lo lejos y pude ver que sobre su corazón se posaba una luz. Cuando se acercó me di cuenta de que era la sagrada eucaristía, y que de ella se desprendía la luz. Nuestra Señora estaba feliz, y me invitó a contemplar aquel prodigio junto con ella.

Después me pregunté el motivo de que la eucaristía se hubiera posado sobre el corazón de la Madre de Dios. Lo pensé un par de meses, hasta que finalmente le dije a la Virgen en oración: "Madre, si deseas darme a conocer el significado de ello, revélamelo." No me lo reveló con palabras; lo manifestó en mi interior. Supe que el hecho de que hubiera llevado a Jesús en su corazón significaba que lo amaba bajo la forma de la santa eucaristía. Nuestra Señora lo veneraba llevándolo sobre su corazón para hacernos saber que nosotros también debemos llevarlo sobre y en nuestro corazón. En mi opinión, la luz que la eucaristía emitía representaba las gracias que recibimos si comulgamos dignamente, en el estado espiritual adecuado. La Virgen ha dicho que para poder recibir la sagrada eucaristía antes debemos confesarnos. Desea que sus hijos se descarguen de todos sus pecados y reciban dignamente el cuerpo y la sangre de su Hijo.

*¿Te ha hablado Nuestra Señora acerca de la misa y la santa eucaristía? De ser así, ¿qué te ha dicho?*

La Virgen me ha hablado de la eucaristía y los sacramentos en relación con la misa misma. La misa, que supone la celebración de la santa eucaristía, es la recreación de la realidad de Jesús. En ella amamos a Jesús a través de la oración y la adoración. Nuestra Señora insiste en que debemos acudir a Jesús y amarlo. Lo ha dicho muchas veces. No he escrito muchas de las cosas que me ha comunicado porque en ocasiones parecería dirigirse exclusivamente a mí. Pero siempre que toca este tema, subraya que debemos amar más a Jesús, y amarlo en la santa eucaristía.

*¿Nuestro Señor te ha dicho algo acerca de la confesión, los sacramentos y el arrepentimiento?*

Sí. Jesús me ha pedido que hagamos un acto de reparación por el abuso de la santa eucaristía recibiéndola únicamente en la lengua. No es un mandamiento suyo; es simplemente un deseo. Una persona a quien se lo comenté después me dijo que eso iba en contra de las enseñanzas de la Iglesia, pero una semana más tarde Jesús me repitió esa solicitud. Le comenté lo que aquella persona me había dicho, pero replicó: "Pequeña mía, yo soy la Iglesia." También la Virgen me ha hablado de esto. Me ha pedido que, una vez absueltos de todos nuestros pecados, recibamos dignamente el cuerpo de su Hijo en la sagrada eucaristía. Eso fue lo que me dijo en una de sus apariciones. Así, debemos desear la eucaristía con todo nuestro corazón.

*¿Qué le dirías sobre el perdón de Dios a alguien que ha practicado el aborto?*

Le recomendaría que se confesara para pedir el perdón y la misericordia de Dios, y que después hiciera mucha penitencia y muchos sacrificios y se los ofreciera a Dios con toda sinceridad. Asimismo, que recurriera al bautismo. Dios perdona a todo aquel que acude a él, por obra de su amor y su misericordia. Clama por todos nosotros con todo su amor.

# VEINTIDÓS

# "Ármense con Mi Rosario"

DESCUBRIÉNDONOS EL MISTERIO DE SU VOLUNTAD, SEGÚN SU
BENEPLÁCITO, QUE SE HABÍA PROPUESTO EN SÍ MISMO, DE REUNIR
TODAS LAS COSAS EN CRISTO, EN LA DISPENSACIÓN DEL CUMPLI-
MIENTO DE LOS TIEMPOS ...

—EFESIOS 1, 9–10

Dondequiera que se aparezca, la Virgen María siempre invoca el
rezo del rosario. Es ése su mensaje universal, su abierto "llamado a
las armas." En los últimos siglos, casi todas las "almas elegidas" han
repetido la exhortación a rezar el rosario, poderosa oración poseedora de una larga historia.

La presencia de este rezo en Irlanda es especialmente notable.
La mundialmente conocida Cruzada del Rosario Familiar, funda-
da ahí por el padre Patrick Peyton, volvió famosa la expresión "La
familia que reza unida permanece unida." La incesante promoción
del rosario emprendida por este sacerdote del condado de Mayo
ha beneficiado a millones de personas, pues el rosario sigue siendo
reconocido por la Iglesia como una herramienta invaluable para el
bienestar espiritual.

En su encíclica Familiaris Consortio, el papa Juan Pablo II aludió al infinito valor del rosario: "Como continuación del pensamiento de nuestros predecesores, deseamos recomendar fervientemente la recitación del rosario familiar ... No cabe duda de que ... el rosario debe ser considerado como una de las mejores y más eficaces oraciones comunitarias a que pueda ser exhortada la familia cristiana."

La secular predilección de los fieles irlandeses por el rosario fue presumiblemente la causa de que la Santísima Virgen portara una rosa en la frente en Knock en 1879. En todas sus apariciones hasta la fecha, la Reina de la Paz les ha recordado explícitamente a sus hijos el rezo del rosario.

De acuerdo con Christina, la Madre de Dios desea que usemos el rosario como el arma espiritual que es. La Virgen se lo prescribió incluso como medio de discernimiento: "Haz la novena del rosario. Si lo haces, entenderás." Le reveló además que Satanás odia el rosario y el poder que ejerce sobre él. "Quien reza el rosario con el corazón, vencerá al demonio."

Más específicamente, Christina ha dicho que la Reina de la Paz nos pide utilizar esta poderosa arma diariamente en casa y una vez a la semana en la iglesia, especialmente ahora que la Iglesia y la familia están sujetas a tan severos embates del Maligno.

La Virgen María le indicó a Christina lo que debemos hacer a medida que se libra esta batalla espiritual: "Hija mía, las calamidades ya han comenzado. La influencia del Príncipe de las Tinieblas amenaza por todas partes. Ármense con mi rosario. Mi Iglesia será sacudida hasta sus cimientos. Aquellos de mis hijos que deseen salvarse deben arrepentirse. Todos mis hijos deben arrepentirse. Ármense con mi rosario. No lo alejen jamás de su corazón. Hijos míos, mis elegidos, ahora son ustedes como ovejas entre lobos. Manténganse firmes y no teman, porque la mano del Todopoderoso está con ustedes ..."

La Reina de la Paz le ha confirmado a Christina su deseo respecto del rosario en diferentes ocasiones:

"Es mi deseo que lo ofrezcan en beneficio de la paz y de la conversión de los pecadores."

"Quisiera que rezaran el rosario con mayor frecuencia."

"Los protegerá en los momentos de tribulación y sufrimiento."

"Se lo ruego: ármense con mi rosario."

"Me encanta que mis hijos recen el rosario."

El Credo es el resumen de todas las verdades cristianas, mientras que el Padre Nuestro y el Gloria rinden homenaje a la Santísima Trinidad. Con el Ave María, en cambio, no dejamos de alabar a Dios al tiempo que le procuramos enorme gozo a la Virgen María, pues se trata del saludo de la Santísima Trinidad a la Madre de Dios. Según muchos de los grandes místicos, este cántico es repetido una y otra vez por los ángeles en el cielo.

Nuestra Señora le explicó a Santa Matilda el significado preciso de las palabras del Ave María:

Con la palabra "Ave" se me anunció que, en su infinito poder, Dios me había preservado de todo pecado y de las desgracias consecuentes, a las que se vio sometida la primera mujer.

El nombre "María," que significa "mujer de luz," hace constar que Dios me ha llenado de luz y sabiduría, para que, como brillante estrella, ilumine los cielos y la Tierra.

La expresión "llena de gracia" me recuerda que el Espíritu Santo ha derramado tantas gracias en mí que puedo concedérselas en abundancia a quienes me las soliciten, pues para ello he sido declarada Mediadora.

Cuando la gente dice "el Señor es contigo," renueva en mí la indescriptible alegría que sentí cuando el Verbo encarnó en mi vientre.

Cuando dice "bendita eres entre todas las mujeres," alzo mis alabanzas a la divina misericordia del Dios todopoderoso por haberme elevado hasta tan alto grado de dicha.

Y con las palabras "bendito es el fruto de tu vientre, Jesús," el cielo todo se regocija conmigo al ver que mi Hijo,

Jesucristo, es adorado y glorificado por haber salvado a la humanidad.[1]

El 22 de mayo de 1988, a apenas tres meses de iniciadas las apariciones a Christina, Nuestra Señora la instruyó personalmente acerca de esta especial oración a fin de que alentara a cada vez más personas a rezarla, sobre todo en la nueva casa de oración. "Quisiera que rezaras el rosario con todo tu corazón. Ofréceme cada Ave María como una hermosa rosa blanca o una preciosa joya, y cada Padre Nuestro como una bella rosa roja o una alhaja especial con las cuales pueda ataviarme. Bien sabes que las joyas deben relucir y que las rosas deben encontrarse en toda su lozanía. Hija mía, si no rezas el rosario con todo tu corazón, con amor y alegría, las rosas y joyas que me ofrezcas no servirán de nada. Reza el rosario con gozo y amor, y entonces lo que me des durará para toda la eternidad. Por favor, hija mía, no me decepciones. Hazme el regalo de un atuendo que brille siempre … reza mi hermoso rosario."

La comprensión de Christina respecto del rosario se ha desarrollado enormemente desde aquel día. Ahora les recomienda a sus oyentes recorrer en orden los misterios del rosario, tal como ella lo hace en la casa de oración, para rezarlo como conviene:

En los misterios gozosos participamos de la entrega de la Virgen a Dios, de su "sí" al Señor y de su "sí" por nuestra redención. Es su rendición a Dios.

En los misterios dolorosos percibimos el horror del pecado y el daño que le hicimos a Cristo por pecar, desobediencia de la que hemos sido redimidos por obra del amor y la misericordia de Dios.

En los misterios gloriosos adquirimos nueva conciencia de que si le decimos que "sí" a Dios, seremos transportados a las alturas para compartir la gloria de Cristo resucitado en la morada preparada por nuestro Padre. La meditación de los misterios es, sin duda alguna, la clave para que podamos beneficiarnos del poder contenido en el rosario.

En Irlanda, la Santísima Virgen ha llamado a su "pequeño rebaño" a rezar en especial el rosario por los no creyentes, almas extraviadas que le causan gran aflicción y angustia. Con este fin le imploró a Christina rezar el rosario más a menudo, así como servirse de él para obtener la fuerza que necesita: "Reza el rosario por mis almas extraviadas … Recuerda que siempre estoy contigo. Sé que tienes problemas, pero tu cruz nunca será tan pesada que no puedas soportarla. Ora, pide fuerza para vencer a la oscuridad. Dirige tus oraciones a mi corazón. Cura mis muchas heridas. Te tengo cerca de mi adolorido corazón. Permanece siempre junto a él y el Corazón de mi divino Hijo. No temas …"

Añadiendo méritos infinitos a este llamado a recurrir al poder del rosario, también Nuestro Señor le ha hablado a Christina del significado de esta oración, especialmente para las almas que están lejos de él. En el mensaje del 24 de septiembre de 1988, Jesús le pidió expresamente dirigir a él el rezo del rosario: "Reza el rosario y dirígelo a mi Corazón por las almas sumidas en tinieblas. Ofrécele todos tus sufrimientos a mi Corazón misericordioso. Tú ya has sentido el gran dolor de la corona de espinas. No temas cuando sufras, pues yo estoy contigo …"

Christina nos ofrece enseguida nuevas luces sobre el poder de la oración, especialmente del rosario, y acerca de la utilidad de la oración para que nuestra conversión sea pura y duradera.

*¿Qué consejos te ha dado la Santísima Virgen para tu vida de oración y el rezo del rosario?*
Me ha aconsejado no dejar de orar y recibir los sacramentos. Lo desea de todos nosotros, no sólo de mí. Desea que todos tomemos conciencia de Dios y su existencia y que lo amemos, amor y saber que sólo podemos recibir de los sacramentos y la oración. Me ha hablado también del rosario. Una vez me dijo en referencia al rosario: "Cuando hablas con una persona, pones atención en lo que dices, ¿no es así?" "Sí," le contesté. Añadió entonces: "Pues, de

la misma manera, cuando hables conmigo pon atención en lo que dices. En el rosario puedes experimentar los misterios de mi vida con Jesús." El rosario es una oración muy poderosa; Jesús me dijo una vez: "El rosario actúa como un escudo, para protegerte." Quien lo sabe y reza el rosario con el corazón y en conversación con Dios o la Virgen, debe meditar en los misterios del rosario. Así, a su corazón le será mostrada como verdadera la realidad de Jesús, como si viviera en tiempos de Cristo y la Virgen María. Esto se debe a que permitimos que la gracia de Dios penetre en nuestro corazón y acreciente nuestra percepción. De este modo recibiremos también la protección a la que se refirió Jesús. El rosario nos ofrece nada menos que la protección del cielo.

*¿Nuestra Señora te ha dado algún consejo específico para tu vida personal?*
Sí, me ha pedido rezar más frecuentemente el rosario. Orar, orar, orar.

*¿Desea la Virgen María que recemos el rosario todos los días?*
No es cuestión de tiempo, sino de rezarlo adecuadamente. Yo a veces me siento o me arrodillo para rezarlo. Pero entonces se me aparece la Madre de Dios y me dice: "Hija mía, ora, ora, ora …," con lo que me exhorta a rezar el rosario con el corazón. A veces pienso: "Madre, tú sabes que no puedo rezar el rosario todo el tiempo, porque tengo que cumplir con mis deberes y llevar una vida normal. No podría vivir de otro modo." Entonces me di cuenta de que también podía ofrecer mis labores como oración, como el rosario mismo. Cuando lavo los platos, le pido a la Virgen que reciba ese acto como oración, y lo mismo hago cuando barro, trapeo o realizo cualquier otra actividad: le pido a Nuestra Señora que la reciba como una oración y se la ofrezco a Jesús. La Virgen nunca se ha opuesto a ello. Esto significa que obviamente le satisface lo que hago. Así pues, lo importante no es la cantidad de oración que hagamos, sino el hecho de recordar siempre ofrecérsela a Jesús o a nuestra Madre celestial. Si hacemos de nuestra vida una oración y se lo ofrecemos todo a la Santísima Virgen, ella se lo ofrecerá en nuestro nombre a Dios.

*¿Te ha dicho algo Nuestra Señora acerca de hacer oración frente a objetos o imágenes sagradas?*

Muchas personas dicen que adorar a una imagen es idolatría, porque aquello no es más que una estatua. Cuando oí este argumento por primera vez, me molestó. Consulté entonces a la Virgen, y me dijo: "Conserva tus objetos sagrados." No dijo "imágenes." Así, quiso decir que es correcto que contemos con objetos sagrados a nuestro alrededor y que hagamos un uso frecuente del agua bendita.

Durante mucho tiempo le pedí a Nuestra Señora que me iluminara o ayudara para aclarar este asunto de las imágenes. Después me di cuenta de algo importante. No conozco la Biblia a profundidad, y cuando la leo no siempre comprendo su sentido, pero sé que en algún pasaje Jesús dice algo así como "e incluso las piedras clamarán." Caí en la cuenta entonces de que no puede haber mejor piedra que el yeso de las imágenes de su Madre para que la gente recuerde sus palabras en la Biblia. La Virgen llama a sus hijos desde ese yeso, porque han desviado el camino. Se sabe además de algunas imágenes que han derramado lágrimas, e incluso lágrimas de sangre, o cambiado de apariencia. Esto demuestra la intensidad del llamado del corazón de Jesús dirigido a las almas extraviadas por medio de las imágenes de su Madre.

*Algunas agrupaciones protestantes afirman que por el hecho de orar ante imágenes los católicos somos idólatras. ¿Qué opinas de esto?*
Las imágenes nos sirven como recordatorio. Si entramos a una casa y vemos muchas imágenes, no es a ellas a las que vemos, sino que por su medio cobramos conciencia de la presencia de la Santísima Virgen o de Jesús. Cuando yo hago oración no me fijo en la imagen o imágenes que tengo frente, sino que cierro los ojos para concentrarme en mi conversación con la Virgen. En ese momento no veo los objetos sagrados. Por lo demás, la misma Virgen María ha dicho que es conveniente que nos rodeemos de objetos sagrados, pues "el demonio odia todo lo que es sagrado." Odia el agua bendita y las medallas sagradas.

*¿Qué se te ha enseñado acerca de cómo podemos saber si hacemos la voluntad de Dios?*
Debemos pedirle al Señor, por medio del Espíritu Santo y la oración, que tome posesión de nuestra voluntad. De esta manera,

en unión con el Santo Espíritu de Dios, nuestra propia conciencia comenzará por sí sola a guiarnos de acuerdo con la voluntad de Dios. Para ello debemos comprender la diferencia entre el bien y el mal y pedirle ayuda a nuestro ángel de la guarda. Yo considero que nuestro ángel de la guarda es muy importante, pues Dios se comunica con nosotros a través de él. Nuestro ángel de la guarda siempre querrá interceder en nuestro favor en cada una de nuestras necesidades espirituales. Dios se sirve de él para inspirarnos a hacer el bien, y el Espíritu Santo para guiarnos en nuestra respuesta a la voluntad de Dios.

*En un libro hiciste mención a la "conversión pura." ¿Qué quiere decir "conversión pura"?*

La "conversión pura" es la que procede de la gracia pura de Dios, la cual recibimos cuando abrimos nuestro corazón a la gracia divina y nos mostramos dispuestos a una "conversión total." Lo que ocurre es que en ocasiones llegamos apenas a medio camino en nuestro proceso de conversión y volvemos a nuestra antigua manera de ser. Una conversión pura, en cambio, supone una curación espiritual total, lo que no quiere decir que nunca retrocedamos a nuestro antiguo ser. Sin embargo, la conversión pura nos ha dado cuando menos cierta experiencia de Dios, además de que, habiéndola vivido, es menos probable que volvamos a nuestro estado anterior, porque para entonces dentro de nosotros ya se ha ahondado nuestra ansia de Dios, cuya cercanía anhelamos cada vez más.

*¿Cómo debemos rezarle a Jesús?*

Debemos rezar el rosario como ya expliqué. Si no podemos hacerlo a causa de nuestro trabajo, debemos colocar a Jesús y la Virgen en nuestro corazón y nuestra mente mientras trabajamos y ofrecerles como oración todo lo que hacemos.

Algunas personas creen imposible rezar todos los misterios del rosario el mismo día. Sin embargo, si en su casa, con quince ventanas, tuvieran un magnífico tesoro, no se contentarían con cerrar únicamente cinco de las quince ventanas, sino que no descansarían hasta cerrarlas todas. De igual modo, todos llevamos dentro de nosotros el magnífico tesoro de nuestra alma inmortal, redimida por la preciosa sangre de Jesús. Satanás está siempre al acecho, en busca de la menor oportunidad para hurtar nuestro tesoro. Si compartimos con Nuestra Señora todos los misterios del santísimo rosario, ella nos protegerá con el arma de esa oración. Nos guardará de todos los ataques que Satanás pretenda dirigir contra nuestra alma. El cuerpo representa la casa, y los quince misterios del rosario las quince ventanas. Con el rezo de cada uno de ellos, cerramos una ventana.

*¿Qué más te ha dicho Nuestra Señora sobre las gracias a nuestro alcance?*
A principios de enero de 1994 durante la misa me dijo que siempre tiene el deseo de hacerles muchos dones a sus hijos, pero que el corazón de muchos de ellos se encuentra permanentemente cerrado. A eso se deben tantos sufrimientos existentes en el mundo. Al decir esto, bajó las manos, las que, lo mismo que su corazón, despedían deslumbrantes rayos al tiempo que ella pronunciaba estas palabras: "Es mi deseo concederles a mis hijos todas las gracias."

# VEINTITRÉS

# El Llamado al Sufrimiento y el Sacrificio Es Para Todos

PUES QUE CRISTO HA PADECIDO POR NOSOTROS EN LA CARNE, VOSOTROS TAMBIÉN ESTAD ARMADOS DEL MISMO PENSAMIENTO: QUE EL QUE HA PADECIDO EN LA CARNE, CESÓ DE PECADO.
—1 PEDRO 4, 1

Christina tuvo una vez una visión muy clara: incontables personas tocadas con iguales turbantes y velos orientales parecían oprimidas por el peso de bloques de concreto. Tras de consultar telefónicamente a su director espiritual, llegó a la conclusión de que esa escena era un llamado a orar.

A orar y sacrificarse intensamente.

Cuatro semanas después, en un noticiero televisivo apareció exactamente la misma escena. Acaba de ocurrir un temblor en Irán. Cinco mil muertos. Cincuenta mil personas afectadas. De camino a La Meca, miles de individuos quedaron atrapados en un túnel subterráneo, vestidos justamente como Christina los había visto en la aparición. Aplastados bajo muros de concreto, todos murieron. Apenas entonces habló la Virgen María: "Viste eso no para prevenir la catástrofe, sino para preparar a esas almas a su encuentro con Dios."

Así, la decisión de orar había sido correcta. Las oraciones de Christina sirvieron de preparación espiritual, y es de creer que fueron escuchadas.

En otra ocasión fue conducida junto al lecho de un hombre gravemente herido. Tenía vendada una pierna y estaba a punto de morir. Alguien le entregó a Christina en ese momento una oración semejante a la de la Divina Misericordia del rosario, y comenzó a recitarla.

Mientras rezaba, vio que, milagrosamente, del cuerpo de aquel hombre herido se elevaba otro, más joven. Jesús acompañó al alma del moribundo mientras que el ángel guardián de éste ascendía por el otro extremo. Finalmente, Christina vio que el cielo se abría para recibir a todos. Fue una visión muy bella. Aquella misma noche le fueron mostradas muchas almas impreparadas para morir y una vez más se le pidió orar y sacrificarse por ellas.

Habiendo ofrecido su propia vida como testimonio, este tipo de experiencias y mensajes a Christina Gallagher son muy explícitos en lo que se refiere a la necesidad del sufrimiento redentor en el mundo actual. Se trata de un llamado imperativo. Nuestra Señora ha dicho que debemos expiar nuestros pecados con oraciones y sacrificios, pues de no ser así el mundo padecerá mayores desgracias.

Este llamado a la expiación y el sacrificio ha estado presente siempre en los mensajes de la Virgen a Christina, y no cesa de repetirse. La Virgen María le ha recordado que "entre más sufras, mayores sacrificios tendrás que hacer," lo que coincide con este fragmento de la Escritura: "Pues es vuestro especial privilegio tomar parte con Cristo; no sólo creer en él, sino también sufrir por él" (1 Pedro 4, 13).

Como alma victimada, Christina Gallagher sufre con Cristo. Sin embargo, debemos estar conscientes de que ese llamado al sacrificio también está dirigido a nosotros. Nuestra Señora ha afirmado que quien escucha ese llamado debe ofrecer sus sufrimientos y sacrificios en expiación por el mar de pecados que inunda al mundo de hoy.

El sacrificio, nos dice la Virgen María, es esencial. Dice también que ningún sacrificio es pequeño. No es casual que este mensaje también esté presente en la Escritura. San Pablo enseñó que para integrarnos al cuerpo de Cristo debemos "llevar siempre por todas partes la muerte de Jesús en el cuerpo, para que también la vida de Jesús sea manifestada en nuestros cuerpos ... Porque lo que al presente es momentáneo y leve de nuestra tribulación, nos obra un sobremanera alto y eterno peso de gloria" (2 Corintios 4; 10, 17).

Sin embargo, los mensajes a Christina Gallagher son mucho más que sólo un llamado al sacrificio. A través de esos mensajes y por medio del ejemplo de su vida podemos aprender a aceptar y ofrecer nuestros sufrimientos personales por la expiación de los pecados en unión con los sufrimientos de Cristo, lo que nos dará una conciencia más personal del valor del sacrificio. Este conocimiento está prácticamente ausente del mundo actual, entregado al consumo sensual.

Nuestra Señora instruyó a Christina en la siguiente forma: "Debes saber que siempre que sufres mi querido Hijo está contigo, y que yo, tu Madre y Madre de tu Señor, también lo estoy. Mis lágrimas de alegría y aflicción caerán sobre ti para confortarte y consolarte. Te has entregado a Dios en cuerpo y alma. Te pido que ores más. Conserva siempre tu corazón cerca de mi Hijo, Jesús, y ruégale que salve a las almas. Mi Hijo te dará todo lo que le pidas en oración. Demuéstrale que lo amas aceptando lo que te da."

Estas palabras de Nuestra Señora nos recuerdan una vez más lo dicho por los apóstoles, en este caso San Pedro: "Antes bien, gozaos en que sois participantes de las aflicciones de Cristo, para que también en la revelación de su gloria os gocéis en triunfo" (1 Pedro 4, 13).

También en ocasiones Nuestra Señora y Dios le han hablado específicamente a Christina del ayuno como forma de sacrificio. Con esos mensajes se nos recuerda ayunar por la conversión de los pecadores. La Virgen les recuerda a sus hijos que toda pequeña negación puede servir como sacrificio por la recepción de gracias para los pecadores. Christina enfatiza el hecho de que debemos sacrificarnos con alegría, mientras que en la Escritura el Señor recomienda no hacer ostentación pública de nuestro ayuno.

Christina entendió los beneficios del ayuno para las almas ayunando ella misma. Ha explicado que "cuando ayunamos, prescindimos de los excesos en nuestra alimentación y privamos a la carne, permitiendo así que Dios opere en nuestra alma mediante el sacrificio de la cruz. El ayuno nos enseña a ceder y a rechazar las cosas terrenales, como el poder, el dinero y tantas otras cosas que nos atraen." Christina nos recuerda también que, por medio de la privación, Dios nos aleja de las cosas de este mundo que carecen de importancia.

Nuestra Señora desea que ayunemos. Ha mencionado en primer lugar el sacrificio y el rezo del rosario, pero inmediatamente después el ayuno, aunque jamás me ha hablado de un modo específico de ayunar. Por eso muchas veces me pregunté por qué era tan necesario ayunar y que la gente lo hiciera. Muy pronto se me dio a conocer la respuesta: se ayuna para dominar a la carne. En un principio me era muy difícil ayunar; en los días en que tenía que hacerlo terminaba por comer el doble de lo normal. Eso me inquietaba; cada vez que comía, y por lo tanto rompía mi ayuno, me sentía mal. De modo que oré y dije: "Concédeme la gracia divina que necesito para poder ayunar." Se lo pedí a la Santísima Virgen.

Algo ocurrió entonces para que cuando me levantara no tuviera hambre. Supongo que en estas condiciones ayunar no representa ningún esfuerzo, porque pasaban dos, tres días, y hasta nueve o diez sin que sintiera el menor deseo de comer. Claro que para entonces mi carne se había debilitado, pero mi espíritu era fuerte. Dios me enseñó a su manera el valor del ayuno, y ahora sé que privar a mi carne de sus placeres me permite abrir mi corazón para que Dios actúe más libremente en mi alma y a través de mi corazón. Todo lo que desea Nuestra Señora de nosotros es que nos entreguemos a ella y dejemos que haga lo que considera mejor para nosotros.

No obstante, para poder sacrificarnos, ya sea por medio del ayuno o cualquier otra forma de negación personal, debemos pedirle fuerza a Dios, ha indicado Christina. Solos no podríamos hacerlo. Por otro lado, tampoco deberíamos permitir que el orgullo limite nuestros esfuerzos. No debemos perder de vista que, además de beneficiarle a nuestra alma, este llamado al sacrificio favorece también a las almas de los demás, que de no ser por nuestros sacrificios quizá se verían en riesgo de ser enviadas al infierno.

# VEINTICUATRO

# Un Rebaño, un Pastor

Mas yo también te digo que tú eres Pedro, y sobre esta piedra edificaré mi iglesia; y las puertas del infierno no prevalecerán contra ella.

—Mateo 16, 18

La Iglesia y su papel en nuestra vida espiritual son insustituibles. No cabe la menor duda de ello. La Reina de la Paz parte de este hecho en casi todos sus mensajes a Christina, lo cual es fácil de comprender.

Lo es porque nuestra relación con la Iglesia es inseparable de nuestra capacidad para responder a las solicitudes de la Virgen María. Ella nos recuerda que la palabra de Dios y los sacramentos son los alimentos que hemos de procurarnos para tener una vida plena. Y es justamente en la Iglesia donde encontramos esos alimentos espirituales. Mensajes, señales y milagros nos acercan a Dios, pero este acercamiento sólo puede consumarse en la Iglesia.

De este modo, las revelaciones hechas a Christina ponen de relevancia las responsabilidades de sacerdotes y obispos de la Iglesia en la satisfacción de nuestras necesidades espirituales. La

Virgen María les recuerda que son nuestros pastores, para lo cual han sido ungidos, y que para ser realmente eficaces e impartir la verdad total, su liderazgo e instrucción deben provenir del corazón. Nuestra Señora nos ha hecho ver que dependemos de ellos, y que por lo tanto hemos de reconocer la importancia de su trabajo. Tan es así que justamente uno de los principales objetivos de la Santísima Virgen es llevar a su consumación el matrimonio de fe y confianza entre el rebaño y sus pastores. Como Madre de la Iglesia, se empeña en conseguirlo, pues desea que la Iglesia sea sólida y plena.

En sus mensajes a Christina la Reina de la Paz hace un llamado a sus hijos para que vuelvan a Dios, pero al mismo tiempo no cesa de recordarles a los sacerdotes, sus amados hijos, que en su mente no debe haber otra cosa que el interés por nuestra sobrevivencia espiritual. La política del mundo, y aun la política de la Iglesia misma, deben subordinarse a la promoción del desarrollo de las almas. A eso están llamados, y todo lo demás debe carecer para ellos de verdadera importancia, pues deben estar permanentemente atentos a su misión. Asimismo, la Virgen les recuerda a sus hijos que deben orar por sus pastores, sobre todo en momentos en los que, como éstos, la Iglesia está obligada a intervenir en la batalla decisiva entre el bien y el mal.

Los mensajes de la Virgen a Christina tocan también muchos otros aspectos en lo que se refiere al deseo del Señor de ayudar a su pueblo mediante su Iglesia. Desde el valor de la misa y la sagrada eucaristía hasta el poder de la oración, estos mensajes celestiales hacen hincapié en la necesidad de que nos sintamos parte de la Iglesia. En ellos se exhorta insistentemente a los fieles a volver a la Iglesia y los sacramentos y se alientan devociones especiales como la del escapulario, el rosario y las novenas de los santos.

En una iluminación ocurrida el 21 de diciembre de 1992, Dios le permitió a Christina comprender mejor los misterios de su cuerpo místico:

Esta mañana recibí una iluminación o conocimiento acerca de Jesús y la Virgen María. Tomé conciencia de que la Madre de Dios es la Virgen María, y Jesús sangre de su sangre y carne de su carne, pues concibió a Jesús sin intervención humana, sólo divina. Se dividió entonces el velo del templo, de donde se desprendieron tres estados en representación de la Santísima Trinidad.

El primero correspondía al nacimiento de Jesús, por medio de una Madre virgen, cuya virginidad fue así expuesta, pero a cambio de lo cual, y como signo esencial de que Jesús es Hijo de Dios, el redentor trajo luz y vida a un mundo sumido en tinieblas y atado al pecado.

Segunda etapa: el despliegue perfecto del velo del templo tiene lugar al momento en que Jesús, muerto en la cruz, redime al mundo.

Tercera etapa: la obra se completa con la purificación, en la que los pecadores serán separados de los justos, integrantes del cuerpo místico de Cristo. Cuando Jesús vuelva en medio de su gloria, el pecado será destruido para siempre.

Se me reveló también que la Santísima Virgen fue corredentora, aunque no redentora. Su participación en la redención fue como co-redentora de la carne humana. Jesús fue el redentor de las almas, a las que integró a su cuerpo místico. Jesús sufre por las almas de la humanidad a través de cada una de las almas que forman parte del cuerpo místico.

Pertenecemos a ese cuerpo místico. Tal como nos lo han enseñado los santos, las revelaciones a Christina nos instan a decidirnos por Dios y a retornar a las enseñanzas de la Iglesia. Así de simple. Por lo tanto, sólo nos resta actuar. En esta turbulenta época, el Señor nos llama a imitarlo. Debemos vivir de acuerdo con las enseñanzas de la Iglesia y colocarnos firmemente al lado del Santo Padre, vicario elegido por Dios.

Pero, ¿y la crisis en la Iglesia y el humo de Satanás del que hablaba el papa Paulo VI? A partir de las muchas revelaciones recibidas acerca de la Iglesia, Christina reza ahora con especial fervor por las intenciones de los obispos, los cardenales y el Papa. La Reina de la Paz nos llama a hacer lo mismo, pues la Iglesia pasa por momentos difíciles. Christina ha recibido mensajes sobre la consternación del Señor a causa de sus pastores. Estos mensajes, que hasta ahora no han sido publicados, darían indicio de su angustia por sus limitaciones.

Es indudable que tal agitación ha debilitado a la Iglesia y colocado al Santo Padre en riesgo constante. Todo indica que se trata del desarrollo de la profecía de Paulo VI.

De los mensajes a Christina se desprende que la Iglesia está por vivir momentos de confusión. Momentos decisivos. Todo indica, también, que buena parte de esta confusión girará en torno al papado. Muchos mensajes aluden específicamente a esa crisis futura:

"El poder de las tinieblas se extiende sobre mi Iglesia y el mundo." (1988)

"Muchos de mis hijos, sacerdotes y obispos, han roto su sello apostólico." (1988)

"Mi Iglesia será sacudida hasta sus cimientos." (1988)

"Oren y hagan sacrificios por aquellos que blasfeman contra mi Hijo en la Sede de Pedro. Mi Hijo está rodeado por muchos corazones llenos de odio y envidia." (1989)

"Hija mía, reza siete veces el Padre Nuestro por la protección de papa Juan Pablo II. Se halla en medio de muchos peligros. Muchos de aquellos a los que guía en la luz de mi Hijo no siguen sus disposiciones. ¡La Iglesia será fuertemente sacudida!" (1989)

"Reza por el Papa todos los días, lo mismo que por los sacerdotes y los cardenales." (1990)

"Oren todos los días por el vicario de Jesús, mi Hijo. Se inicia su calvario conmigo." (1992)

"Reza por el vicario de Cristo en la Tierra. Es mi elegido. Jamás habían recibido ustedes uno que, como él, haya hecho tanto por la vida de la gracia para cumplir la misión de Cristo en la Tierra." (1992)

"El Papa asciende el calvario conmigo, pues el Padre está a la espera de su sacrificio." (1993)

A fines de 1992, Christina recibió dos inquietantes revelaciones sobre el Papa y la Iglesia. En una de ellas vio al Santo Padre caracterizado como una figura gigantesca cubierta con una capa roja.

Su rostro exhibía una expresión de alarma, pues una fuerza invisible pretendía arrancarle el manto. Después vio que lo perseguía un grupo de perros. El Santo Padre conservaba un semblante de angustia.

En otra ocasión vi que Jesús lanzaba rayos al cielo. Parecía que la Tierra hubiera explotado. La gente caía al suelo y gritaba llena de horror. Se presentó entonces su Madre, la que, colocada ante él, le suplicó que tuviera misericordia de nosotros. De pronto vi el Vaticano. El papa Juan Pablo II estaba sentado en una silla de oscura madera y terciopelo rojo. Parecía muy angustiado, y no quitaba la vista del frente. Lo vi ponerse de pie y caminar hacia mí al tiempo que me miraba, aunque simplemente pasó a mi lado. Me volví hacia la silla. Lucía hermosísima, con su madera tallada y su terciopelo rojo. Pero no me dio tiempo de contemplarla detenidamente, porque súbitamente fue aplastada contra el suelo. Ver que la silla era vuelta pedazos me impactó mucho. Se hizo añicos. No sabía qué había ocurrido. Al alzar la mirada, vi a cuatro demonios o espíritus malignos, y sentí miedo, lo mismo que profunda tristeza. De pronto estaba yo fuera del Vaticano. Había una gran escalera, en uno de cuyos escalones me erguía yo. Grité desesperadamente: "¿Dónde está el Papa? ¿Dónde está el Papa?" Lo vi; se miraba las manos. Era como si llevara en ellas las heridas de Jesús. Del centro de sus manos manaba sangre, que goteaba al suelo. Su apariencia seguía siendo desoladora.

Fui alejada del Papa y vi la redonda cúpula de la Basílica de San Pedro. Detrás del Vaticano se elevó un humo o nube de color negro que cubrió de inmediato la cúpula. Todo sucedió velozmente. Aquello me trastornó, pero al instante todo había terminado. Me vi de vuelta en Irlanda, aunque en un lugar desconocido para mí. Era un campo seco. Repentinamente se me apareció el Maligno en gigantescas dimensiones. Era mitad humano y mitad animal. Tenía patas y garras, con las que palmoteaba. "Gané, gané," decía. Estaba completamente seguro de haber triunfado. Me doblé como una hoja al oírlo decir: "¡Gané!"

Elevé los ojos al cielo y dije: "¡No es posible que haya ganado, Jesús! ¡No es posible!" Me resistía a creer en lo que el demonio decía. Vi entonces a Jesús en el cielo, junto con el Ángel de la Ira al que ya he descrito, y que llevaba en las manos una cruz luminosa y una paloma. Al instante le supliqué que hiciera algo, y entonces tomó lo que parecía ser un látigo.

Lo agitó violentamente, golpeando al demonio en la cabeza y los hombros. El diablo pareció paralizarse al momento, hasta que se hundió en el suelo. El piso comenzó a abrirse cada vez más, y se formó al fin un hoyo enorme. El demonio fue completamente devorado por aquella fosa, y con él los esp'ritus malignos a los que había visto sobre la silla del Papa, los mismos que la habían destruido. Vi que todos descendían por aquel orificio como atraídos por un imán. Así de rápido desaparecieron.

Al ver todo esto pregunté: "¿Volverán, Señor? ¿Podrán volver?" Me sentí flotar sobre el hoyo y miré a su interior. Oí ruidos muy extraños, gritos que emergían del fondo hasta desvanecerse. Vi fuego, pero ningún indicio de los demonios que habían descendido por ahí. Sólo vi llamas … llamas de fuego. Me sentí completamente aliviada. De pronto recobré la conciencia y todo volvió a la normalidad.

De acuerdo con los mensajes hechos llegar a muchas "almas elegidas," es posible que pronto ocurra un cisma en la Iglesia, e incluso que surja un falso Papa. Quizá a eso se refieran los mensajes y revelaciones confiados a Christina.

Hija mía, muchos de mis hijos e hijas hacen vida religiosa y sirven en nombre de Dios, pero el verdadero espíritu de Dios no está en ellos. Sólo sirven a Dios aparentemente. Esto hiere mi corazón. El poder de las tinieblas se extiende sobre mi Iglesia y el mundo. Muchos se han convertido en esclavos de la oscuridad a causa del dinero y los placeres del mundo. Amo a todos mis hijos, a pesar de que muchos de ellos atribulan mi corazón. Sin embargo, mi amor es eterno en el espíritu de Dios.

Hija mía, la purificación está cerca. Quienes han servido a Dios y su luz no tienen nada que temer. Pero aquellos de mis hijos que se perderán para siempre me causan gran dolor. Las heridas de mi Hijo sangran profusamente. Hija mía, ora y haz más sacrificios al Corazón de mi Hijo. Consuélalo con tu amor. Muchos de mis hijos son ahora víctimas de las tinieblas …

Christina comprende mejor ahora los terribles embates de Satanás contra los sacerdotes. Es por ello que no cesa de repetir que la Santísima Virgen pide que oremos por los sacerdotes, obispos, cardenales y todas sus almas consagradas. Ha dicho Nuestra Señora: "Los religiosos se hallan bajo incomprensibles ataques demoniacos, por lo que nunca debemos juzgarlos."

La Virgen ha explicado también que la guerra espiritual actualmente en curso ha cegado a muchos sacerdotes, y que sólo mediante nuestras oraciones la luz puede volver a brillar para ellos. "La oración," subraya la Madre de Dios, "les da la luz de la verdad y los protege para cumplir con sus responsabilidades." Por su parte, Christina ha dicho: "Debemos pedirle a Dios que les dé las gracias que necesitan. Oremos con amor y respeto por nuestros sacerdotes. Padecen muchas tentaciones y gran soledad. Tratemos de entenderlos. Les digo en especial a las mujeres: no sean el conducto por el cual el demonio robe el alma de los sacerdotes. Denles el amor y la fuerza que Dios desea comunicarles a fin de que estén cada vez más cerca del Señor."

Desde el comienzo de sus apariciones, muchos sacerdotes han buscado a la mística irlandesa para recibir su ayuda y consejos. Es común que se hallen inmersos en una dura batalla espiritual. La casa de oración de Irlanda es ahora un lugar especialmente destinado al reposo y la oración de los sacerdotes, a fin de que reciban la gracia de Dios y puedan comprender mejor tanto su vida como, principalmente, su misión.

Armada de una profunda comprensión de la guerra espiritual en curso, Christina avanza enérgicamente en su muy especial misión en favor de los sacerdotes y las almas consagradas. En unión con los sufrimientos de Cristo, sus esfuerzos personales habrán de contribuir al éxito de la Iglesia en la gran batalla que está por emprender. El 5 de agosto de 1988, Nuestra Señora le aseguró: "Tu vida y la de los demás elegidos está consagrada a todos los servidores de la santa Iglesia. Sufrirás por ellos, para expiar sus indifelidades, a fin de que puedan recuperar la gracia y levantarse de nuevo para hacer fructificar su apostolado. Si los servidores de la santa Iglesia y los ministros de Dios no entienden esto, entonces nada podrá salvar al mundo."

Pero dejemos que Christina misma nos refiera más cosas acerca de la futura guerra de la Iglesia y el Santo Padre.

*En una de tus visiones, el Papa era herido. ¿Podrías hablarnos de lo que se te ha dicho sobre el Santo Padre y la Iglesia? ¿Qué va a pasar con la Iglesia?*
Como dijo la Santísima Virgen, la Iglesia será sacudida hasta sus cimientos. El Santo Padre enfrenta muchos peligros. La Virgen ha dicho que está rodeado por el "Ejército Rojo del Terror," muy numeroso. Ha dicho también que la Iglesia debe ser la única verdadera Iglesia apostólica de Jesucristo. Le pregunté: "¿Te refieres a la Iglesia católica?" "Sí," me contestó; "a quienes siguen al vicario de Cristo." Sin embargo, muchas personas han dejado de ser leales al Papa; se hallan bajo su autoridad, pero no aceptan sus órdenes. A esto se debe que en el futuro la Iglesia y el mundo vayan a ser purificados.

*¿En qué forma es que el poder de las tinieblas se extiende sobre la Iglesia? ¿Te lo ha dicho Nuestra Señora? ¿Te lo ha explicado?*
Sí. La oscuridad se ha internado en la Iglesia. La Santísima Virgen me ha dicho que el veneno ha penetrado por la grieta en la roca (no en referencia al Santo Padre, por supuesto, sino a quienes lo

rodean). Nuestra Señora me ha dicho cosas muy diferentes sobre el mal y el pecado, pero es un hecho que éstos están presentes en todos los rincones del mundo.

*¿Qué quiso decir la Virgen María cuando afirmó que la Iglesia sería sacudida hasta sus cimientos?*

No lo entendí cuando me lo dijo, pero por lo que se me ha revelado creo que la sacudida de los cimientos ocurrirá en Roma y que el Papa correrá peligro.

*¿Podrías transmitirnos el mensaje del 18 de octubre de 1991? Sólo nos lo has revelado en parte. Hasta donde sé, se refiere a sacerdotes y obispos.*

Lo único que puedo decir es que, en efecto, se refiere a obispos y sacerdotes. No puedo decir más por ahora.

*¿Cómo describirías el don de conocimiento que Dios te ha dado respecto de la gente, y en especial de los sacerdotes?*

Cuando hablo con una persona a la que no conozco, Dios me da a conocer siempre detalles acerca de ella como signo de su don, pero sobre todo con la intención de que la ayude. Ignoro lo que vaya a ocurrir, o dónde, o a quién. Esto me sucede principalmente con los sacerdotes. Uno de ellos, por ejemplo, que estaba perdiendo la vista, me pidió que orara por él y le rogara a la Virgen que lo ayudara. De inmediato supe muchas cosas acerca de él. Supe con detalle qué le había pasado. Vi que el Señor había conducido hasta él a una mujer en un país extranjero. Vi a la mujer, de alrededor de cincuenta años. Era morena y estaba poseída por un espíritu maligno. Jesús la llevó hasta él, y entonces este sacerdote, que estaba perdiendo la vista, supuso que debía ayudarla. Sin embargo, cuando la mujer se acercó a él, tuvo miedo. Me dijo: "Christina, cuando la miré a los ojos, sentí que miraba al diablo. Pensé que nunca me libraría de ella, y le pedí que se fuera."

Me dijo estas cosas después de que yo ya le había dicho cómo había reaccionado frente a aquella mujer. Luego le dije lo que había ocurrido, que Dios se la había enviado; que había sido guiada por Dios hasta él a sabiendas de que un espíritu maligno se había apoderado de ella. También le dije que había sido llevada a su lado para que la ayudara, cosa que no había hecho. Le dije: "Usted le mostró la puerta, y cuando se fue, perdió la vista por esa razón. Ella le reprochó que no la ayudara, y Dios permitió que usted perdiera la vista como parte de su purificación." Ese sufrimiento le fue permitido por no haber hecho la voluntad de Dios. Porque siendo sacerdote y un alma consagrada, no debía haber temido al Maligno. Tampoco tenía por qué enfrentarlo osadamente, pero debió saber cómo proceder. Percibió la presencia del mal, pero en vez de actuar como Dios se lo ordenaba, despachó a la mujer. Prefirió no hacer nada. Así, Dios permitió su ceguera, para purificarlo. Fue ciego a la voluntad de Dios al no haber ayudado a aquella mujer. Era imposible que yo estuviera informada al respecto, porque él no me había contado nada. Pero si alguien me pidiera evidencias de lo ocurrido a este sacerdote, podría dárselas. Él mismo confirmaría la verdad de lo que estoy diciendo.

*¿Puedes ver los pecados de los demás, incluso de los sacerdotes?*

En otra ocasión me fueron mostrados los pecados de un sacerdote, así como de un sacerdote más que había acudido a él. Supe el estado de su vida espiritual y lo que Dios quería de él. Dios deseaba que siguiera otra dirección, un camino diferente. Es difícil explicarlo sin entrar en detalles personales. Pero si yo se lo pidiera, este sacerdote ofrecería su testimonio.

*Has dicho que has tenido experiencias en las que te es posible ver la habitación de tu director espiritual y a él haciendo cosas, aunque en realidad jamás has estado ahí ni lo has visto en ese lugar. ¿Podrías hablarnos de esas experiencias?*

Sí. Estaba haciendo oración cuando de pronto vi la habitación de mi director espiritual. Vi su escritorio. Vi al padre y supe qué pensaba. Vi entonces que Jesús estaba a su lado. Vi su teléfono. Cuando le hablé al padre de esta experiencia, no me explicó de inmediato su significado. Pero después me dijo que, efectivamente, aquella vez estaba pensando en lo que yo le dije y que a pesar de que nunca había visto su habitación, se la había descrito con toda precisión. En fechas recientes pude ver su escritorio, y era realmente el mismo que vi en la aparición. Por eso el padre me había dicho que estaba en lo correcto.

*¿Qué te dijo cuando le comentaste todo esto?*

"Extraordinario."

*¿Esto fue para él signo o confirmación de tus experiencias?*
Él sabía que yo nunca había visto su habitación, y que habría sido imposible que conociera sus pensamientos si Dios no me los hubiera revelado.

*¿Qué pasará con la Iglesia cuando comience la era del castigo?*
La Iglesia será sacudida hasta sus cimientos, en Roma. Por lo pronto, sus problemas son cada vez más graves. Las almas a las que Dios ha llamado y ungido y que se han entregado a él enfrentan una lucha cruel contra las tinieblas del pecado en el mundo, lucha que es cada vez más intensa. Pero quienes se han consagrado a la Santísima Virgen y le son sinceramente fieles dispondrán de la fuerza que necesitan para luchar hasta el fin.

*¿También te visitan monjas?*
Sí, pero recientemente acude a mí un mayor número de sacerdotes.

*¿Es cada vez mayor la cantidad de religiosos, sacerdotes y monjas, que busca tu apoyo?*
Sí, lo cual me parece muy positivo. Cada vez que ocurre, le doy gracias a Dios.

*Según sé, por medio de tu intercesión con Dios has podido ayudar a muchas personas. ¿Podrías decirnos algo sobre esto?*
Una vez mi director espiritual le dio mi número telefónico a un señor que tenía un problema, y cuando me lo dijo deseé que no me llamara, porque su situación era muy especial. Quería suicidarse. Se sentía perdido. Su esposa lo había abandonado. Estaban por desalojarlo de su casa y además se hallaba enfermo. Era un hombre joven, de alrededor de treinta años. Consultó a mi director espiritual, y éste le recomendó buscarme. Lo hizo. Lo primero que pensé fue: "¡Dios mío! ¿Qué le voy a decir a este hombre? Ayúdame." Así, comencé a hablarle de Jesús. Le dije que Jesús no había tenido nada en la Tierra y que como hijos de Dios que somos, nos basta tener fe en él para que cuide de nosotros. Sin embargo, nuestra conversación fue muy larga, difícil, tensa. Luego hicimos oración juntos por un buen rato.

Semanas después me llamó por teléfono y me dijo: "Christina, todo lo que me dijiste fue verdad." Me dijo que ya se sentía mejor. Que quería tener fe. Me dijo también que nada había cambiado en su vida: su esposa no había vuelto, no había recuperado su casa, nada había cambiado ni mejorado. Incluso seguía enfermo: todo igual. No obstante, su vida interior era ya completamente diferente. Me dijo que ni siquiera en su infancia había sentido tanta paz. Me ha tocado vivir muchos casos como éste, de personas que acuden a mí y con las que hago oración, y que después me dicen: "He recibido la paz más grande que hubiera podido imaginar."

*También he sabido que por tu intermedio se han obrado muchos milagros. ¿Podrías relatarnos uno?*

En una ocasión me buscó una mujer que se sentía desesperada. Su ganado se le estaba muriendo y estaba perdiendo todos sus bienes materiales. Me pidió que orara por ella. Lo más que yo podía hacer por ella era ponerla en manos de Dios. Sintió mucha paz. Días después me llamó y me dijo: "Le doy gracias a Dios," pues su ganado se había recuperado y estaba recobrando todas sus cosas. Cuando me buscó había perdido ya gran cantidad de ganado, ovejas y otros animales, pero después de mis oraciones dejaron de morir. No quiero decir que lo importante hayan sido mis oraciones, sino que por intermedio de ellas Dios puso fin a los problemas de aquella mujer. Lo que sucedió fue obra de Dios, no mía. He sabido también de muchas personas que han sanado de su cáncer y otras enfermedades incurables, casos que han sido publicados o comprobados. Sin embargo, de ninguna manera me atribuyo esos hechos; simplemente le doy gracias al Señor misericordioso y a la Santísima Virgen.

# VEINTICINCO

# De la Misericordia a la Justicia

PORQUE HE AQUÍ QUE JEHOVÁ VENDRÁ CON FUEGO, Y SUS CARROS COMO TORBELLINO, PARA TORNAR SU IRA EN FUROR, Y SU REPRENSIÓN EN LLAMA DE FUEGO.

—ISAÍAS 66, 15

Christina Gallagher se refiere a menudo a la misericordia de Dios. Sin embargo, muchos de nosotros en realidad no entendemos qué es la misericordia de Dios. No sabemos qué es. Para comprender qué es la misericordia y qué significa ser misericordioso, debemos comprender el significado de dos palabras: "misericordioso" y "generoso."

En la Escritura, la palabra "misericordia" siempre es identificada con Dios, de modo que si entendemos qué es la misericordia, entenderemos la naturaleza de Dios. "La misericordia," explica Juan Pablo II, "es el principal atributo de Dios. Nos revela cómo es él. Es el segundo nombre del amor. La Biblia, la tradición y la vida de fe del pueblo de Dios son prueba excepcional ... de que la misericordia es el mayor de los atributos y perfecciones de Dios" ("Rico en misericordia").

La hermana Faustina coincide con ello: "Se me hizo saber que el mayor atributo de Dios es el amor y la misericordia. Ellos unen a las creaturas con el creador. Este inmenso amor y abismal misericordia fueron revelados en la encarnación del Verbo y en la redención (de la humanidad), donde descubrí que efectivamente son los mayores atributos de Dios" (Diario, 180).[1]

"Misericordia, misericordia, misericordia es el grito que exhalan muchos corazones en el mundo de hoy," afirma por su parte el padre George Kosicki, teólogo y experto en la misericordia divina. "Por todas partes abundan la rivalidad, la violencia, el ansia de poder, la guerra, el asesinato, la avaricia, el aborto, las drogas, el hambre, la pobreza y toda clase de desastres y calamidades."[2]

Dios contempla y conoce nuestra situación. En las revelaciones a Christina Gallagher encontramos un vigoroso llamado a refugiarnos en la misericordia de Dios.

El 23 de abril de 1991, Jesús le dijo que el camino a su misericordia sólo puede encontrarse a través de su luz y su amor. "Tal vez te sientas sumida en tinieblas, pero yo soy tu luz. Alumbraré tu camino. Muchos de los que te rodean viven en la oscuridad. Tú debes ser luz y amor para ellos, en mi nombre. Lo haré todo por medio de ti. No temas. Estoy contigo. Ríndete siempre a mi voluntad. Si lo haces, yo te guiaré. Rechaza todo lo que el mundo te ofrece. Dedícate exclusivamente a la salvación de las almas. Mi corazón está afligido por muchas personas, pero también lleno de amor por todos."

Dieciocho meses después, el 2 de noviembre de 1992, la Reina de la Paz imploró el retorno de todos los seres humanos a la misericordia de su Hijo, pues el mundo se sumerge cada vez más en la sombras de la noche. "Pídanle a Jesús que, por su misericordia, los proteja de las tinieblas que los rodean."

A fines de 1992, también el Padre eterno, en un llamado dirigido a toda la humanidad, le habló a Christina de la misericordia que podemos hallar en su Hijo y la Virgen María. "Alcancen la misericordia de mi Hijo por medio de su Madre." Por su parte, Christina ha dicho: "La naturaleza divina sufre por el estado de sus hijos."

Sin embargo, este periodo de misericordia tendrá que terminar para dar paso al periodo de la justicia. Porque Dios también es justicia. En septiembre de 1992, la Santísima Virgen le informó apesadumbradamente a Christina que el cielo se sentía decepcionado por la escasa respuesta del mundo al llamado misericordioso de Jesús.

Hija mía, mi Corazón sangra porque mis hijos no se arrepienten ni se alejan del pecado. Los pecados de la codicia, el orgullo y la lujuria conducen a la obsesión y la muerte. Algunos de mis hijos no verán jamás la luz de Dios. El Maligno ha conseguido engañarlos. Muchos de ellos no responden al llamado de su Madre, quien desea darles gracias y paz. Dios me ha enviado a ustedes, hijos míos, para pedirles que se arrepientan. Soy su Madre y los amo en Dios, porque él es amor. Me presento ante ustedes por obra del Santo Espíritu de Dios.

El mundo está en grave peligro. Se halla al borde de la destrucción. He convocado a los escasos fieles para que me ayuden en la tarea de hacer cumplir el plan divino. Los fieles que respondan a mi llamado obtendrán paz, pero su cruz será muy pesada, como lo es la que llevo en el Corazón, para mover los corazones de aquellos que están lejos de la luz de Dios.

Así pues, para que aquellos que se han alejado de la luz de Dios vuelvan a él, muy pronto aparecerá la espada de la justicia divina. Las intensas experiencias vividas por Christina indican que está por llegar la hora del Ángel de la Ira Divina.

Christina Gallagher está absolutamente segura de que Dios se mostrará muy pronto para dar cumplimiento a la historia. De acuerdo con ella, la justicia divina es parte esencial de la misericordia de Dios. El propio Señor le dijo a la hermana Faustina: "Mi misericordia no lo desea, pero la justicia lo exige."[3] A su vez,

Santa Catalina de Siena escribió en *El diálogo* acerca de la justicia divina: "Ni la ley civil ni la ley divina podrían sostenerse sin
la santa justicia, porque quien no es castigado ni castiga a los
demás es como el miembro que, al pudrirse, corrompe al cuerpo entero."

Para nadie es un secreto en la actualidad que la justicia de Dios
está cerca. El periodo de la misericordia carecería de límites y no
podría conminarnos a la conversión si la justicia divina no viera
llegada su hora.

Todo esto salta a la vista en los mensajes a Christina. Las advertencias de la Virgen María anuncian que la situación es grave y el
tiempo breve. En muchos de los mensajes se impone el tema de la
urgencia, semejante al trueno del silbato de un tren en el instante
mismo en que sus ruedas comienzan a avanzar.

¿Ha llegado entonces el momento de la justicia? El 13 de
noviembre de 1990, el Señor le advirtió a Christina que el tiempo se agotaba.

Hazle saber a la humanidad que debe orar para implorar
el Espíritu de la verdad y el Espíritu del amor, los únicos
espíritus de la vida eterna. Muchos hacen oración, pero viven
en el mundo y por el mundo. Adoran todos sus frutos. Pero,
¡ay!, el día en que mi poderosa mano aplastará al mundo se
acerca más rápidamente que la luz. Hija mía, tú eres muy
pequeña para el mundo. El mundo te rechaza. Debes saber
que es por ello que calmas mi ira. Tú ves con los ojos del
Espíritu de la verdad y del amor, y por eso sufres. Es así como
calmas mi ira.

Te pido que el día de hoy me ofrezcas —por mi divino
Hijo, sus heridas y su sacrificio— que el mundo habrá de
prepararse debidamente para la segunda venida de Jesús. Tal
como se encuentra ahora, se prepara más bien para el arribo
del Anticristo. Quienes ahora viven de los frutos del mundo
y los adoran, recibirán justamente esos frutos. Beberán de la
amarga copa del mundo, y seguirán a aquel que destruye. Haz

saber a todos que deben prepararse. Que deben destinar un lugar en su corazón exclusivamente a mí, su Dios y Señor, quien desea salvarlos. La batalla ya ha comenzado. Muchas almas se perderán. Ve en paz, en el nombre del Padre, del Hijo y del Espíritu Santo.

Dos años después, el 2 de noviembre de 1992, la Reina de la Paz le indicó a Christina que estaban por llegar tiempos difíciles. Los tiempos de la tribulación, la traición y el triunfo final.

Querido hijos, reciban mi Corazón maternal para que esté con ustedes a la hora de la destrucción. Sus corazones están cerca de mí. Está por ocurrir entre ustedes una traición semejante a la de Judas. Hay muchos Judas. Muchos entre ustedes no pregonan el Espíritu de Dios, sino del espíritu del impostor …

Hijos míos, las leyes de Dios han sido despreciadas. Quienes niegan la ley de Cristo lo niegan a él. El Maligno intenta frustrar mi plan para Irlanda y el mundo. Sus hijos se dejan engañar en muchas partes del mundo, y se perderán para siempre. Son ustedes, pequeños míos, quienes me ayudarán a conseguir el triunfo de mi Corazón Inmaculado. Por eso sufren tantas decepciones, incomprensiones y apremios. Pero conmigo, su Madre, y las armas que les ofrezco, saldrán victoriosos. Cédanlo todo, incluso su vida. Oren para recibir la gracia que les permita soportar la inminente batalla. Muchos de mis hijos de Irlanda han abandonado los sacramentos y mandamientos de Dios. Muchos de los pastores de Dios que deberían guiar a mis hijos han abandonado al rebaño. El rebaño del Señor se ha dispersado. Sus ovejas vagan sin rumbo y están amenazadas por densa oscuridad. El amor desaparece del corazón de mis hijos. Los mártires claman ante Dios: "Termina con esto antes de que el mundo haya sido infectado por el mal." Mi Hijo Jesús y yo ofrecemos nuestros corazones al Padre en remplazo de los de ustedes. Es por ello que derramo lágrimas de sangre por amor a mis hijos.

Querida hija, te exhorto a ser pequeña de corazón. Tiende la mano a aquellos de mis hijos que recurren a tu ayuda y oraciones. Al responder en su beneficio me respondes a mí y le respondes a Dios. Abre tu corazón para recibir las gracias que deseo concederte. Muchos de mis hijos traspasan mi corazón todos los días. Mis hijos dedicados a la vida religiosa hieren mi corazón, y el de Jesús, mi Hijo. La mano de mi Hijo se vuelve cada vez más pesada, abrumada con la carga del pecado. Yo misma no puedo ya sostenérsela. Cuando finalmente la suelte, la justicia caerá sobre mis hijos. El mundo esparce el humo de Satanás. El demonio juega con las almas de mis hijos como un niño con sus juguetes. Muchos de mis hijos han preferido la ceguera. Vean, hijos míos, la sangre del Corazón de mi Hijo, que se derrama en abundancia. Vean mi corazón maternal: sangra también profusamente, en unión con el Corazón de mi Hijo. Por eso es que hacemos un llamado a todos nuestros hijos y llevamos nuestro mensaje por la Tierra entera.

Hijos míos, muchos de ustedes están en tinieblas y se gozan con el crimen y derramamiento de sangre. Los pecados del mundo no cesan de multiplicarse. Antes firmes en la fe y la oración, ahora el corazón de mis hijos es débil y se oculta en la sombras. Serán necesarias muchas oraciones y sacrificios para vencer las tinieblas del pecado. La oscuridad y la tentación los acosan, hijos míos. Les ruego que se armen con mi rosario y cumplan los diez mandamientos que Dios les ha dado. Recen todos los días por el vicario de Jesús, mi Hijo … que inicia ya su calvario conmigo. Hijos míos, los insto a hacer cada mañana la señal de la cruz con agua bendita. Pídanle a Jesús que, por su misericordia, los proteja de

las tinieblas que los amenazan. Se ha destado ya la batalla de
los principados.

¡Y sí que el mundo se ha convertido en un lugar terrible!

A fines de 1993 el mundo se hallaba en guerra en docenas de
puntos y la violencia se incrementaba en todas partes. De igual
modo, desde 1989 han ocurrido grandes desastres naturales sin
precedentes. Huracanes, inundaciones, marejadas, tornados, sis-
mos, tifones, incendios y sequías sacuden al mundo, mientras que
los expertos aseguran que faltan todavía muchas cosas por suceder.

Los mensajes de la Virgen María y Jesús a Christina apuntan en
el mismo sentido. El 30 de enero de 1991, Jesús le confió a
Christina el inminente arribo de un momento crucial:

Pequeña mía, esta noche te exhorto a que escribas. No
temas. Te ofrezco mi paz incondicionalmente. Hazle saber a
la humanidad que debe prepararse. Ha llegado el momento
de la purificación. El mundo será cubierto por las tinieblas.
Los cielos se estremecerán. Sólo prevalecerá la luz del Hijo
de Dios y del Hombre. Los rayos y relámpagos resplande-
cerán como jamás se ha visto. Mi mano caerá sobre el mundo
más velozmente que el viento. No temas.

Muchos han intentado hacerte tropezar. Pero yo te digo,
pequeña mía: mantente siempre unida a mí, tu Señor y
redentor. Yo soy tu escudo. Gracias a tu amor, sacrificios y
lágrimas he liberado a muchas almas de las ataduras del pecado y el mal. Sí, no eres nada, pero las acciones que me permites realizar a través tuyo están más allá de tu comprensión.

Diles a mis hijos y hermanos que no deben temer a mis
palabras, pequeña mía. Mis palabras pasarán. Todo los días
bendigo tus obras. La luz de mi Sagrado Corazón te alumbrará en los días que están por venir. Todos los días obro por
medio de ti en la luz del Espíritu Santo. Fluyo a través de ti.

La batalla entre la luz y las tinieblas es muy intensa. Ansío que las almas pequeñas se abandonen a mí. Mi amor ansía a todas las almas. Los demonios están sueltos sobre la Tierra. Han salido de su fosa. ¡Háblale a la humanidad de los siete sellos de Dios! ¡Mueve su corazón! ¡Oren! ¡Confiésense! Busquen el reino de Dios. Yo te bendigo, pequeña mía.

Las purificaciones menores son medios por los cuales puede ser satisfecha la justicia divina, pero el Señor no tiene límites. El 8 de julio de 1992, Christina recibió un mensaje de Jesús y vio más cosas entre las que ocurrirán al arribo de la ira de Dios, ira que estallará tal vez como relámpago: *"¡Oh, pecadores de esta generación! Estoy por destruir a todos los que me han abandonado."*

Después de esta desesperada declaración, Jesús apareció súbitamente en el cielo con la mano derecha levantada y la palma al frente. El Señor se aproximó a Christina a toda velocidad. De pronto, ésta vio que enormes edificios se venían abajo y desaparecían en un abismo. Vio después el fulgor de una luz resplandeciente. Cuando el Señor se trasladó a otro punto, vio a una mujer con un niño en brazos, la cual gritaba: "¡Sálvenos! ¡Sálvenos por consideración a los niños!"

Luego vio que el suelo se hundía, llevándose consigo árboles y todo género de cosas. "Reza por esta generación pecadora," le dijo Jesús, a medida que aquella terrible aparición se desvanecía.

Tres días después, el 11 de julio de 1992, en una terraza con vista a la ciudad de Los Ángeles, Christina tuvo otra experiencia. Era de noche y estaba sola cuando, repentinamente, Jesús se le apareció. "Bienvenida a mi santuario," le dijo, y añadió, en referencia a Los Ángeles: "Los pecados que se cometen aquí están más allá de todo lo que puedas imaginar."

Volvió a aparecérsele más tarde, pero esta vez se le mostró en el cielo y, mediante señas, le pidió que saliera al balcón. Estaba vestido de blanco e iba ceñido con un cinturón. Le hizo una invitación: "Ven a dar un paseo conmigo." Christina no entendió el sentido de sus palabras. Jesús se acercó a ella y le tocó el rostro con los

dedos. Christina se dio cuenta de que estaba triste, aunque no eno-
jado. Sin embargo, cuando retrocedió nuevamente al cielo, su rostro adoptó una expresión de firmeza. En ese momento apareció a
su izquierda el Ángel de la Ira Divina, vestido de rojo y armado
con una espada. Bajo el ángel surgió entonces una nube negra, que
se posaba sobre la ciudad.

Christina le pidió instintivamente a Jesús que detuviera al ángel,
pues intuía cuál era su misión. Accediendo a su ruego, el ángel
retrocedió. Después, Jesús la invitó a leer el enorme libro que
sostenía abierto en su mano. Aunque la letra era legible, ella se
rehusó. Con sólo ver el libro se estremeció. Luego comentaría que
no podía mirarlo siquiera. En ese instante, sobre ella y a su izquierda aparecieron la Virgen María y Santa Catalina, que permanecieron
impasibles a sus súplicas de que intervinieran. Christina entendió
entonces que la hora del llamado de la Virgen al arrepentimiento
tenía que dejar paso a la justicia de Dios.

Intempestivamente, de la nube a los pies del Ángel de la Ira
comenzaron a desprenderse rayos y la ciudad entera quedó cubierta de sangre.

Tras de ello aparecieron muchos ángeles, que volaban sobre la
ciudad. Curiosamente, no parecían alterados ni tristes por lo que
ocurría. Como la Virgen María y Santa Catalina, todo indicaba
que estaban al tanto de la voluta de Dios para con aquella ciudad.

Esos acontecimientos no se prolongaron más de quince minutos, a pesar de lo cual impresionaron vivamente a Christina.
Durante muchos días le fue imposible librarse de la sensación de
horror y sobresalto que habían dejado en ella. Más tarde, su director espiritual dedujo que aquél era el Libro de la Vida del que se
habla en el Apocalipsis, mediante el cual seguramente Jesús pretendía explicarle los motivos de sus acciones en la ciudad de Los
Ángeles. "Según la Escritura, en el Libro de la Vida están escritos
los pecados del mundo," informa el padre McGinnity. Aquel cuyo
nombre no aparezca en el Libro de la Vida se condenará.

Hay quienes juzgan que esa aparición fue más que alarmante.
Pero quienes conocen la Escritura y saben del amor de Dios por

su pueblo la encuentran perfectamente aceptable. La culpa es del pecado, no de la justicia divina. Christina insiste en que Dios es incapaz de provocar dolor, de modo que el origen de nuestros sufrimientos está en nuestros propios pecados. Es natural que el pecado tenga consecuencias. Dios no actúa sin antes haber agotado los recursos de su misericordia. El 12 de marzo de 1993, Nuestra Señora trajo a colación nuevamente ante Christina esa verdad: "La justicia de Dios aguarda a quienes se resisten a responder. Ora por ellos conmigo, tu Madre."

Así pues, todo indica que la humanidad está a punto de presenciar el fin de la era de la misericordia de Dios, de donde se desprenden cuestiones tan delicadas como confusas.

¿Es que acaso la misericordia de Dios no es inagotable? Si Dios es Dios de amor, ¿sería capaz de hacernos cosas espantosas? ¿Permitirá que seamos castigados?

El 23 de marzo de 1993, la Reina de la Paz le explicó entre sollozos a Christina una parte de este misterio, y confirmó también la proximidad de la justicia divina.

Dios me ha permitido, en su infinita misericordia, disponer de un tiempo para hacer un llamado de amor a fin de que mis hijos accedan a su gracia antes de llegada la hora de la justicia, la santa justicia de Dios.

Pero, hijos míos, ha llegado el momento en que deben optar entre atender y practicar mis mensajes o permanecer perezosamente en silencio y mofarse de mis mensajeros.

¡Escúchenme, hijos míos! Quienes optaron por vivir según los dictados del mundo, morirán con el mundo. Quienes prefirieron mantener su modo de vida y no se alejaron del pecado, tendrán que someterse a la justicia divina.

Hijos míos, morirían de terror si comprendieran al menos un poco de la santa justicia de Dios. Quienes rechazaron la misericordia divina enfrentarán la justicia divina.

Es el pecado el que atrae a la justicia de Dios, hijos míos.

¡Ojalá se dieran cuenta, queridos hijos, de la grandeza del amor, gracia y misericordia de Dios! Él desea hacerles llegar el valor y la grandeza del llamado de su Madre.

No cesa mi llanto, hijos míos, y ya he derramado lágrimas por el mundo entero a causa del amor que les tengo. Son mis hijos y es mi deber anunciarles que la copa se ha llenado ya y está a punto de desbordarse sobre ustedes. Lamentarán amargamente no haber atendido el mensaje del corazón de su madre. Mi Corazón está unido al de mi amado Hijo Jesús.

En el Antiguo Testamento se relata cómo, movidos por una promesa de Yahvé, los judíos fueron conducidos al territorio de Israel. A lo largo de su viaje fueron acompañados por la gloria Shekinah, nube de día y fuego de noche, en representación de la presencia física de Dios entre su pueblo. Los pecados de la gente hicieron que un viaje que debió ser corto se prolongara cuarenta años.

Los seres humanos hemos contado desde siempre con el libre albedrío para actuar según lo decidamos. Dios jamás nos ha impuesto su voluntad, ni se la impuso a los israelitas. Cuando decidieron no obedecer, les retiró su gracia protectora y los abandonó a sus propios recursos.

El resultado fue el caos.

Ya lo dice la Escritura: "Vuestras iniquidades han hecho división entre vosotros y vuestro Dios" (Isaías 59, 2). El pecado fue la causa de que Dios retirara el manto de su protección. La desobediencia a Dios provocó enormes calamidades en el desierto. Sin embargo, los israelitas se creyeron poseedores de mejores dotes y rechazaron todas las oportunidades de arrepentirse.

Nuestro mundo sigue siendo así, y es por eso que Dios ha enviado a su Madre, en señal suprema de su misericordia. Nuestra Señora es la mejor abogada de la misericordia divina que el mundo haya conocido jamás.

Le dijo a la hermana Faustina: "Soy no sólo la Reina del Cielo, sino también Madre de Misericordia y Madre suya … Soy Madre de todos ustedes por obra y gracia de la insondable misericordia de Dios" (Diario 330, 449).[4]

A Christina le dijo que nuestras madres lo son de nuestra carne por don de Dios, mientras que ella es Madre de nuestra alma. Comenta Christina: "Si todas las madres unieran las oraciones por sus hijos a las oraciones de nuestra Madre del cielo, su rezo llegaría al corazón de Jesús, quien nos concedería así las gracias e iluminaciones del Padre eterno."

He aquí más cosas entre las que Christina ha aprendido de la gracia, misericordia y justicia de Dios.

*Christina, ¿vivimos en nuestros tiempos un periodo especial de gracia?*
Sí, vivimos un tiempo de gracia, pero también de gran oscuridad, a causa de la cual los corazones de los hombres están cerrados a la gracia. Es asombrosa la cantidad de gente que ha cerrado su corazón. Así pues, lo que ocurre no es que Dios no desee darnos su gracia, sino que nuestros corazones están cerrados y por eso ignoramos incluso cómo recibir las gracias que se nos otorgan. Esto explica que sea tan importante orar con el corazón por todos aquellos que no oran.
*Tú has dicho que el pecado es la causa de todos los desastres, enfermedades y sufrimientos.*
Sí.
*Sin embargo, en la actualidad hay muchas personas que ni siquiera creen en el pecado. ¿Qué puedes decirnos tú sobre el pecado?*
El pecado es la causa de todos los desastres, enfermedades y sufrimientos. Es lo que atrae todas estas cosas sobre la humanidad. ¿Cómo decirlo? Vivimos en medio del caos como consecuencia del pecado, y Dios lo permite. En otras palabras, Dios permite que existan el demonio y el pecado, que son la causa de todos los sufrimientos del mundo. Y lo permite no porque así lo desee, sino porque ello le sirve como fuente de purificación.
*¿Qué nos ganamos con pecar?*
Grandes sufrimientos. La gente peca de todos los modos, maneras y formas. A pesar de su ceguera, debería bastarle con ver cuánto sufre para entender que el pecado existe.

*¿Qué podemos hacer frente a estos sufrimientos?*
Debemos volver a los sacramentos, la oración, el ayuno y el sacrificio. Eso es precisamente lo que la Santísima Virgen nos pide hacer.
*Tú has dicho que para fines del siglo XX todo se habrá consumado. ¿Qué quieres decir con eso?*
Que, con base en lo que la Madre de Dios me ha dicho, para el año 2000 o antes todo se habrá consumado.
*¿Se te ha dicho algo sobre secretos como las "almas elegidas" de Garabandal, Medjugorje y Fátima?*
Yo no les llamaría secretos. Por lo demás, hay cosas que no se pueden decir, ya sea porque no es el momento adecuado o porque se trata de asuntos exclusivos de la Iglesia que no conviene revelar. Sin embargo, lo verdaderamente importante ya está dicho: hay que orar.
*¿Qué les recomendarías a los protestantes, para quienes el papel de la Virgen María y sus apariciones carece de valor, debido sobre todo a que no reciben directamente los mensajes de conversión de nuestra Madre celestial?*
Que, como en cualquier religión, reconozcan la existencia de Dios y le dirijan amorosamente sus oraciones.
*Nuestra Señora ha dicho que nos esperan tiempos difíciles en medio de la batalla. ¿A qué se refiere?*
A la batalla entre el bien y el mal.
*¿Se está librando ya esa batalla y se volverá más intensa en el futuro?*
Sí.
*¿Te ha dicho más cosas Nuestra Señora acerca de esta batalla?*
No.
*¿Crees que sean importantes los mensajes de Jesús y la Santísima Virgen, algunos de los cuales escapan a la comprensión humana?*
Sí. La Virgen los califica de "urgentes."
*Nuestra Señora ha dicho que quienes lleven a la práctica sus mensajes no tienen nada que temer. ¿Qué significa eso?*
Que quienes los atiendan y cumplan no tienen nada que temer.
*¿Eso quiere decir que serán librados del castigo o salvados y recibidos en el cielo?*

El castigo llegará de cualquier forma, y quienes se hayan condenado lo sufrirán. Pero quienes, como lo ha dicho Nuestra Señora, se hayan vuelto a Dios, no tienen nada que temer.

*¿Ha dicho Nuestra Señora que quienes se conviertan ahora librarán mejor los castigos? ¿Sufrirán menos?*

A muchas personas les resulta muy difícil convertirse y perseverar. Aquellos que han vuelto a Dios, ha dicho la Virgen, no tienen nada que temer. Pero también ha dicho que en el mundo abunda el pecado. Por eso debemos ayudar a quienes ya han abierto su corazón y que por algún motivo se encuentran en una situación penosa. El demonio llega cada vez más lejos en sus tentaciones a la carne. Nuestra Señora dijo en uno de sus mensajes: "Los pecados de la carne llevarán a muchos al infierno." Cada vez me percato mejor del pecado que me rodea. Lo vemos presente en todas partes; ya se sabe incluso de casos de bebés de los que se ha abusado sexualmente. Nuestra Señora me hizo darme cuenta recientemente de este horror. Sentí como si un puñal traspasara mi corazón. No sé cómo puede haber alguien que haga esas cosas. Pero ante ellas lo único que puedo hacer es orar. "Señor, ayúdalos," le pido a Dios, "porque no saben lo que hacen. No lo harían si lo supieran."

*Millones de personas en el mundo no son cristianas. ¿Qué quieren de ellas Dios y Nuestra Señora? ¿Te han dicho algo acerca de ellas?*

Nuestra Señora nunca ha aludido a una religión en particular. Afirma sencillamente que todos le pertenecemos a Dios y que ella respeta a los fieles de todas las religiones. No está en contra de ninguna religión en particular. Para que alguien pueda decir que es católico, protestante, judío o creyente en cualquier otra religión, primero tiene que amar a Dios. Amarlo con todo su corazón y creer en él. Puede pertenecer a una religión o a ninguna. Pero debe creer en Dios, y si cree en Dios debe comunicarse con él por medio de la oración. De no ser así, entonces se opone por completo a Dios, y es por lo tanto una persona anti-Dios o anti-Cristo. Supongo que la mayoría de la gente que está en contra de Dios lo sabe y está consciente de ello. Así, lo que importa no es la religión a la que se pertenezca, sino la clase de persona que uno sea en su religión.

*¿Te han hablado Dios o Nuestra Señora de los Tres Días de Oscuridad?*
No. Jamás he recibido un mensaje en que se haga mención de los Tres Días de Oscuridad, aunque sí del "tiempo de oscuridad" que se impondrá en el mundo. De eso sí se habla en los mensajes, pero hasta ahora ni Dios ni la Virgen se han referido a los Tres Días de Oscuridad en particular. Sólo me han dicho que la oscuridad imperará sobre el mundo y que Cristo será la luz del mundo.

*Según ciertas profecías, llegado el tiempo del castigo morirán tres cuartas partes de la población del planeta. ¿Se te ha dicho algo al respecto o has recibido algún mensaje sobre este tema?*
No. Lo único que la Santísima Virgen me ha dicho es que los pecados de la carne y el mundo serán la causa de la condenación de muchas personas.

*¿Te ha hablado la Virgen acerca de videntes de otras partes del mundo?*
Sí, de muchos de ellos. Sin embargo, hace poco me previno contra los falsos profetas. Me pidió ocuparme exclusivamente de mis cosas, para evitar tener que tratar a personas que no dicen la verdad, que eso y no otra cosa son los falsos profetas.

*¿Cómo podemos identificar a los falsos profetas?*
Nuestra Señora ha dicho que para identificarlos basta ver si lo que buscan es popularidad y dinero, lo que de inmediato los descalifica como verdaderos instrumentos de Dios. Asimismo, no es posible que entren en contradicción con la Sagrada Escritura. Los falsos profetas, además, suelen ser sensacionalistas.

*¿Nuestra Señora te ha revelado nombres de falsos profetas?*
Sí, ha identificado por su nombre a varios de ellos, y me dejó muy sorprendida, porque yo consideraba auténticos a algunos. Sin embargo, nunca me ha gustado ver cosas negativas en las personas. Supongo que algunos de ellos no han tenido apariciones, pero quizá sí experiencias interiores de algún tipo. Sin embargo, en una experiencia reciente Dios me permitió comprobar que muchos de los argumentos de esas personas son falsos.

*¿Son estadunidenses algunos de esos falsos videntes?*

Lo que Dios desea de mí en este caso es que ore por ellos, no que los juzgue. No es mi función hacer comentarios sobre las personas que me han sido identificadas como falsos profetas. Sólo oro por ellos y me mantengo a distancia, sean auténticos o no.

*En el mensaje del 2 de noviembre de 1992 se te habló de traición.*
Hay muchos Judas entre nosotros. Ha habido muchos traidores desde él. Sin embargo, a causa de una u otra de nuestras debilidades, también todos nosotros hemos traicionado a Jesús.

# VEINTISÉIS

# La Medalla Matriz, la Casa de Oración y el Profeta Elías

Y EL ALMA DEL SACERDOTE EMBRIAGARÉ DE GROSURA, Y SERÁ MI PUEBLO SACIADO DE MI BIEN, DICE JEHOVÁ.

—JEREMÍAS 31, 14

Dios es generoso.

Y en su generosidad, siempre nos envía dones a través de la Virgen María. Dones que representan bendiciones especiales para sus hijos. Entre estos dones espirituales están medallas con poderosas gracias; manantiales remotos donde los enfermos, si tienen fe, pueden encontrar salud, e instrucciones especiales para la construcción de nuevas capillas, casas de oración, iglesias y aun basílicas, dones todos ellos que curan y enriquecen física y espiritualmente la vida de los fieles. Quizá los dones de este tipo más conocidos sean el manantial de Lourdes (1858) y la medalla milagrosa que Nuestra Señora le mandó conseguir a Santa Catalina Labouré en París en 1830.

Pero también en Irlanda han estado presentes estos dones.

En marzo de 1988, la Reina de la Paz le solicitó a Christina Gallagher el acuñamiento de una medalla, que debería llamarse la medalla Matriz. En una de sus caras aparece la cruz, y Nuestra Señora de rodillas ante ella con brazos y manos extendidos rogando por sus hijos. En la otra se ven los corazones sangrantes de Jesús y Nuestra Señora. A petición expresa de su director espiritual, Christina le preguntó a la Virgen el motivo de que la medalla debiera llamarse Matriz, a lo que Nuestra Señora contestó: "Simplemente porque es la matriz que mi Hijo desea moldear."

Dios siempre se ha referido al moldeo de las almas.

Según su definición, "moldear" significa dar forma, o dar nueva forma. En la Escritura San Pablo dice que Dios nos destinó a ser moldeados a imagen de su Hijo (Romanos 8, 29). Así pues, el plan de Dios consiste en restaurar en nosotros su imagen divina, la cual ha sido deformada por el pecado. Jesús habrá de colocarnos entonces en un nuevo molde, que es su Madre. De acuerdo con Christina, la Santísima Virgen alienta la vida de su Hijo en cada uno de nosotros, tras de lo cual protege esa vida divina en nuestro interior.

Según el padre McGinnity, "esta medalla persigue propósitos de protección. Protección contra el pecado y contra los embates de Satanás. La reforma y remodelación suelen ser penosas y difíciles. Se ejecutan con la cruz, pero siempre por amor. Dios se sirve a menudo del sufrimiento para reformarnos. Pero es un Dios de amor, amor él mismo. Siempre actúa por amor, incluso cuando corrige o castiga a sus hijos. Es por eso que la Virgen obtiene la gracia de la conversión por los méritos de la cruz de su Hijo. Es por eso también que todos los días ruega frente a la cruz por los pecadores y nos invita a participar en su misión a través de la oración y el ayuno." Christina asegura, a su vez, que "Nuestra Señora desaría que sus hijos portaran la medalla Matriz y el escapulario."

Más de un millón de medallas Matriz han sido distribuidas en todo el mundo desde 1988. Los pedidos son interminables, y Dios por su parte ha cumplido su promesa. En innumerables cartas se da

cuenta de gracias, bendiciones y curaciones. Los muchos portadores de la medalla Matriz no cesan de escribir para informar a
Christina de los milagros que ha producido.

No es de extrañar que entre ellos se encuentren varios casos de
curaciones.

Ya se trate de misteriosas curaciones de fracturas, úlceras vari-
cosas y migrañas o de la súbita desaparición de artritis reumatoide
o cáncer, la medalla Matriz es ampliamente reconocida como
medio divino de realización de milagros.

Una mujer que pasaba por un largo y penoso trabajo de parto
atribuyó la rápida y feliz resolución de su problema al hecho de
que alguien le haya colocado la medalla entre las manos. Una
atribulada madre que había rezado durante quince años para que
su hijo se librara del alcoholismo y la drogadicción informó que
tras una semana de "pedirle que portara la medalla o al menos la
llevara en su cartera," su hijo se había integrado por fin a un pro-
grama de recuperación y cambiado su vida. Otra mujer, con cáncer
en la vejiga y sumamente dañada por los avances de la enfermedad,
contó que cuando fue operada los doctores "no hallaron cáncer
alguno" y que más tarde recuperó el color de su piel. Un niño
desahuciado se curó luego de que su madre adhirió la medalla
Matriz a una de sus fotografías.

Pero también las curaciones de almas han sido abundantes.

Se sabe de muchas conversiones espirituales a causa de la medalla. Un hombre le escribió a Christina para decirle que gracias
a la medalla había dejado de ser católico sólo de nombre para
transformarse en "devoto creyente en Jesucristo." Otro más
relató haberse confesado luego de treinta años de no hacerlo, y
que su hija se había reconciliado con él y vuelto a casa después
de quince años de ausencia. Una familia destruida por escánda-
los, separaciones y abundantes problemas legales y financieros
informó de la milagrosa solución de todas sus dificultades tras
haber recibido la medalla Matriz. Como muestra especial del
poder de la medalla, un joven de Irlanda, que se curó de un terrible padecimiento, dio cuenta de que su medalla Matriz des-
bordaba sangre.

Al paso del tiempo, los casos de conversión y curación se han acumulado. En respuesta a todos ellos, Christina afirma que Nuestra Señora se siente muy dichosa de poder contribuir a que las oraciones de sus hijos sean atendidas. La Virgen le dijo: "Las curaciones aumentan la gloria de Dios." El padre McGinnity conoce un caso que lo confirma. Helo aquí.

Una peregrina que visitó la casa de oración de Nuestra Señora en el verano de 1993 adquirió entonces varias medallas Matriz para su familia. Meses después, un sobrino suyo que había recibido una de ellas se suicidó. Como cabía esperar, las relaciones familiares de esta señora se deterioraron enormemente. Preocupada por la situación y perpleja ante la idea misma del suicidio, a Christina ni siquiera se le ocurrió pedirle a Nuestra Señora por el alma de aquel joven. Fue la Virgen la que tocó el tema. Le pidió a Christina que le hiciera saber a la tía del muchacho que éste se encontraba en uno de los niveles superiores del purgatorio. Añadió que en realidad habría sido condenado, pero que "gracias a su medalla Matriz Dios me permitió inspirarle justo antes de morir las palabras necesarias para entrar a su reino."

Semanas más tarde, poco antes de que comenzara la misa de media noche de la víspera de Navidad, la Virgen se dirigió a Christina para decirle que si esa misa era ofrecida por el alma del joven, éste sería enviado al cielo. Durante la misa Christina vio que muchas almas, la primera de ellas la del joven, eran recibidas por la Madre de Dios en la cegadora luz de la gloria.

A Christina le encanta enterarse de que han ocurrido curaciones. En una ocasión en que le expresaba su alegría y gratitud a Nuestra Señora, ésta le dijo: "He ofrecido muchas señales que ustedes, mis hijos, ni siquiera han visto." Esta respuesta fue la confirmación de que estas apariciones de la Virgen María han beneficiado a muchas personas con la recepción de gracias divinas, pero cuyo caso no conocemos. Así es de suponer que entre los beneficiarios están muchos individuos que no conocen ni jamás han oído hablar de Christina Gallagher.

Sin embargo, la medalla Matriz no ha sido el único don concedido por Dios a sus hijos a través de Christina. La Reina de la Paz le pidió también la apertura de una casa de oración.

La casa de oración de Nuestra Señora Reina de la Paz, en Irlanda, fue formalmente inaugurada el viernes 16 de julio de 1993, día de Nuestra Señora del Carmen, en Achill Sound, Achill, en el condado de Mayo, por el arzobispo Joseph Cassidy. Se encuentra a aproximadamente 90 kilómetros de Gortnadreha, lugar de residencia de Christina.

La Reina de la Paz solicitó que esta casa de oración fuera utilizada especialmente para el rezo del rosario y la adoración de la eucaristía y como santuario o casa de retiro para sacerdotes. Asimismo, por instrucciones de la Virgen, Christina debe estar presente en el rezo del rosario, como ella se lo enseñó, al lado de peregrinos y sacerdotes. La casa inicia sus actividades todos los días a las once de la mañana con una misa, en caso de que un sacerdote esté hospedado en ella, en tanto que la exposición del Santísimo Sacramento se realiza también diariamente, de las diez de la mañana a las nueve de la noche. En ocasiones se efectúan vigilias nocturnas, en caso de que un grupo de peregrinos lo solicite. Nuestra Señora le dijo recientemente a Christina: "¡Si la gente supiera la gran cantidad de gracias que se recibe con apenas una visita a la casa de oración!" Le dijo también que toda persona que contribuya en favor de su pequeña casa de oración, así sea en la forma más modesta, recibirá a cambio abundantes recompensas. El rosario se reza ahí todos los días, junto con otras oraciones, y sólo se ofrecen confesiones cuando está presente algún sacerdote.

El principal propósito de la casa de oración de Irlanda es servir de santuario a los fieles, y particularmente a los sacerdotes, a fin de que encuentren en él la ayuda de Dios. Aparentemente, cuando do la Reina de la Paz hace mención de su "plan para Irlanda," alude, entre otras cosas, a esta casa de oración. El 22 de agosto de 1991, Nuestra Señora comunicó un mensaje especial acerca de su plan: "Yo soy su Madre maternal, y deseo que a quienes he elegido como hijos de la luz se unan a mí orando con el corazón. Ustedes son mis hijos en la paz y el amor. A través de ustedes, pequeños míos, haré grandes obras por la salvación del mundo. Ustedes, preferidos del Cordero, triunfarán con mi Inmaculado Corazón."

Después le dijo a Christina:

Es mi deseo reunir a todos mis hijos. Hija mía, reza el rosario con mis hijos tal como te lo he enseñado. Te hago esa encomienda. No temas; no tienes qué temer. Junto con muchos ángeles, yo misma estaré presente en esta casa y oraré con todos mis hijos. Éste será un lugar de amor, no de desunión. Disiparé la oscuridad y los rodearé de luz. Pero estén alertas, hijos míos. Conserven puro su corazón, ámense unos a otros y recen mi hermoso rosario con todo el amor de su corazón …

Hija mía, bien sabes que muchos de mis hijos sacerdotes viven sumidos en tinieblas. ¿Querrías ayudarme? Deseo que los conduzcas a la luz de la salvación. Debes orar, hija mía; orar y orar. Si lo haces, te atraeré la gracia de mi Inmaculado Corazón.

Poco después, un señor que varias veces había ofrecido ayudar a la casa de oración de Nuestra Señora sin decidirse nunca, llamó para preguntar qué podía hacer por ella y si estaba destinada exclusivamente a sacerdotes. Cuando Christina se lo preguntó, Nuestra Señora le dijo: "Pero, ¿es que no entiendes, hija mía? Todos aquellos que recurren a ti han sido enviados por mi gracia maternal. Dí únicamente lo que Jesús, mi Hijo, desea." Le pidió también registrar en un libro el nombre de todas las personas que ayuden a la casa, por más insignificante que sea su aportación.

Indecisa respecto de los deseos de la Virgen, Christina le preguntó: "Madre, ¿lo que quieres es que esta casa de oración sea para los sacerdotes?"

"¡Sí! Deseo que en ella se hagan muchas obras y mucha oración. ¡Ora, hija mía, ora, ora! El demonio intenta frustrar mi plan para Irlanda y el mundo. Pero si tú le ofreces a Jesús, mi Hijo, tus oraciones, sacrificios y sufrimientos, él destruirá sus acechanzas. Ten paciencia. Manténte alerta por medio de la oración y las buenas obras. Ama a todos los que te rodean. Mi corazón es tuyo, hija mía. Por medio de la oración te daré todas las gracias que necesitas. Reza con frecuencia mi hermoso rosario. Jesús, mi hijo, espera grandes cosas de ti. Responde a su amor."

Christina ha tenido ya varias experiencias relacionadas con la casa de oración.

He tenido ya un buen número de visiones de la casa, en algunas de las cuales he visto que el mal es echado de la isla. También se me han mostrado algunas de las cosas que tendrán lugar en ella. En una ocasión vi que la "oscuridad" se acercaba, en forma parecida a lo que algunos llaman los tres días de oscuridad. Sin embargo, jamás se me dijo que tuvieran que ser precisamente tres días, sino simplemente que la oscuridad se apoderaría del mundo. Entonces sólo obtendremos luz del Hijo de Dios. No obstante, en una aparición vi que muchas personas rodeaban la casa de oración, sobre cuyo muro exterior se elevaba la santa eucaristía.

Nos hallábamos cerca de donde eso ocurría. Vi que del centro de la eucaristía se escurría un hilo de sangre, pero en ese instante todo fue tinieblas. Sin embargo, yo podía ver entre la oscuridad. Vi entonces que se congregaban muchas almas, procedentes de muchos lugares. Eran almas venidas del purgatorio. Acudían al lado de la sagrada eucaristía, de la luz de Dios.

Tenían una forma casi humana, grisácea, pero era posible penetrarlas con la mirada justamente porque su forma no era del todo humana. Veía yo su cabello, rostros y ropa. Parecían figuras grises transparentes. Semejaban estatuas paralizadas en posición de rodillas. Con las manos unidas, imploraban algo, como si rezaran. Eras muchas, llegadas de todas direcciones. Habían lle-

gado por entre las rocas y desde el mar. Todas tenían la mirada
fija en la santa eucaristía. Yo podía verlo a pesar de la oscuridad.

Flotaban hacia la eucaristía. Por alguna razón, se dirigían
suplicantemente a Jesús en la sagrada eucaristía, la cual se hallaba sobre nosotros, mas no en el cielo. Se alzaba encima de
la multitud reunida en torno de la casa de oración. Supongo
que aquello representaba algún signo que habrá de dársenos
en algún momento. Un signo relacionado con el castigo.

El padre McGinnity ha descrito por su parte otra aparición
recibida por Christina en 1993 también vinculada con la casa de
oración, y específicamente con su función como refugio durante
los tiempos del castigo. Esta vez Christina vio al profeta Elías y
presenció una estrujante escena del Antiguo Testamento que sigue
siendo significativa en nuestros días.

Luego de la apertura de la casa de oración, ocurrida en la festividad de Nuestra Señora del Carmen, Christina atestiguó la escena del triunfo de Elías sobre los falsos profetas en el Monte
Carmelo, en Israel, en tiempos del rey Ajab y la reina Jezabel.
Ignorante del contenido del libro de los Reyes del Antiguo
Testamento, vio que un terreno era excavado con una especie de
tosca pala alrededor del altar de Elías y la zanja posteriomente
llenada de agua, y entendió de inmediato que la vida del profeta
estaba en peligro, pues además de ser odiado por Jezabel, se había
preparado una horca para darle muerte. Vio entonces que, en un
instante, el fuego descendía hasta el altar y consumía el sacrificio.

En ese momento se le hizo recordar también un mensaje ya
recibido acerca de la casa de oración, según el cual "las aguas en
torno a la isla (de Achill) han sido bendecidas," así como la promesa de que el mal sería echado de la isla y la casa convertida en
"refugio en tiempos del castigo."

Se dio cuenta entonces de que el agua de la fosa alrededor de
Elías, quien salió victorioso sobre los falsos profetas, había sido
usada por Dios como medio de protección contra el mal, del
mismo modo en que, llegado el momento de la purificación, las

aguas benditas que circundan la isla habrán de salvaguardar a la casa de oración para que sirva de refugio.

Los falsos profetas contrarios a Elías engañaban al pueblo haciéndole creer que todo era "color de rosa," al tiempo que Elías proclamaba un mensaje de penitencia, y por lo tanto de cambio y arrepentimiento ...

Todo esto se relaciona directamente con la solicitud hecha por Nuestra Señora poco después de la inauguración de la casa en el sentido de que sus hijos sean "bendecidos e incorporados a la devoción del escapulario."

Tal como fue predicho por la Reina de la Paz y Jesús, la casa de oración es actualmente el lugar donde Christina, sacerdotes y laicos se reúnen a orar y adorar a Dios. La oración le ha permitido a Christina comprender que su llamado espiritual a ayudar a los sacerdotes se verá cumplido por la casa de oración, sobre todo en las dificultades por venir.

De los mensajes que ha recibido también se desprende con claridad que los favores espirituales de la casa de oración beneficiarán tanto a Irlanda como al mundo entero. La Reina de la Paz le prometió estar siempre presente en la casa para interceder junto con los ángeles por las intenciones de su pueblo.

Antiguamente convento, la Reina de la Paz dijo del edificio de la casa que se trataba de un lugar "elegido por Dios." El sitio fue adquirido gracias a los donativos de numerosos bienhechores. El padre McGinnity insiste en que de cualquier manera siguen haciendo falta muchos nuevos donativos, tanto para ampliar las instalaciones como para el mantenimiento general de la casa.

El 29 de junio de 1993 se celebró una misa para bendecir una imagen del Ángel de Irlanda destinada a la casa de oración. Antes de la consagración de la misa, Christina vio una luz que no dejó de intensificarse hasta el momento de la comunión, cuando ya se había transformado en una enorme bola que se lanzaba contra ella para golpearla, particularmente en la cabeza. Aunque un tanto inquieta, reunió fuerzas para acercarse a comulgar, pero estaba completamente exhausta. Después sintió que el Ángel de Irlanda le transmitía gran energía, similar a la que distingue al arcángel Miguel. Se le dijo entonces que era preciso que la gente no dejara de dirigir sus oraciones al Ángel de Irlanda.

Jesús le confirmó en octubre de 1992 su deseo de disponer de la casa de oración para la ya cercana batalla. Le dijo:

Por doquier se multiplican los hombre sin dios. Luchan contra mí y mi poder. Pronto verás cómo mi potente mano acaba con ellos. En cambio tú, pequeña mía, serás protegida con mi mano. Aquellos que pretendan someterte serán sometidos por mi pie, pues yo, tu Señor, soy quien te ha pedido actuar en mi nombre. Te llevo en mi corazón, pequeña mía. No temas ni llores. Proclama mi palabra ante toda la gente, lo mismo a los impíos que a los devotos. Quienes escuchen tu llamado recibirán mi palabra. Muchos pretenderán hallarte en falta, pero no temas, porque yo estoy contigo.

Verás grandes progresos entre mis enemigos. Crecerán más rápido que la maleza. Dondequiera que mires encontrarás pecado. Pero yo les mostraré el poder de mi brazo. Destruiré las ciudades que me han desdeñado. Ya te he enseñado que la fosa de los impíos pecadores conduce a muchas partes. Pero te digo que habré de destruir a los pecadores que la habitan. Oirás hablar de guerras y desastres, pero que los impíos siguen creciendo. Se han filtrado por las grietas de la roca, con su veneno lleno de inmundicia.

Fui yo quien deseó una casa de oración. El corazón de mi Madre habló por mí. Ella llama a sus hijos, pero no es escuchada. Presta atención, pequeña mía. Esta casa será refugio de los pocos que escuchen y sigan el clamor del Corazón de mi Madre. No ceses de responder a mi llamado, para que aquellos que escuchen el clamor del Corazón de mi Madre puedan acudir a ti. Ofréceles tu tiempo y ora con ellos.

Por medio de otra maravillosa experiencia, Jesús también le reveló a Christina que la casa de oración contribuirá enormemente a su victoria próxima. Explica su director espiritual:

Mientras hacía oración ante el Santísimo Sacramento poco antes de la compra del antiguo convento que alojaría a la casa de oración, y al tiempo que hacía su ofrecimiento al Corazón de Jesús, Christina vio a éste en una apariencia más joven que la usual y sobre un caballo blanco, en el que marchaba hacia adelante mientras su cabello ondeaba al viento. Parecía solemne, pero victorioso, y transmitía al mismo tiempo una paz profunda, en tanto que sostenía una especie de estandarte, parte del cual era de color rojo. De acuerdo con Christina, el propio Jesús vestía de rojo y era rodeado por una luz muy intensa.

Concluida la visión y en camino a su hogar, Christina vio de nuevo a Jesús en su desacostumbrado porte sobre el caballo blanco. Después vio que almas santas hacían esfuerzos por elevarse desde una agitada zona neblinosa en un intento por ser liberadas del purgatorio antes de que se precipitaran los acontecimientos simbolizados por Jesús como guerrero triunfante en el caballo blanco, y con una urgencia similar a la de las almas terrestres por su salvación.

Christina me diría después que "además del caballo blanco vi también a los demonios. Jesús alzó la vista al cielo y aparecieron cuatro ángeles (de rostro transparente, grandes alas rojas e imponente presencia) en respuesta a su petición al Padre. En ese instante los demonios, que se encontraban bajo el caballo, descendieron aún más y se esfumaron, tras de lo cual los cuatro ángeles se colocaron en formación de cruz, al norte, sur, este y oeste. Cristo empuñó la espada, la mostró en alto y un fuego estalló en el cielo, por el que se extendió rápidamente."

Vio luego a la distancia a Nuestra Señora, cubierta por una túnica blanca y un holgado manto azul; su cabello se agitaba en la brisa. Lloraba, pero le explicó a Christina que eran "lágrimas de alegría," a lo que agregó: "El día de la apertura de la casa de oración serán liberadas muchas almas del purgatorio. ¡Qué gran victoria la de ese día!" Su latiente corazón voló en pedazos de luz que cayeron a sus manos, y desde ellas al suelo (sobre la casa de oración).

El 16 de julio de 1993, el arzobispo de Tuam, John Cassidy, quien un año antes había autorizado a Christina la realización del proyecto, bendijo y consagró la nueva casa de oración de Nuestra Señora Reina de la Paz. Le agradeció a Christina sus esfuerzos y oró por que las bendiciones de Dios fueran derramadas sobre ella, su familia y la casa de oración.

Haciendo referencia a G. K. Chesterton, el escritor inglés convertido al catolicismo, el arzobispo Cassidy comentó que compartía con él su devoción a la Virgen María. "Comparto su amor por la Santísima Virgen, así como su fe y convicción, porque sé todo lo que ustedes han hecho. Los invito a que consideremos la siguiente oración como nuestro tributo común a Nuestra Señora como abogada nuestra para consagrar esta casa a Nuestra Señora Reina de la Paz." Oró así: "Que esta casa de oración esté siempre en el corazón de la Iglesia. Que dé gloria a Dios y honor a María, su Madre y Madre nuestra. Que muchas almas atribuladas encuentren aquí la paz, y reposo las almas fatigadas."

El viernes 10 de septiembre de 1993, Christina recibió un mensaje especial de la Reina de la Paz acerca del plan de Dios para la casa de oración. Le dijo: "Ora para que se cumpla el plan de Dios para la casa de oración."

Christina le preguntó: "¿Cuál es el plan de Dios para la casa?," a lo que la Reina de la Paz le contestó:

Hija mía, es un plan tan grandioso que si lo conocieras en detalle haría estallar tu corazón, pues te sería imposible comprender su grandeza y las maravillas de la bondad de Dios para contigo, pequeña mía.

Hija mía, haz de cada momento de tu vida una oración.

Ofrece como oración a Dios todas tus dificultades y sacrificios en favor de los desdichados pecadores, pues mi pequeña casa de oración está llamada a curar, por sus obras, a muchos corazones. Ora, ora, ora para que los planes de Dios lleguen a feliz término, pues Dios desea salvar a muchas almas por medio de los frutos de la casa. Ofrécele a Dios cada una de tus obras y oraciones en beneficio de sus sacerdotes, obispos, cardenales y monjas; por todos los religiosos. El impostor destruye el corazón de muchos de mis hijos. Nunca antes en la historia del mundo había habido tanta maldad como ahora. El mal se multiplica en la humanidad por medio del pecado … actos nefandos que ni siquiera los animales serían capaces de cometer. Hija mía, no comprendes el motivo de tus tormentos y sufrimientos. Es mejor que no los entiendas para que Dios pueda atraer a muchas almas a su luz y misericordia gracias a tus dificultades y sufrimientos … Dios es capaz de salvar a muchas almas, incluso a aquellas que se diría perdidas para siempre. Su misericordia está asegurada. Tu cruz será muy pesada, pero se volverá ligera si la ofreces con amor. Ora por el vicario de Cristo. Ya asciende conmigo al calvario, pues Dios está a la espera de su sacrificio. La Iglesia sufrirá grandes penas. Ora, ora por los desdichados pecadores.

Meses después, la Reina de la Paz le dijo a Cristina, el día de Nochebuena, que quienes habían estado presentes en la misa por esa festividad se habían hecho merecedores, debido a su esfuerzo por estar ahí, de "las mismas gracias que recibieron los pastores en la primera noche de Navidad." Cuando Christina le preguntó cuáles eran esas gracias, Nuestra Señora le dijo: "Las mismas que obtuvo el buen ladrón en la cruz."

Fue así como Christina dio inicio a su misión en la casa de oración de Nuestra Señora Reina de la Paz. En ella se reúnen ahora personas llegadas de todo el mundo. Juntos, los hijos de la luz de la Virgen María responden con oración y buenas obras al llamado de su Madre celestial. Es la respuesta a la gracia de Dios que sigue derramándose desde el condado de Mayo al mundo entero a medida que cada vez más personas atienden a estas palabras de la Virgen María: "Yo soy su Madre y los guío a la perfección para prepararlos a su encuentro con mi Hijo, su Señor."

# VEINTISIETE

# "Mis Amados Hijos de Irlanda"

ALABAD A JEHOVÁ, NACIONES TODAS; PUEBLOS TODOS, ALABADLE.
PORQUE HA ENGRANDECIDO SOBRE NOSOTROS SU MISERICORDIA,
Y LA VERDAD DE JEHOVÁ ES PARA SIEMPRE.

—SALMO 117, 1–2

Ignoramos el motivo de que Dios haya elegido a Irlanda para derramar sobre ella abundantes bendiciones. Sabemos, en cambio, que no habría podido escoger lugar más bello y fascinante para dar a conocer su presencia.

La historia y tradición católicas de Irlanda no tienen paralelo. Incontables iglesias del mundo se hallan bajo el patronazgo de santos irlandeses.

En su libro *La hora final,* Michael Brown ha hecho notar que, "nación de misioneros en la que siguen prohibidos el aborto y el divorcio, Irlanda parecería haber sido prevista en el plan de Nuestra Señora como el faro del resto de Europa, y tal vez del mundo."[1]

El Santo Padre expresó en 1979 una opinión similar. Antes de arribar a orillas de Irlanda, Juan Pablo II observó: "Irlanda fue uno de los tres países del mundo en merecer la visita del Papa. Una visita ganada por sus sufrimientos a causa de la fe y su difusión."

A pesar de ser un país tan pequeño, el impacto de Irlanda en la evangelización cristiana es efectivamente mayor que el de cualquier otra nación del mundo. Ninguna ha conseguido hasta ahora mejores resultados en este renglón. Se calcula que sólo en Estados Unidos hay unos 39 millones de descendientes de irlandeses, muchos de los cuales han sido bautizados como católicos.

A Christina Gallagher se le ha hecho saber en muchas revelaciones que Dios está sumamente complacido con el esfuerzo realizado por los irlandeses a lo largo de la historia en favor de la divulgación y práctica de la fe. Aunque ninguno de ellos ha sido oficialmente reconocido como santo por la Iglesia, muchos irlandeses ahora ignorados se entregaron valerosamente a la difusión de la fe. Es justamente en este espíritu que Dios sigue dirigiendo su llamado al pueblo de Irlanda.

Christina insiste en que la Santísima Virgen y Jesús no sólo se dirigen a Irlanda, sino al mundo entero, lo que no obsta para reconocer que esa nación, la cual sigue siendo fuertemente católica, ha sido distinguida por Dios con la encomienda de una importante misión. En palabras de la propia Christina, esta tarea consiste en servir de catalizador del plan divino para la salvación del mundo. "Nuestra Señora desea que Irlanda haga por ella la labor que Dios le ha encargado," ha dicho Christina. "Quiere que sus mensajes dados a conocer en Irlanda sean dispersados por todo el mundo."

El 22 de febrero de 1988, la Reina de la Paz le comunicó a Christina sus deseos respecto de su amada Irlanda, con el acostumbrado tono de apremio: "Guardo a Irlanda entre mis manos. Soy la Virgen María, Reina de la Paz. Deseo que mis hijos de Irlanda sean los primeros en poner en obra los mensajes que proclamo en su nación. Es urgente que lo hagan. No pierdan más tiempo. La copa ya está desbordándose. No hay tiempo que perder. Es urgente."

Un mes después, Nuestra Señora le recordó su anhelo de que el pueblo irlandés actúe en favor del cielo. "Deseo que mis hijos me ayuden. Tengo un plan para Irlanda. Si mis hijos no escuchan mi mensaje, no podrán ayudarme."

Al año siguiente, el 30 de mayo de 1989, la Virgen María hizo una advertencia. Era preciso, dijo, que Irlanda respondiera a Dios. En términos semejantes a los de la Escritura, pareció querer decir que mucho se le había dado a Irlanda y mucho se esperaba de ella. Sugirió además las probables severas consecuencias de que no sea así: "Hijos míos, la purificación está cerca. Mi Corazón no cesa de sangrar por mis hijos, que están ciegos y sordos. Muchos de ellos pretenden hallar toda suerte de excusas para no creer. Irlanda no será salvada si mis hijos no se convierten en mis mensajeros. Muy pocos de mis hijos irlandeses ayunan y oran, porque a todos los demás hacerlo les parece una carga. Hija mía, deseo ayudar a mis hijos, pero todos los días me rechazan."

Estos pedidos de la Virgen no se han interrumpido. Christina ha relatado una más de las revelaciones confiadas a ella en 1991. Fue una aparición con una dura advertencia al pueblo irlandés.

La Santísima Virgen me mostró el mapa de Irlanda, perfectamente definido y claro puesto que era de color negro, con una cruz negra encima. De pronto, pequeñas motas o copos de luz comenzaron a caer sobre él. Después apareció un sagrario, como símbolo de la importancia de honrar la presencia eucarística de Jesús en los sagrarios de todas las Iglesias.

Se me hizo ver entonces que si la gente se volvía a Jesús, aquellas pequeñas lucecillas se harían más grandes hasta convertir en completa luminosidad la oscuridad del pecado sobre Irlanda, que, así, sería renovada por la gran luz de Dios al alcanzar ésta a la negra cruz del pecado.

En otras palabras, esto quiere decir que la mano de Dios se ha alzado contra Irlanda a causa de que ésta se halla sumida en el pecado, y que si el pueblo irlandés no se corrige no sólo sus sufrimientos en la purificación serán más intensos, sino que además se volverá igual a todos los otros pueblos. Nos esperan tiempos muy difíciles; todos deberíamos saberlo. Esta invitación a la salvación de Irlanda por medio de la adoración eucarística fue hecha por la Santísima Virgen antes del referéndum del Tratado de Maastricht. Lamentablemente, casi nadie respondió a ella. Renuente a escuchar los riesgos implícitos en ese Tratado, la gente lo aceptó. No fue sino tiempo después que muchas personas se dieron cuenta de los riesgos morales en los que ellas mismas se habían puesto, pero para entonces ya era demasiado tarde.

Durante un debate en Irlanda acerca del aborto, sostenido en 1992, la Reina de la Paz hizo todos sus esfuerzos por ayudar a que sus hijos irlandeses tomaran la decisión correcta. El 8 de abril de ese año le transmitió a Christina un mensaje con el que deseaba contribuir a iluminarlos:

Hijos míos, ¿cuántas veces más mi Corazón Inmaculado tendrá que postrarse ante la ceguera de sus ojos? Me han cerrado sus corazones, a mí, que soy su Madre, cuando lo único que deseo es librarlos de las tinieblas y hacerlos gozar de la luz de mi divino Hijo, Jesús.

Hijos míos, la ley de Dios es siempre la misma, y lo será por siempre. No puede cambiar por los caprichos de ustedes. Es mi deseo que cumplan los diez mandamientos de su Dios.

Oren, oren hijos míos, para que su país sea salvado de los engaños del demonio, quien pretende acabar con ustedes y frustrar mi plan para Irlanda.

Sean uno frente a Jesús, mi Hijo, en la santa eucaristía y recen el rosario con el corazón. Dios desea la paz, no la guerra. Hijos míos, hay ahora muchas guerras en el mundo, guerras contra la vida y guerras contra la muerte eterna.

Una guerra espiritual, diría Christina, tenía que ser librada por el alma de Irlanda. En junio de 1992, poco antes del referéndum de Maastricht en Irlanda y luego de que muchos fieles habían solicitado a Dios que protegiera al país, la Virgen María, aunque sabedora de que los resultados que pronto se darían a conocer serían contrarios a sus hijos, no dejó de reconocer las oraciones y sacrificios de quienes habían respondido a su llamado, a quienes les comunicó el siguiente mensaje:

Hijos míos, ha llegado la hora de las tinieblas y la aflicción. Pero ustedes, queridos hijos míos de Irlanda, se hallan en brazos de su Madre. No permitan que la desesperación se aloje en sus corazones. Dejen, en cambio, que Dios los llene de luz para que sean la luz del mundo. Yo, su santa Madre, deseo darles las gracias y bendecirlos por su respuesta.

Queridos hijos míos, sigan respondiendo al llamado de su Madre. Mi amor por ustedes va más allá de su entendimiento. Han alegrado enormemente a mi atribulado corazón, que ahora ofrezco a Dios junto con mis súplicas en favor de ustedes. No teman a los gritos de angustia que se lanzan a su alrededor. Pongan siempre en mis manos a las almas desgraciadas. Ofrézcanme sus oraciones y sacrificios. Rogaré por sus necesidades. Queden en paz, amados hijos míos de Irlanda. Que mi paz esté con ustedes.

Cinco meses después, a fines de noviembre de 1992, Christina tuvo otra intensa experiencia relacionada con el futuro de Irlanda. Durante un debate en televisión, previo al referéndum sobre el aborto en Irlanda, vio a la Virgen María con un vestido rojo y un manto del que manaba sangre, al tiempo que sus ojos estaban anegados en lágrimas. "Vi que los demonios se prendían de la gente," referiría Christina, "pero que ésta los miraba como aturdida, sin agilidad para reaccionar. Después, vi que de la tierra surgía una bestia negra."

Escuchó en ese momento las siguientes palabras: *"Inmoralidad, impureza, codicia, obstinación."*

A continuación, la vidente irlandesa se dio cuenta de que algunas pequeñas partes de la bestia comenzaban a aclararse, y que en una zona diferente a la ocupada por la gente, que seguía aturdida, aparecían unos bebés llorando en el vientre de sus madres.

Más tarde, Christina comprendió intuitivamente aquel espectáculo y su significado tanto para Irlanda como para la Iglesia. "La unificación monetaria dispuesta por Maastricht dará como resultado un mayor control sobre las personas, de modo que quienes no obedezcan serán aniquilados. Es obra del demonio. A nadie, además, se le dará la oportunidad de elegir. Simplemente ya no habrá dinero para los ancianos y los inválidos. Únicamente aquellos que sean capaces de sostenerse con sus propios medios gozarán del derecho de sobrevivir. El mundo se convertirá en un infierno de enfermedad, muerte, hambre, lágrimas y luto."

Esa misma noche le fueron reveladas más cosas. Vio nuevamente que un gran peligro se cernía sobre Irlanda. "Vi que la Santísima Virgen lloraba y que gritaba '¡No!' unas tres o cuatro veces frente a una papeleta de votación, tras de lo cual cayó de rodillas. Detrás de ella se elevó entonces una lanza de fuego que traspasó la papeleta hasta quemarla. El fuego se extendió por todas partes. Cayó también sobre el mapa de Irlanda, algunas de cuyas partes consumió y separó. El norte de Irlanda, la zona central—que asocié con Dublín—y el fondo—que asocié con Cork—cayeron junto con lenguas de fuego sobre el resto del mapa."

El 29 de noviembre de 1993, Christina recibió un firme mensaje de la Reina de la Paz referido al mundo, y en particular a Irlanda. Era una implorante súplica de una madre a todos sus hijos:

Hija mía, deseo que des a conocer este mensaje a todo el mundo. Mis lágrimas caen a mares sobre la Tierra a causa de mis hijos. Muchos de ellos se encuentran en gran oscuridad. No ven los peligros que los amenazan.

Hijos míos, no saben cuánto daño le están haciendo a su alma y el error que cometen contra Dios.

El imperio de las tinieblas les impide ver la verdad. Su deseo de poder, dinero y lujuria para satisfacer en su carne los anhelos del mundo no es sino ilusión y veneno.

Muchos de ustedes sufren un cáncer terrible, el cáncer del alma. Mis hijos beben veneno, y con él alimentan su alma.

¿Cuánto habrá que esperar hasta que mis hijos despierten de su sueño de muerte?

Irlanda es una de las joyas de mi corona, y alguna vez brilló intensamente. Pero su fulgor ya se ha apagado. Hijos míos, mientras duermen se les roba la heredad de la gloria.

Mi Inmaculado Corazón se halla rodeado de espinas. Hija mía, prepárate a presenciar una calamidad tras otra en todo el mundo. Si sufres tanto es a causa de los muchos corazones arrebatados por la codicia. El dolor que soportas en silencio ha conquistado ya a muchas almas, a través de Jesús, mi Hijo.

Igual que por los sacerdotes, ahora Christina reza y sufre por el pueblo de Irlanda y el mundo. Intercede por su conversión, y especialmente en favor de la paz.

# VEINTIOCHO

# El Aborto y el Siglo de la Muerte

Os he puesto delante la vida y la muerte, la bendición y la maldición: escoge pues la vida, porque vivas tú y tu simiente.
—Deuteronomio 30, 19

Comunismo y fascismo, Stalin y Hitler, Auschwitz e Hiroshima son todos sinónimos de homicidio.

De masacre.

Se calcula que en los últimos cien años han muerto hasta dos cientos millones de personas en actos terroristas o por causas políticas, y hay quienes sostienen que esa cifra es conservadora. Aunque extraoficial, ese solo número confirma que el siglo XX ha sido el siglo de la muerte. Un siglo de indecible destrucción, avasallamiento y exterminio de la creación suprema de Dios: la raza humana.

Pero, ¿qué decir además de la gran cantidad de vidas segadas por el aborto y los anticonceptivos?

Si estas muertes se suman a las causadas por el genocidio, la cantidad de crímenes mortales en este siglo de Satanás resulta verdaderamente incalculable.

260 EL SUFRIMIENTO, EL SACRIFICIO Y EL TRIUNFO

Los expertos estiman en aproximadamente cincuenta millones el número de abortos que se realizan al año en todo el mundo. Si este cálculo es relativamente exacto, no cabe duda de que los mensajes de la Santísima Virgen a Christina Gallagher sobre el aborto y la proximidad de la justicia divina son extremadamente serios, pues todo indica que la matanza de bebés aún por nacer es por sí misma el mayor peligro para el futuro del mundo.

El gran crimen del aborto ha sido repetidamente denunciado por la Reina de la Paz ante Christina. La Madre de Dios lo dijo muy claramente el 28 de diciembre de 1992: "El aborto es el mayor pecado contra Dios. Permite que el demonio obre como nunca antes." Christina asegura que, sin embargo, "Dios perdona incluso el pecado del aborto."

Los especialistas en teología moral de la actualidad sostienen que la pérdida masiva de vidas inocentes ciega al género humano en cuanto a sus acciones. Se trata, tal como lo indica la Escritura, de uno de los resultados del pecado. Esta ceguera, agregan los teólogos, bien puede desembocar en el desastre.

La tragedia del aborto le ha sido mostrada a Christina en varias ocasiones. Estas revelaciones han afianzado en ella la certeza de que el sacrificio de los inocentes disgusta profundamente a Dios. Nuestra Señora le dijo: "Los mártires claman ante Dios."

Estas experiencias han quedado vivamente impresas en su memoria. Antes de pasar por la primera de ellas, no comprendía del todo la realidad del aborto. Sin vacilar, confiesa honestamente su anterior falta de sensibilidad al respecto:

No sabía qué era el aborto. Sabía por supuesto que implicaba dar muerte a alguien, pero oía decir a mucha gente que ese "alguien" era en todo caso un ser que todavía no se había desarrollado. Adopté esa opinión.

Sin embargo, en cuanto se me expuso que el aborto era en verdad un asesinato, reaccioné, sumamente contrariada, debido quizá a que hasta entonces no le había prestado mucha atención a ese asunto y a que, por lo tanto, la palabra "aborto" carecía de significado para mí más allá de saber que era algo que no se debía hacer. Jamás le concedí mayor importancia que ésa.

No obstante, en una ocasión me fueron mostrados miles y miles de bebés, todos ellos pequeños y muy hermosos y un tanto curvados dentro de diminutos capullos, en representación obviamente del útero materno. Algunos eran más grandes que otros. Asimismo, algunos ya estaban listos para nacer. Vi sus cuerpos, cabezas, piernas y brazos. Los vi mover las manos, la cabeza y las piernas, y que se sacudían. Sentí un gran dolor en mi corazón por el hecho de que aún no estaban completamente desarrollados. Eso me pareció muy triste. Me pareció increíble que cualquier madre pudiera pretender hacerles algo, o que hubiera médicos que se prestaran a ello.

Se me hizo darme cuenta de que aquello era obra de Satanás. La Santísima Virgen me pidió ofrecer la misa, el rezo del rosario a su Corazón Inmaculado y el rezo de la oración del bautismo por su salvación. "De ese modo," me dijo la Reina de la Paz, "me será posible proteger a cada uno de mis pequeños bebés en lo profundo de mi Inmaculado Corazón."

Hice mucha oración. No sabía qué iba a suceder: si los padres y madres de los bebés cambiarían de opinión acerca del aborto. Ignoraba qué ocurriría, pero lo supe al día siguiente.

Al día siguiente fui expuesta al más intenso de los sufrimientos. ¿Cómo describirlo? Si una madre tuviera dos hijos y de pronto los viera morir, ¿qué sentiría? Yo lo sentí. Una aflicción e impotencia enormes, que provocaron profunda angustia tanto en mi mente como en mi corazón. No pude dejar de llorar. Sentía sobre mi espalda el estallido de inclementes latigazos.

Hasta la fecha, cada vez que sé que una jovencita está embarazada, lo primero que se me ocurre es que lo mismo ella que el bebé deberían contar con la protección de alguien, de una mujer. Es necesario que les hagamos ver a los demás que la creación de un niño por parte de un hombre y una mujer es posible única y exclusivamente gracias al don de la vida que Dios nos ha concedido. Aun así, hombre y mujer no crean sino el cuerpo; sólo Dios puede darle a cada niño su alma. Siento un profundo amor por esos pequeños bebés y por sus madres, pero de cualquier forma no puedo hacer nada. Después de esta revelación, el aborto adoptó para mí una imagen completamente nueva, un significado absolutamente distinto. Ahora la palabra "aborto" me destroza el corazón.

Para enfatizar el sentido de lo que se le había revelado, Nuestra Señora le explicó a Christina, en términos muy precisos, lo que el cielo piensa acerca del aborto: "Hija mía, mi corazón sangra en abundancia a causa de la abominación de dar muerte a los bebés aún por nacer, auténtico asesinato. ¡Qué gran castigo espera a mis hijos por este acto!"

Afirma Christina por su parte:

La realidad de este hecho se extiende mucho más allá de lo que vemos. En lo que a mí toca, siempre me remite a tiempos de Jesús, cuando la gente gritó: "¡Crucifícalo! ¡Crucifícalo!," siendo que Cristo era inocente. También los bebés que aún se encuentran en el vientre de su madre son víctimas inocentes.

No obstante, ya sea por compulsión, circunstancias específicas o cualquier otro motivo, el mundo actual sostiene que las mujeres tienen derecho a decidir sobre su cuerpo. Pero en el acto de lascivia en el que las mujeres toman parte, y por medio del cual el bebé es concebido, el bebé no es ellas: es ya una nueva vida independiente, que las mujeres se sienten con derecho a crucificar. "Tenemos el derecho de hacerlo," aseguran. No. Dios les concede al hombre y a la mujer el don de crear vida, pero sólo a él le corresponde el derecho de arrebatarla.

Christina no deja de hacer hincapié en que la Virgen nos pide orar por las madres que corren el riesgo de tomar decisiones contrarias a la vida de sus hijos por nacer. Adicionalmente, muchas madres que cometen aborto están alejadas de la Iglesia, lo que aunado a su sensación de culpa y a sus temores reprimidos las induce a resistirse a que sus bebés abortados sean bautizados. Christina ha podido confirmarlo en sus diálogos con muchas mujeres.

La Iglesia ya está consciente de que muchas personas que no pueden recibir el bautismo podrían sin embargo desearlo. En el caso de bebés que mueren en el vientre de su madre por causas naturales, se reconoce ya el bautismo de sangre. La comunión de los santos nos permite deducir el deseo de bautismo de un bebé que aún no ha nacido, deseo que puede ser cumplido recitando la oración del bautismo.

De acuerdo con el padre McGinnity, para poder tener acceso al reino de los cielos se necesita alguna forma de bautismo. Justamente para resolver la cuestión de los niños que morían sin bautizar surgió la noción del limbo, que sin embargo nunca ha sido definida como verdad de fe. Esto quiere decir que no es una de las verdades básicas en que debemos creer, a pesar de lo cual los mismos teólogos que la propusieron argumentaron que los padres podían librar del limbo a su hijo si deseaban su bautismo y hacían oración por él. A causa del gran alcance del pecado del aborto, lo que junto con la experimentación genética seguramente atraerá muchos castigos al mundo entero, sería conveniente ofrecer todos los días por los bebés aún no nacidos tanto el bautismo como la misa y el rosario. A continuación ofrecemos la oración del bautismo en favor de los bebés abortados, para uso tanto de sus padres como del personal médico involucrado.

N.B. Aunque esta oración no equivale ni remotamente al sacramento del bautismo, es una súplica para que los bebés abortados de padres que no se han arrepentido, persisten en el mal y no se interesan en la salvación de su hijo no queden del todo indefensos. Con esta oración expresamos el "bautismo deseable" en su favor, basados en la comunión de los santos.

*Bautismo Deseable*

ORACIÓN DEL BAUTISMO

Primero debe rezarse el Credo. Después se esparce agua bendita en todas direcciones mientras se recita la siguiente oración:

> A todos aquellos que nacieron y nacerán muertos por haber sido privados de la vida en el vientre de su madre y a fin de que Nuestro Señor les conceda vida eterna, yo los bautizo como (se dice aquí un nombre, que puede ser el de María, José, Juan o el del santo del día) en el nombre del Padre, del Hijo y del Espíritu Santo.

Al final se reza el Padre Nuestro, el Ave María y el Gloria.

Christina ha comprobado que mentes y corazones pueden ser convertidos a través de la oración, por la que se reciben gracias especiales. El 26 de septiembre de 1992 presenció en Escocia una aparición que le reveló la existencia de estas gracias.

Al momento de comulgar en una misa, vio postrado a Jesús, con la corona de espinas y el rostro y el corazón perfectamente visibles. De las heridas de su cabeza manaba sangre al tiempo que pequeños bebés entraban a su Sagrado Corazón. Le pedía a su pueblo que ofreciera el santo sacrificio—él mismo—en reparación por el pecado del aborto. No obstante, ha comentado Christina, "cada quien debe decidir libremente si desea expiar los pecados del mundo, especialmente el pecado del aborto."

Insiste además en que si ofrecemos como reparación de los pecados aun las acciones más insignificantes de nuestra vida, responderemos al plan de Dios para la salvación del mundo. Pero se trata, vale repetirlo, de una decisión que cada quien debe tomar libremente.

El reconocimiento por parte de Dios de nuestro libre albedrío, don que él mismo nos ha concedido, está siempre presente en los mensajes y revelaciones recibidos por Christina. Ella ha subrayado que Dios jamás pasará por encima de nuestro libre albedrío, aun en cuestiones tan delicadas como el aborto. Sin embargo, también ha dicho que "debemos estar preparados para pagar las consecuencias de nuestro mal uso del don de la sexualidad."

# CUARTA PARTE

# Experiencias Místicas en Unión con Dios

# VEINTINUEVE

# El Mundo Real

ESTABA YO EN LA CIUDAD DE JOPPE ORANDO, Y VI EN RAPTO DE
ENTENDIMIENTO UNA VISIÓN.
                                                —HECHOS 11, 5

Jesús ha compartido con Christina Gallagher muchas escenas de su
Pasión y le ha permitido conocer las heridas que le fueron infligi-
das entonces, con la súplica de que lo autorice a sufrir también a
través de ella.

*Alguna vez dijiste que habías visto a Jesús crucificado. ¿Podrías narrarnos
lo que viste?*
He presenciado los momentos en que ocurrieron los misterios
dolorosos del rosario. Fue justamente en el rezo de los misterios
dolorosos cuando vi a Jesús por primera vez.
*¿Podrías hablarnos de los misterios dolorosos, comenzando por la agonía
en el huerto?*
En la primera escena, Jesús fue lanzado contra una piedra. Aquello
no pareció causarle mucho dolor, pues más bien daba la impresión
de que estaba sumergido en oración a Dios Padre. Sin embargo,

después lo vi en estado de extrema aflicción. En la siguiente escena se hallaba de rodillas lejos de la piedra. El terreno era seco, sin plantas. Jesús apoyaba las manos contra el suelo; se había arrodillado. Hallándose en esa posición, oí ruidos como de burla y sonidos desagradables. Alcé la vista y vi una enorme multitud de furiosos demonios. Se habían apilado unos sobre otros hasta formar una especie de montaña. Todos hacían mofa de Jesús y le dirigían gestos repugnantes. Se puso de pie al momento en que se acercaba un ángel con un cáliz. Caminó en dirección opuesta al cáliz, hacia donde se encontraban los demonios. Después vi una enorme correa de transmisión llena de gente, la que por el efecto mecánico del aparato simplemente pasaba frente a Jesús y se alejaba.

Jesús la miró por un instante. Era como si todas las generaciones de la humanidad se presentaran ante él. Ése fue el significado que atribuí a la correa de transmisión. Luego de dedicar apenas un minuto a la gente, Jesús se volvió y recibió el cáliz. Los demonios guardaron silencio. Un silencio total. Después, de ellos se desprendió un fango entre gris y negro que se derramó por la montaña que formaban y fue a dar hasta donde Jesús se hallaba arrodillado. El fango le mojó las rodillas. Comenzó a temblar, y elevó las manos hacia su Padre, como para verlo o hablar con él. No pude escuchar lo que le dijo.

Su rostro se llenó de sudor, que luego se convirtió en sangre; muy pronto su cara quedó cubierta de sangre, y su cuello, y todo su cuerpo. No dejaba de temblar. Vi el blanco de sus ojos; también se había vuelto rojo por efecto de la sangre. Supuse que de un momento a otro Jesús sufriría una convulsión. Sentí miedo; sabía que todo lo que estaba ocurriendo era consecuencia del pecado. Era terrible. Así terminó la escena de la agonía en el huerto.

*¿Podrías describirnos la flagelación?*

Me vi descender por una escalera hasta un sótano, en el que vi un horrible y enorme madero negro en el extremo contrario a las escaleras. Jesús me daba la espalda, que llevaba descubierta. Tenía las manos atadas con cuerdas y cadenas, a pesar de lo cual las mantenía extendidas. Junto a él estaban dos hombres obesos de muy mal aspecto, cubiertos con escasas prendas. Uno de ellos sostenía un látigo sencillo, mientras que el del otro era de nueve puntas de plomo. Cerca de ellos había otro látigo también de nueve puntas, salvo que en este caso sus extremos de plomo tenían forma de cono. Con ellos azotaban a Jesús. Los látigos se enredaban en su pecho, con tal fuerza que parecía que le quebraran las costillas. Entonces aquellos hombres los retiraban, sólo para volver a lanzarlos contra su espalda. Jesús flaqueaba, pero luego parecía sobreponerse y se erguía de nuevo. Daba la impresión de que sus pies apenas tocaran el suelo. Los latigazos impactaban también sus hombros. Muy pronto su espalda quedó destrozada, con todas las marcas de golpes imaginables. Al momento en que los verdugos retiraban el látigo, yo veía cómo pequeños fragmentos de la carne de Jesús salían disparados.

*¿Qué sentiste al ver todo esto?*

No podía soportarlo; la saña con la que lo golpeaban era terrible. No hay palabras para describir esa experiencia. Quise correr para colocarme frente a Jesús, protegerlo con mis brazos y decirle: "Tú no mereces esto; soy yo la que debería ser azotada." De pronto lo desataron; sus manos quedaron libres de nuevo. Sin embargo, no me di cuenta de cómo ocurría aquello; no lo desataron físicamente, pero su liberación era real. Tan real que lo llevé hacia donde se encontraban unas tablas, sobre las cuales lo tendí con la espalda hacia arriba. Al ver su espalda destruida me estremecí de dolor. Lloré. Hubiera querido que mis lágrimas curaran sus heridas. Pero de pronto yo misma comencé a sentir que, de tiempo en tiempo, los latigazos estallaban en mi espalda. Eso fue todo lo que vi de la flagelación.

*Háblanos ahora de la coronación de espinas.*

Presencié la coronación de espinas. Siempre había creído que la corona de espinas no pasaba de ser una franja de espinas en torno a la cabeza de Jesús. Pero esta vez vi que, entre empujones, golpes y puñetazos, lo trasladaban a un sitio donde se encontraban un pequeño pilar y un asiento diminuto. Los mismos hombres que lo habían flagelado lo empujaron sobre el asiento. Se veía sumamente debilitado y con el cuerpo completamente cubierto de sangre. Parecía estar a punto de morir. Uno de aquellos hombres llevaba en una mano una corona de espinas, tan densamente entretejidas que parecían formar un sombrero. Su color iba entre el café oscuro y el negro. Este hombre se acercó a Jesús con las manos en alto y ya cubierto con lo que semejaban pieles de animales, al tiempo que el otro tomó a Cristo para sostenerlo, lo que resultó difícil a causa del vacilante estado en que se encontraba. Entonces el primero incrustó la corona de espinas en la cabeza de Jesús. Cuando las espinas crujieron sobre su cabeza, me fue permitido desviar la vista, pero de inmediato me volví nuevamente hacia Jesús. Se había desplomado en el suelo. Verlo en esas condiciones me resultó intolerable. Pero aun hallándose así, los hombres lo golpeaban. Le daban fuertes palmadas en la espalda, arremetían contra él a puñetazos, lo empujaban. Aquello era increíble. Mientras tanto, Jesús sufría el dolor más intenso. Me dio la impresión de que había perdido parcialmente la conciencia, porque ya había derramado mucha sangre; tanto su rostro como su espalda eran un amasijo rojo. No sólo lo habían despojado de su ropa, sino que ahora también lo despojaban de su carne.

*¿Qué fue lo que viste durante el camino al calvario?*

Asistí al transporte de la cruz camino del calvario. Se notaba que era un camino muy transitado, porque la tierra estaba endurecida y las piedras habían sido hechas a un lado. Jesús recorrió ese camino. La cruz que cargaba era simple, apenas dos maderos entrecruzados. Una vez que los unieron, los apoyaron contra su hombro.

Fue por eso que fijé mi atención en su hombro. No sé nada de anatomía, pero vi que dos huesos de su hombro hacían un movimiento en zigzag; pude verlos porque ya no había carne que los cubriera. La cruz se apoyaba precisamente en esa parte de su hombro y le desgarraba los huesos, que ya no la carne. De pronto Jesús se vino abajo, y al caer la cruz chocó contra su espalda. A cada intento suyo por levantarse, se le pateaba y golpeaba, de manera que volvía a revolcarse en el suelo. Tuvo que hacer grandes esfuerzos para ponerse nuevamente de pie.

Ya no podía caminar. Arrastraba los pies sobre el suelo. Los arrastraba tan lentamente que avanzaba apenas un par de centímetros a cada turno. Tenía que hacer un esfuerzo verdaderamente sobrehumano para seguir adelante. Vi entonces que la Santísima Virgen descendía por aquel camino. Se aproximó por la dirección opuesta para encontrarse con Jesús. En cuanto estuvieron cerca, ambos se congelaron un par de segundos.

Ninguno de los dos pronunció palabra; se lo dijeron todo con la sola expresión de sus rostros. A él le dolió profundamente que su Madre tuviera que presenciar aquella escena; a ella, no poder hacer nada por él, aun teniendo el vivo deseo de remplazarlo. La aflicción en la mirada de ambos fue enorme, más allá de nuestra comprensión. No pude deshacerme en mucho tiempo de la sensación de horror que ese momento dejó en mí, pero un buen día Dios simplemente la hizo desaparecer de mi memoria. Gracias a ello, el espanto de aquella escena ya no me mortifica tan a menudo. Ahora puedo hablar de ella, pero no siempre estoy en condiciones de hacerlo. Sin embargo, la mayor parte del tiempo me siento libre de los efectos de aquella terrible experiencia, que me mantuvo pasmada durante un lapso muy prolongado. Aquella vez me di cuenta de que el corazón de Nuestra Señora está verdaderamente hecho trizas después de lo que sufrió, porque fue como si una espada lo hubiera traspasado sin cesar.

*Supongo que te será difícil describirnos la crucifixión de Jesús, pero te rogaría que lo hicieras.*

En la crucifixión no vi a los otros dos hombres que también fueron crucificados. Sólo vi a Jesús. El madero fue abruptamente lanzado al suelo, tras de lo cual también Jesús fue dispuesto sobre la cruz con extrema rudeza. Vi entonces por primera vez cómo se le traspasaba con los clavos. Parecían clavijas de acero; eran largos y angostos. Un hombre jaló la mano de Jesús y la fijó apoyando su pie encima de ella, mientras que otro se la clavaba con una especie de barra. También en ese momento me fue permitido desviar la vista. No pude soportar aquella escena. El clavo atravesó su muñeca, pero no en forma recta. Oí que los hombres comentaban entre sí que no había penetrado verticalmente. Y, en efecto, bastaba ver el clavo para comprobar que estaba inclinado. Los hombres si-

274 El Sufrimiento, el Sacrificio y el Triunfo

guieron hablando, y finalmente decidieron limitarse a verificar que, aunque inclinado, el clavo estuviese firme.

Luego se trasladaron al otro costado de Jesús. Por el modo en que lo movían parecía que fueran a destazarlo. Lo jalaron, el mismo hombre volvió a poner su pie sobre la mano de Jesús y el otro se la clavó. Luego hicieron lo mismo con sus pies. En el suelo se había abierto ya un hoyo rodeado de piedras. Los dos hombres levantaron la cruz, con Jesús ya prendido a ella, y simplemente la dejaron caer sobre el hoyo. El movimiento fue tan brusco que el cuerpo de Jesús estuvo a punto de separarse del madero, pero no fue así: se hallaba firmemente asido a él por los clavos que atravesaban sus manos y sus pies. Pensé que ya había muerto. Sin embargo, noté que se movía levemente, pero la escena se desvaneció en ese instante.

*¿Has tenido otras apariciones en las que hayas atestiguado el sufrimiento de Cristo?*

En diciembre de 1994, durante la oración vespertina en la capilla de la casa de oración, vi a Jesús en la cruz, con la cabeza inclinada, el rostro golpeado, señas de sangre coagulada y marcas de sangre en todo el cuerpo. De pronto elevó la cabeza haciendo un gran esfuerzo y, aunque se le veía ofuscado, parecía querer dirigirse al pequeño grupo que oraba en la capilla. Vi entonces que unos quince ángeles se turnaban para enjugar dulcemente la sangre de sus heridas, escena que sin embargo resultaba patética y era difícil de soportar. La única de sus heridas que no tocaban era la de su costado, de la que no cesaba de fluir sangre. Aquello me impresionó profundamente, al grado de causarme dolores en todo el cuerpo, y en especial en la cabeza. Mi ojo izquierdo se resintió mucho.

*¿Qué efecto tiene el pecado en Nuestro Señor?*

El pecado lo destroza. Jesús redimió nuestras almas, nos liberó. Al haber sido redimidos por Cristo, pasamos a formar parte de su cuerpo místico. De este modo, con la división, el odio, la violencia y cualquier otra forma de pecado no hacemos otra cosa que destrozar el cuerpo de Jesús, su cuerpo místico. Es necesario que le ofrezcamos amorosamente a Jesús nuestros sufrimientos. Esto quiere decir que no podemos hacer nada por nosotros mismos, pues todo nos es concedido por Dios, incluso nuestros sufrimientos. Y si se los ofrecemos, seguramente habrá de darnos más, porque de ese modo conseguimos que los demás reciban amor, paz y unidad. Cuando se nos abofetea o nos vemos obligados a cargar una cruz, debemos aceptarlo por amor a Cristo, pues de esta manera cerramos las heridas de su cuerpo. Jesús desea que todos seamos santos y puros. Él seguirá sufriendo, como en el calvario, a través de cada uno de nosotros hasta que todos hayamos sido purificados. Cuando eso ocurra, seremos perfectos en unión con él.

*Christina, has dicho que sufres en tu mente, alma, cuerpo y corazón, pero que cada sufrimiento es diferente. ¿Podrías explicárnoslo?*

Cuando sufro en la mente, mis sufrimientos me atormentan; nunca encuentro paz. Me siento permanentemente angustiada, y sé que lo estoy. Suelo ser de mente distraída, pero cuando sufro sencillamente no puedo dejar de pensar en ello. Ocasionalmente, cuando se me permite penetrar en un sufrimiento interno o cuando encuentro muchos pecados a mi alrededor, siento angustia y desconsuelo. La pena del corazón es un sufrimiento muy intenso, que también afecta a la mente. El dolor del cuerpo puede o no ser soportable; me resulta difícil explicarlo. Es como un sentimiento de abandono y oscuridad. Ningún ser humano puede deshacerse de este vacío hasta que Dios decide llenarlo con su gracia y la luz del Espíritu Santo.

*¿Qué quieres decir con la expresión de que se te permita encontrar "muchos pecados" a tu alrededor? ¿Quiere decir que ves a la gente cometer pecados?*

Sí, en ocasiones se me permite ver que la gente peca, y entonces la Virgen me dice: "Haz como yo: considera todo en tu corazón y ora."

*Christina, dado que eres un alma ofrecida como víctima, tus sufrimientos están unidos a los de Nuestro Señor. ¿Podrías hablarnos de ello?*

Gracias a lo que se me ha revelado, ahora me doy cuenta de que todos los pecados del mundo y todos los pecados de la carne destrozan los corazones de Jesús y su Madre. Mi corazón y mi mente sufren por ello. A veces siento dolores muy intensos en las muñecas, donde se encuentran las heridas de Cristo. Ese dolor suele extenderse a las palmas de las manos, en las que experimento entonces una sensación ardiente. Pero, si te soy honesta, no me gusta mucho hablar de estas cosas. Por ejemplo, hoy sentí dolor en las manos varias veces. Me alegra que en ocasiones el Señor impida que mi dolor sea visible para los demás. Sin embargo, a veces los síntomas son muy notorios. A veces quisiera que las marcas del dolor desaparecieran, pero son tan reales que no pueden desvanecerse. Acepto el dolor, pero no su notoriedad. Muchas veces me duelen las manos, los pies y la cabeza. En tres ocasiones he tenido dolores de corazón. Se trata de una forma física de sufrimiento. ¿Cómo explicar, en cambio, el sufrimiento del alma? Es mayor que el de la mente o el cuerpo. Todo mi interior es devastado. Es peor que cualquier otro tipo de sufrimiento. Supongamos que tú estuvieras enfermo del corazón y una gasa te cubriera la herida; si alguien te la desprendiera bruscamente, sentirías sin duda un dolor muy agudo.

Lo mismo se siente en el alma; es como si se le desgarrara y ajara violentamente. Sin embargo, de pronto llega la luz. Su arribo causa enorme alegría, pero también quema el corazón. No entiendo por qué sucede esto. Ni siquiera entiendo lo que estoy diciendo; lo único que sé es que lo siento. No puedo expresarlo con claridad, pero no podría explicarlo de otra manera que como lo hice.

*¿Aún te causan dolor los estigmas en tus manos y pies? ¿Siguen siendo visibles como rojas marcas?*

En ocasiones han sangrado. Es como si súbitamente emitieran un calor intenso. Se muestran en carne viva y después desaparecen. Cuando son visibles, a veces me causan dolor, pero el dolor suele ser más intenso cuando no son visibles. Le he rogado insistentemente a Dios que no permita que mis marcas sean visibles, porque no me gusta que se vean. Es un conflicto entre mi voluntad y la voluntad de Dios. De modo que suelo concluir mis oraciones de la siguiente manera: "Señor, ayúdame en mi debilidad, pero que no sea mi voluntad la que se haga, sino la tuya."

*Cuando sientes dolor en la cabeza, el dolor de la corona de espinas, ¿las marcas son visibles?*

Sí. Son visibles por un tiempo, pero después desaparecen. Sin embargo, muchas veces he sentido dolor sin que estén presentes. Siento que mi cabeza estuviera llena de orificios; que agudas espinas atravesaran ciertas partes de mi cabeza. Y lo siento independientemente de que las marcas sean visibles o no.

*En repetidas ocasiones has hecho mención del valor del sufrimiento. ¿Podrías decirnos qué te ha enseñado el Señor acerca del sufrimiento?*

El Señor me ha enseñado muchas cosas acerca del sufrimiento de las almas ofrecidas como víctimas. Sólo podría explicarlo diciendo que yo no soy el cuerpo místico de Cristo, sino sólo una pequeñísima parte de él. Todos juntos componemos ese cuerpo. Sólo con esto en mente es que puedo explicar mis sufrimientos. Es como las manos del cuerpo: la izquierda y la derecha son diferentes. Supongamos que la izquierda representa a alguien a quien se le ha pedido trabajar intensamente. Esta mano sería una persona que le ha respondido a Dios y se muestra abierta a él. Dios puede entonces derramar su gracia en el corazón y el alma de esta persona. Y como ésta le ha abierto su corazón, está en condiciones de responder al espíritu y la gracia de Dios. Esta persona es como una mano abierta dispuesta a realizar la obra de Dios. La persona que, en cambio, se ha cerrado a Dios y no está consciente de él es como una mano paralizada. Entre más cosas le concede Dios a esta persona, mayor es el deseo del Maligno de atacarla, a causa de su valor para el cuerpo místico de Cristo. Es entonces cuando Jesús se sirve de la entrega y el sufrimiento del alma victimada. Permite que su gracia fluya libremente de la mano izquierda a la derecha, con lo que ésta recobra vida. Esto es lo que se conoce como conversión. Todo aquel que ama a Jesús ama también el sufrimiento, porque Jesús se sirve de los sufrimientos en bien de la conversión de los demás.

*¿Podrías decirnos algo acerca de la visión de tu propia muerte?*

Se me ha mostrado mi muerte. Cuando se me reveló cómo moriría, en ese instante le dije a Dios que lo que Jesús me mostraba parecía muy fácil. En el fondo, había deseado que fuera un acontecimiento más difícil. Por lo general no suelo pedir que las cosas sean más difíciles, a menos que Dios me inspire desearlo. Así, cuando rogué una muerte más difícil, Jesús me dijo que no era su deseo que yo sufriera mucho. Entonces le dije: "Pero, Señor, sólo de esa manera puedo servir de algo. Sé que todos mis sufrimientos están unidos a los tuyos."

*Así pues, se te mostró cómo morirías, el tipo de muerte que tendrás. ¿Viste a tu alma abandonar tu cuerpo?*

Sí. Me fue revelado el momento en que mi alma saldrá de mi cuerpo para ser recibida por Jesús y la Santísima Virgen.

*¿Qué ocurrió después?*

Pedí sufrir más, una muerte más difícil, pero Jesús no me dijo cuál sería.

*¿Te viste sufrir en una cama o que morirías en un accidente? ¿Viste cómo morías?*

Preferiría no hablar de esto. Ya lo he hablado con mi director espiritual.

# TREINTA

# La Hora de la Caída de las Columnas

De cierto, de cierto os digo, que vosotros lloraréis y lamentaréis, y el mundo se alegrará; empero, aunque vosotros estaréis tristes, vuestra tristeza se tornará en gozo.

—Juan 16, 20

Las revelaciones hechas a Christina Gallagher acerca del futuro del mundo parecen predecir una era de paz antecedida por terribles acontecimientos. Los males del mundo actual están presentes en el enigma del significado de estas revelaciones, motivo por el cual muchas personas prevén un futuro incierto, que las llena de angustia y temor. Los primeros cristianos suponían que antes de morir atestiguarían la segunda venida de Cristo (1 Tesalonicenses 4, 13–18).

Abundan las penas en el mundo, pero nadie puede arrebatar la paz de quienes conocen a Dios. Así lo ha dicho la Reina de la Paz a sus hijos que responden a su llamado sean cuales sean los acontecimientos del mundo.

A Christina Gallagher se le ha revelado, así, un futuro con grandes perspectivas. Más que nada, son muchos los signos que anticipan que Dios está activo en nuestra vida y en el mundo. La suerte del mundo ya está decidida, como lo sabemos por la Escritura. De este modo, la función de las revelaciones hechas a Christina no es diferente de la que cumplen otros mensajes o signos de la Virgen o el Señor al mundo. Son una invitación a una mejor relación con el creador, no basada en el miedo, sino en el amor, la confianza y la aceptación. Quienes viven según las reglas de Dios y escuchan su mensaje de amor y su invitación a la paz son parte verdadera del cuerpo místico de Cristo y viven con la seguridad que les da su misericordia. Christina lo ha dicho de esta manera: "No debemos temer al oír hablar de castigos; así nos lo indica nuestra Madre por medio de la Santísima Trinidad. El suyo es un llamado al arrepentimiento, un llamado de amor a prepararnos."

Los mensajes a Christina Gallagher pueden ser mejor entendidos desde ese punto de vista. Pero, como siempre, nadie puede explicarlos mejor que la propia Christina.

*¿Te han dicho con precisión Nuestra Señora o Jesús qué significa el castigo?*
El fin de los tiempos—el fin del pecado—, momento en el que Dios purificará al·mundo de la presencia del pecado. Se me ha dicho que ello ocurrirá en tres etapas. En la primera, el mundo, o sus habitantes, sufrirá enormemente. Ese sufrimiento será cada vez mayor, pero por él el mundo será purificado. Esto puede parecerles terrible a muchas personas, pero es un hecho que todos seremos purificados por el sufrimiento. El dolor nos conducirá a Dios por el camino de la cruz. Es decir, nos purificará.

Es pensando en la segunda etapa que Nuestra Señora insiste en que debemos orar, pues será entonces cuando Dios le permitirá derramar su gracia en el mundo. Sin embargo, muchas personas mantienen cerrado su corazón. En esta segunda etapa todos cobraremos conciencia de la existencia de Dios. Según lo que se me ha revelado, incluso las personas que jamás hayan oído hablar de él lo conocerán repentinamente. Dios y su Madre derramarán abundantemente su gracia sobre el mundo por el poder del Espíritu Santo. Los corazones se convertirán por completo, y adquirirán por lo tanto pleno conocimiento de Dios. Sin embargo, todavía estarán dotados de libre albedrío, por el que podrán volver a sus prácticas de pecado. Quienes retrocedan no recibirán la gracia, pues ya no tendrán excusa para su comportamiento: conocerán ya perfectamente a Dios.

En la tercera etapa, quienes no hayan respondido al llamado de Nuestra Señora ni aceptado la gracia derramada sobre el mundo por ella y Jesús carecerán de la fuerza necesaria para resistir al pecado y volverán a él. Dios procederá entonces según lo advirtió, y de acuerdo también con lo anunciado por Jesús: su mano caerá sobre el mundo más rápidamente que el viento. Después vendrá la hora del castigo.

*¿Cuándo ocurrirán los signos de los que has sido informada?*

Ignoro los detalles de lo que sucederá, y aun si los supiera no los daría a conocer sin la autorización para hacerlo. Sin embargo, se me dijo que, por ejemplo, a partir de 1992 muchas personas clamarían a Dios sin ser escuchadas. Creo entonces, con base en lo que Jesús me ha dicho, que el tiempo de su misericordia está por concluir, y por empezar el de su justicia. Supongo que el periodo del sufrimiento formará parte del de la justicia. La justicia de Dios se iniciará precisamente con la etapa de sufrimiento más intenso.

*Por lo que me dices, se te han revelado cuestiones decisivas del futuro del mundo, que tal vez en su momento no merecerán las primeras planas de los diarios. Aun así, se trata de importantes avances hacia el triunfo del Inmaculado Corazón. ¿Es correcta esta interpretación?*

Sí. Entre otras cosas, también se me reveló que había conversaciones secretas entre los principales líderes del mundo y que se corría el riesgo de una guerra nuclear entre Rusia y China.

*¿Se trata de amenazas pasadas o presentes?*

Presentes, hasta donde entiendo.

*Muchas personas han planeado la posibilidad de una guerra nuclear entre Estados Unidos y la antigua Unión Soviética, pero tú te has referido a China y la Unión Soviética ...*

Sí, a Rusia y China.

*¿Podrías hablarnos de tus experiencias con la sagrada eucaristía y la Biblia?*
Sí. En una ocasión vi una iglesia. Se hallaba completamente a oscuras. Personas y demonios acompañaban a la santa eucaristía … Ellos y ellas se burlaban por igual de la eucaristía y la Biblia. Me dio mucha tristeza, y temor. Sentí que vivía en el lugar y época en que eso ocurría. Pero de pronto apareció una cruz luminosa, y Jesús sobre ella. De su corazón y de su costado manaba sangre, la cual caía en abundancia al suelo. Sin embargo, debajo de Jesús estaba el mundo, que al ser tocado por la sangre dio lugar a la aparición de una luz aún más intensa. La luz provenía del Padre eterno en el cielo, sobre Jesús. Tenía el Padre las manos extendidas hacia el mundo. De ellas salía la luz, la que al alcanzar al mundo se unió en él con la sangre del corazón y costado de Jesús. El mundo se iluminó entonces, como si una luz hubiera sido encendida en su interior. Después me vi en el punto en el que había visto a la gente, pero esta vez no había rastros de ella en la oscuridad, ni de demonios. Todos se habían ido. También la iglesia en tinieblas había desaparecido, y en su lugar se encontraban ahora muchas personas llenas de alegría, felicidad y paz. Todos hacían su trabajo con inmensa dicha. Vi ángeles. Su forma estaba hecha de luz. Eran de todos los colores imaginables y parecían tener comunicación directa con el cielo, es decir, con el punto por encima del mundo, en donde continuaban presentes Jesús y el Padre eterno. Los ángeles se acercaban al mundo, e iban y venían a placer. Todo era belleza.
*¿Qué deduces de todo ello? ¿El mundo será así después de la purificación o de los grandes signos? ¿Así es como responderá?*
Supongo que estas escenas corresponden al momento posterior a la purificación de los pecados del mundo por obra de Dios.
*Siendo así, el mundo no necesariamente se hará bueno después de la aparición de los grandes signos.*
No de inmediato, porque la gente seguirá teniendo libre albedrío, y por tanto podrá volver al pecado; no será ése aún el momento del castigo. A ello se debe que Nuestra Señora desee la consagración de Rusia, pues quiere reducir la intensidad del castigo.

*¿Te han hablado Jesús o la Santísima Virgen acerca de las advertencias?*
Me han hablado de ellas en el sentido de que todos aceptaremos
la realidad de la existencia de Dios. Que Dios es real, no un mito.
De nuestra respuesta a ello dependerá el arribo de la hora de la
advertencia. Se me hizo saber que todo será decidido por la mano
de Dios.
*¿Te han mencionado específicamente la palabra "advertencia"?*
No … signo.
*¿Qué les sucederá a quienes no se conviertan?*
No lo sé. Pero Nuestra Señora no deja de insistir en que debemos
orar, hacer sacrificios y ayunar. Y no sólo para prevenir desastres,
sino también en beneficio de nuestra propia protección, purificación y guía. Es su deseo que también todos los que se han alejado de Dios procedan en esta forma. La Virgen es Madre de todos
y nos ama a todos por igual, pero se preocupa en particular por los
ciegos de espíritu. Desea que todos seamos miembros activos del
cuerpo místico de Cristo. Si vemos que un hermano o hermana se
desvían, es nuestro deber orar por ellos, lo mismo que por los sacerdotes, obispos, cardenales, monjas y el Santo Padre. Y no sólo
porque Nuestra Señora nos lo pida, pues en realidad, como ella
misma lo ha subrayado, no es una petición sino un deber.
*¿Te ha dicho algo Nuestra Señora sobre los no creyentes?*
La Reina de la Paz me ha hablado de sus hijos extraviados, por los
que llora. Me ha dicho que algunos de sus hijos se han perdido—
algunos de ellos para siempre—y que eso le produce enorme
dolor. Sin embargo, nunca juzga a nadie. Sólo me hace ver que
sufre, a un grado tal que yo misma siento un gran sufrimiento interior cuando veo que la Virgen llora por los hijos que ha perdido.
Daría gustosamente mi vida, y hasta cien veces, para enjugar así
fuera una sola lágrima de los ojos de Nuestra Señora.
*¿Podrías hablarnos de lo que te dijo Jesús en su mensaje del 18 de octubre
de 1991, referente a su justicia? ¿Qué significa su justicia?*
La justicia de Dios comienza donde termina su misericordia.
Llegado ese momento, dejará de tener simpatía por su pueblo. El
mundo sentirá el dolor de su rechazo, y Dios se alejará tanto de él
que la gente se dará cuenta de la gravedad de sus pecados.

*¿Viste otros desastres cuando estuviste en Estados Unidos?*

Vi lo que se me mostró en Los Ángeles, pero Jesús me mostró después otros lugares de Estados Unidos en condiciones aparentemente semejantes a las de Los Ángeles. En una ocasión vi que en una costa el agua devoraba las casas, y que cadáveres se extendían por el suelo. Jesús me reveló muchas calamidades, y después me di cuenta de que representaban la justicia divina. Supe que muchos lugares de Estados Unidos serán azotados por lo que la gente llama "desastres naturales," que serán en realidad producto de la justicia de Dios.

*¿En tus visiones notaste que la gente se percatará de que lo que ocurría era consecuencia de la justicia divina?*

Hasta donde sé, todas estas cosas sucederán hasta llegar a un nivel en el que la gente deje de llamarlas "desastres naturales." Cuando éstos lleguen a su culmen, la gente sabrá por fin que el origen de aquellas calamidades no era la naturaleza. Así, comenzará a darse cuenta de que algo está mal, muy mal.

*Dices que Estados Unidos será sometido a sufrimientos tan grandes que la gente terminará por percatarse de que proceden de Dios. ¿Cómo sabes que lo notará? ¿Se te hizo saber que la gente tomará conciencia de ello?*

Sí: La gente terminará por aceptarlo. Tratará de explicárselo como "desastres naturales" o "acontecimientos desafortunados." Atribuirá lo ocurrido a la naturaleza, y encontrará toda clase de razones científicas. Hablará de "tormentas inesperadas" y dirá que todo fue "inesperado." En consecuencia, se resistirá a aceptar que el origen de todos sus problemas es el pecado de la humanidad. Jesús me dijo que, en efecto, muchas personas no comprenderán que los sucesos que ocurran en Los Ángeles tendrán su origen en el pecado. Incluso me dijo que yo misma no podía imaginarme la cantidad de pecados que se acumula ahí.

*¿Se te reveló que la gente habrá de convertirse y retornar a Dios?*

Hasta donde sé, la gente no necesariamente se convertirá. Temerá al saber que lo que ocurre no son precisamente desastres naturales, pero no tendrá manera de comprobarlo. Aquellos acontecimientos sobrenaturales llegarán entonces a un grado tal que causarán profundo temor y, consecuentemente, conciencia. La gente se dará cuenta de que algo no marcha bien, pero se preguntará qué es lo que no funciona.

*¿Supiste por revelación interior que la gente se percatará finalmente de que el origen de aquellos hechos no es natural?*

Sí; fue algo que se me reveló en mi interior.

*¿Nuestra Señora te ha dicho algo acerca de la guerra o de futuras guerras?*

Sólo del riesgo de una guerra nuclear entre Rusia y China, y que tenemos que orar para evitarla.

*¿Ha mencionado a Estados Unidos como participante en esa guerra?*

No.

*Has dicho que a partir de 1992 muchas personas claman en vano al Señor. ¿Podrías explicárnoslo más claramente?*

Sí. Eso quiere decir, según se me reveló, que la misericordia de Dios ha comenzado a agotarse, y que su justicia está por empezar.

*¿Sabes más cosas al respecto?*

Preferiría no responder a esta pregunta.

*¿Se te han dicho más cosas sobre la guerra o futuras guerras?*

La Santísima Virgen me ha dicho que todo depende de nosotros. Sin embargo, hace poco me dijo que habrá una tercera guerra mundial si su pueblo no responde a su mensaje. Me lo dijo en febrero de 1993.

*¿Te dijo más cosas entonces?*

Sí. Que Jesús no desea que ocurra. Que es el Maligno quien pretende servirse de los jóvenes como instrumentos de destrucción, pero que Dios no lo desea.

*¿Qué quiso decir Nuestra Señora con eso? ¿Que los pecados de la juventud provocarán la tercera guerra mundial?*

Es obvio que los jóvenes pueden ser más fácilmente manipulados por el Maligno que los adultos. Así pues, resultan ideales para el demonio. Es por ello que la Virgen desea que los jóvenes de Irlanda y el mundo se consagren a su Inmaculado Corazón. Ésa es la única forma en que podrá protegerlos. Desea que, por voluntad propia, se consagren a sí mismos a su Inmaculado Corazón.

Acto de Consagración

*¡Oh, María, Reina de la Paz!*
*Hoy me consagro a tu Inmaculado Corazón.*
*Cúbreme con el manto protector de tu amor maternal*
*y condúceme a la herida del latiente corazón de tu Hijo.*
*Límpiame con la preciosa sangre que brota de tu corazón*
*y el de tu Hijo, unidos en perfecto amor.*
*Pongo mi vida en tus manos*
*para unirme a tu amor y tu gracia*
*por medio de tu medalla Matriz,*
*que portaré amorosamente como símbolo de mi entrega a ti.*
*Modela mi corazón para que refleje la imagen de tu Hijo*
*hasta que yo también haya aprendido a amarlo como tú,*
*con verdadero y perfecto amor. Amén.*

(Oración escrita por el reverendo
doctor Gerard McGinnity.)

*¿También te dijo eso en febrero de 1993?*
Sí.
*¿Recientemente Nuestra Señora te ha dicho algo acerca de la guerra nuclear?*
No, no la ha mencionado recientemente. A últimas fechas no me ha dicho nada acerca de ninguna guerra. Sin embargo, se me ha revelado que en muchas partes del mundo habrá guerras menores, y que por todos lados se extenderán diferentes enfermedades. Asimismo, que veremos mayores casos de destrucción, producto no sólo de desastres, sino también de enfermedades y hambrunas. Esto se me dijo en octubre o noviembre de 1992.
*¿Qué más te dijo Nuestra Señora?*
Que yo misma vería la creciente difusión de todos estos fenómenos. En revelaciones interiores recientes se me han dado a conocer algunos acontecimientos relacionados con el futuro de Inglaterra. Supe que esa nación caerá a causa de su inmoralidad y

falta de fe en Dios. Las cosas llegarán a tal extremo que la reina y la monarquía desaparecerán. No habrá trabajo. El crimen prosperará en todas partes y la pobreza se extenderá. Sin embargo, también en este caso todo será en beneficio de la vida espiritual de la gente, que encontrará a Dios en la profundidad de su sufrimiento. Esto me fue revelado como algo absolutamente cierto.

*¿Se te dio a conocer entonces que la familia real perderá su poder y privilegios?*

Sí, poder y respeto, tras de lo cual desaparecerá. Las cosas se volverán cada vez más difíciles en Inglaterra, al grado de que la gente sobrevivirá apenas con pan y agua o se morirá de hambre. Pero el sufrimiento hará que muchos vuelvan la vista a Dios.

*Se trata, así, de algo muy similar a lo que ocurrirá en Estados Unidos, salvo que el tipo de sufrimiento será diferente.*

Sí.

*¿Qué pasará en el resto del mundo?*

La guerra azotará a diferentes regiones del mundo, a causa de sus dirigentes. Se me hizo saber que Rusia y China sostienen conversaciones secretas. Son ellas las que representan un riesgo. Si estallara una guerra entre Rusia y China, deberemos prepararnos a las consecuencias más terribles. Nuestra Señora desea que oremos para que tal cosa no ocurra.

*Has hecho mención explícita de Inglaterra y Estados Unidos. ¿Has visto o recibido algún mensaje relacionado con Europa o alguna otra nación en particular?*

Del único otro lugar del que he sabido algo es de Hawaii. Cuando fui a Hawaii supe que era un sitio impío. La Iglesia prácticamente no existe ahí.

*Hawaii sufrió un terrible huracán el otoño pasado. ¿Podría haber sido parte de lo que viste?*

Fue realmente una coincidencia, porque una señora nos invitó a mi director espiritual y a mí a su hotel en Hawaii. Cuando llegamos, pude saber con toda claridad que aquella mujer no creía en nada de lo que me pasaba. Me resultó muy difícil mantener una cara alegre y comportarme como si no lo supiera. Tenía que actuar como si no supiera nada. A pesar de todo, fue muy amable con nosotros.

Tiempo después, luego de ocurrido el huracán, esta señora le dijo a mi director espiritual que había orado a causa de nosotros. Le había dicho a Dios: "Señor, ¡sé que por haber estado aquí el padre McGinnity y Christina Gallagher nos protegerás!" Y, en efecto, la señora le dijo al padre McGinnity que no le había pasado nada a su hotel durante el huracán. Todo había quedado en perfectas condiciones. Los bungalows cercanos, en cambio, lo mismo que casi toda la zona, sufrieron grandes daños, con pérdida de techos, por ejemplo. Pero su hotel, que se halla junto al mar en un punto muy elevado, no había sufrido daño alguno. Así pues, reconoció abiertamente, y se lo hizo saber a muchas personas, que su hotel había sido protegido por Dios.

*La noche del sábado 26 de diciembre de 1992, dijiste: "Vi el rostro de Boris Yeltsin. Se veía muy mal; parecía lleno de odio, como arrebatado. Después vi a mucha gente huir de un incendio, aunque ella misma ya estaba cubierta por las llamas."*

Sí.

*¿Podrías hablarnos de esta experiencia?*

Vi que las llamas crecían cada vez más, y que eran rodeadas por demonios. Vi, en efecto, el rostro de Yeltsin. Vi que la gente huía del fuego y que el rostro de Yeltsin se incendiaba. La gente gritaba. Yeltsin tenía una fría expresión de odio. Fue horrible. Me impresionó en particular ver que la gente misma se incendiaba.

*¿Era el caos en Rusia?*

Vi que en Rusia y luego en lo que parecía un lugar diferente había camiones, tanques y jeeps. Estaban llenos de soldados con uniforme gris. Los vi marchar, pero sólo pude verlos por la espalda. Uno de ellos en particular me pareció sumamente joven. Era casi un niño, de dieciséis o diecisiete años. Volvió la vista y me miró a los ojos. Era oriental. Recuerdo que me miró directamente. Su piel era amarilla.

*¿El triunfo del Inmaculado Corazón comenzará en Filipinas?*

Jesús me dijo que el triunfo del Corazón Inmaculado de su Madre tendrá lugar ahí, y que de ahí se extenderá por todo el mundo.

*En este momento nos encontramos en agosto de 1993. ¿Qué le ocurrirá a la Iglesia en los difíciles tiempos por venir?*

La Iglesia sufrirá gran deterioro en bien de su purificación, y luego se renovará. Lo que ahora está sucediendo no es nada en comparación con la decadencia y deterioro de la Iglesia que presenciaremos en el futuro. Asimismo, asistiremos al deterioro de la fe y la moral en todos los países del orbe. Las cosas serán más graves que en la actualidad, por más que nos parezca que ya no pueden ser peores que ahora.

*¿Qué más ocurrirá?*

Nuestra Señora me dijo que habrá guerras menores en diferentes partes del mundo, y que se extenderán a otras zonas. Entre sus consecuencias estarán el incremento del ateísmo, la falta de fe en Dios y la desesperación. Jesús me dijo que el pecado crecerá más velozmente que la maleza, y que quienes tienen fe deben orar por quienes no la tienen. Me dijo también que los desastres que ocurrirán inducirán a muchos a blasfemar contra Dios, no a convertirse. En vez de acercarse a Dios, muchas personas se volverán más furiosamente contra él y se hundirán más profundamente en el pecado.

*¿Quisieras añadir algo que no nos hayas dicho hasta ahora?*

Sí. Jesús me mostró una parábola acerca de la Iglesia. La recibí en 1993. Vi a miles de sacerdotes en un vasto campo. Estaban sembrando. Muy pronto, algunos de ellos comenzaron a sudar, sangre en ciertos casos; pero otros no sudaban. De pronto, con extrema rapidez, las semillas empezaron a brotar y florecer, casi tan pronto como se les sembraba. Las semillas sembradas por los sacerdotes que sudaban, y en especial por los que sudaban sangre, se convertían en una planta gruesa repleta de mazorcas, mientras que las sembradas por los que no sudaban generaban apenas inútil paja, aunque de grandes dimensiones, como nunca se ha visto. Las cosas continuaron así hasta que Jesús apareció, iluminado por una luz muy intensa. Se acercó a los sacerdotes que no sudaban, rodeados por la paja, a quienes les dijo: "¿Qué es lo que pueden darme?" Los sacerdotes temblaban, y rogaban perdón. Todos se colocaron frente a él y repetían: "Perdónanos, Jesús." El Señor no les contestó. Se presentó entonces un ángel; supe que era el Ángel de la Ira. Surgió desde detrás de Jesús, y portaba una espada. La desenvainó y se acercó a la paja, que creí que cortaría; sin embargo, sólo la tocó, pero al instante la paja ardió en fuego. Los sacerdotes huyeron. Jesús se acercó entonces a los que sudaban sangre. Les gritó, pero eran gritos de alegría. Les dijo: "Hermanos, esto es para ustedes." Tendió su mano hacia donde habían estado los otros sacerdotes y la paja, lugar que para ese momento ya se había convertido en un hermoso y fértil terreno, sin paja ni sacerdotes. Ya no quedaba traza de éstos; todo era ahora un lugar muy hermoso.

*¿Qué indicaba aquel terreno fértil?*

Jesús recompensaba así los frutos de los sacerdotes, y les ofrecía la oportunidad de obtener más frutos aún, pues, tal como él mismo dice en la Escritura, "a aquel que tenga se le dará más, y a quien no tenga casi nada incluso eso se le quitará."

*¿Qué significado tiene todo esto para ti?*

Se me mostró claramente el error que cometen algunos sacerdotes. Deduzco que las semillas representan la palabra de Dios. Quienes la difunden erróneamente no obtienen fruto alguno, sólo paja. Quienes, en cambio, hacen su mejor esfuerzo, sudan sangre. Todo esto se revelará claramente cuando Jesús se presente a exterminar las discrepancias entre los hombres.

# QUINTA PARTE

## Víctima por Cristo

# TREINTA Y UNO

# Un Alma Pequeña

Con Cristo estoy juntamente crucificado, y vivo, no ya yo, mas vive Cristo en mí.

—Gálatas 2, 20

En su libro *Portadores de las heridas de Cristo*, Michael Freze, S.F.O., expone con toda claridad uno de los más increíbles misterios de la fe cristiana: los estigmas. Escribe en él:

A pesar de las riquezas que hemos heredado de la tradición sacra, algunos misterios de la fe siguen fascinando y hasta sorprendiendo a las mejores inteligencias, ya sea teólogos o laicos.

Tal es el caso del fenómeno místico conocido como los estigmas sagrados. Aquellos en cuyo cuerpo se imprimen las heridas de Nuestro Señor son transformados en crucifijos vivientes que comparten la Pasión de Cristo por la redención del mundo. Son sus almas elegidas predilectas.[1]

Se dice que la rica tradición de los estigmas comenzó con San Pablo, aunque quizá es San Francisco de Asís el santo más conocido por haberlos poseído. Según el distinguido erudito parisino doctor Imbert-Gourbeyre, en la historia de la Iglesia ha habido 321 creyentes marcados auténticamente con los estigmas (y por ello llamados en ocasiones "estigmáticos"). Él mismo los consigna en su monumental obra en dos tomos *La estigmatización*, publicada en 1984. Sesenta y dos de ellos han sido canonizados o beatificados por la Iglesia.[2]

De acuerdo con Freze, el siglo XX puede ser considerado como "el siglo de los estigmas," puesto que durante él han sido documentados e investigados más de dos docenas de casos de estigmatización, muy pocos de los cuales, sin embargo, han sido formalmente reconocidos por las autoridades de la Iglesia. No obstante, y a diferencia de lo ocurrido en siglos anteriores, ahora contamos con casos exhaustivamente documentados de muchos estigmáticos aún con vida o recientemente fallecidos que han sido sometidos a amplias investigaciones tanto por expertos médicos como por teólogos.[3]

Freze señala que, además, contamos ahora con las importantes evidencias provistas por la fotografía, la anatomía, la biología y la química, todas las cuales permiten fundamentar la veracidad de muchos casos.

Debido a estas evidencias, la cuestión de la estigmatización auténtica ha dejado de ser una simple curiosidad teológica para convertirse en un hecho observable. Siendo naturalmente un fenómeno de rara ocurrencia, sobre todo si se toma en cuenta que en el mundo existen actualmente más de mil millones de cristianos, los estigmas sagrados son en realidad uno de los milagros más grandes entre los atestiguados por el cristianismo. Son quizá, además, el signo visible más importante de la presencia actual de Cristo entre nosotros. Escribe Freze:

Parecería que Nuestro Señor sigue mostrando misericordia a los "Tomases dubitativos" de nuestro mundo permitiéndoles comprobar la realidad de Dios entre nosotros. "Mete tu dedo aquí, y ve mis manos; y alarga acá tu mano y métela en mi costado, y no seas incrédulo, sino fiel" (Juan 20, 27).

No cabe duda de que Dios nos concede en la actualidad el don de un signo de los tiempos. Un signo que se muestra en las almas victimadas conocidas como estigmáticas. Esas almas comparten los sufrimientos de la Pasión de Nuestro Señor por la redención del mundo. Se trata de almas extraordinarias, santas y puras. Mediante la intensa imitación de Cristo, se les invita a ser uno con él. Son sus seres amados, pero Jesús exige mucho de su ejemplo y sacrificio.[4]

Jesús, en efecto, le dijo a Christina Gallagher: "Ansío que almas pequeñas se abandonen a mí. Las ansío porque las amo."

Christina Gallagher es precisamente una de esas almas. Ha recibido en su cuerpo las heridas de Cristo, no siempre visibles. Ha sufrido las cinco heridas de Nuestro Señor, incluyendo las representadas por la corona de espinas y la flagelación. Sin embargo, aún más extremosos que esas heridas son los sufrimientos que ha experimentado a través de los tormentos interiores de Cristo, esto es, su sensación de abandono y la angustia provocada por los pecados del mundo. Estos sufrimientos, ha dicho Christina, son los más difíciles para ella, pero representan en verdad la parte esencial de su sacrificio.

Con base en sus experiencias, Christina ha afirmado que los sufrimientos de Jesús en Getsemaní fueron peores que los que padeció en su momento final. Esto se debe a que, ha dicho, "la soledad, el aislamiento y la tortura interna del Corazón de Jesús fueron en realidad sufrimientos más intolerables que los tormentos físicos."

Le escribió Christina al padre McGinnity: "Padre, cada vez deseo con mayor intensidad vivir exclusivamente para Dios. Es como un hambre y una sed tremendas. Sin embargo, sólo Dios puede darme lo que en realidad más deseo: el sufrimiento en favor de las almas."

Ahora sabemos que estos textos fascinantes proceden de alguien que antes de vivir las apariciones se describía como un creyente común.

Christina ha padecido, como todos, las dificultades de la vida. No se ha librado de los inevitables conflictos y habituales problemas de la vida diaria. Jamás se ha considerado dotada de un espíritu especial.

Sus primeras sensaciones de los estigmas ocurrieron, según sus palabras, de la siguiente manera: "Lo primero que sentí fue dolor en las muñecas, los pies y la frente. Luego aparecieron las marcas rojas."

Su participación en los sufrimientos de Cristo se debió en realidad a una invitación. Una invitación del propio Cristo.

Sin embargo, no entendió sus implicaciones. Cristo sencillamente le preguntó si deseaba unir su voluntad a la suya. "¿Me permitirás sufrir a través de ti?," le preguntó en 1989. Tiempo después recibió los estigmas de la Pasión.

Como la Madre Teresa, cuya vida llena de voluntarias dificultades se asemeja a la de los pobres y desposeídos para quienes trabaja, para Christina este mundo no ofrece ya ningún encanto ni placer. Sus anhelos al respecto han desaparecido para siempre. Como resultado de su abandono total al Señor, ahora lo único que desea es cumplir la voluntad de Dios, que en su caso le pide sufrir. Es el suyo un deseo intenso y permanente.

Por extraño que parezca, por ese medio, asegura Christina, "puedo despojarme de mi debilidad. Entre más me acerco a Jesús, más desaparece mi debilidad." Asimismo, le ha confiado a su director espiritual:

Hoy, martes, sufro más que la noche del jueves, aunque trato de entregarme por completo a mis sufrimientos, así sea solamente de palabra. Padre, soy débil y me siento perdida, pero si ésta es la única forma en que puedo andar por el estrecho camino de la cruz hacia Jesús y la Santísima Virgen, es ésta la forma como deseo vivir.

Jesús es mi camino, mi verdad y mi vida, aunque no veo avance alguno en mí ni percibo la menor señal de luz. Vivo no porque lo desee, sino porque debo hacerlo, a fin de que mi carne se convierta en polvo. Que el buen Señor tenga misericordia de mi debilidad y me purifique, para que gane así muchas almas para él.

Siento que mi mente, cuerpo y alma no pueden más. No sufro paso a paso; todos los sufrimientos me acometen al mismo tiempo. Pienso en Dios. Él es la fuente de vida de nuestra alma, pero si no obramos de corazón y por amor a él, ya sea que oremos o nos sacrifiquemos, provocaremos que esa fuente pura de vida divina se seque en nosotros, y nuestra vida no habrá servido de nada. Obtener nuestra recompensa en este mundo, la anhelada palmada en la espalda, no sirve de nada. La única recompensa que ahora deseo es la del cielo. Ahora comprendo qué quiso decir Jesús cuando explicó, como se consigna en el Evangelio, que muchos mirarán pero en realidad no verán, oirán pero nada escucharán.

Siempre dispuesta a hablar de sus sufrimientos y sacrificios, Christina se resiste en cambio a exponer su ser interior. Esto es muy difícil para ella, pues sus aspiraciones espirituales revelarían la intensidad de su respuesta a Dios, la total libertad que le da al Señor para que haga de ella lo que desee.

"El sufrimiento interior es muy profundo, porque no es un sufrimiento de la mente o el cuerpo, sino del alma. No sabría cómo describirlo, de modo que lo único que hago es abandonarme por completo a la misericordia de Dios. 'Señor,' le digo, 'no soy nada, pero haz que me entregue a ti. Úsame, si así lo deseas, como una alfombra.'"

Entrega, aceptación, abandono: las palabras esenciales de un alma que se ofrece como víctima.

En otra carta notable, Christina nos ofrece importantes indicios acerca del peso de su cruz, y nos enseña más cosas sobre el sufrimiento, el sacrificio y la oración. Así como ella ve por los ojos de un profeta, parecería pedirnos que sintamos por el cuerpo de un alma victimada. "No es fácil," asegura, "pero todos deberíamos esforzarnos por hacerlo para vivir verdaderamente en unión con Dios."

Esta mañana fui a la santa misa para recibir a Jesús ... En ese momento, como ahora, mis dolores no pasaban de ser las molestias normales en las muñecas y la cabeza. Pero después de la misa, alrededor de las once de la mañana, sentí un enorme peso, no sólo en mi corazón, sino en todo el cuerpo. No sé por qué lo sentí. Pensé que Jesús me estaba permitiendo experimentar el peso del pecado, pero al mismo tiempo sentía un gran amor ... tan grande que se convertía en dolor. Era el amor de Dios triunfante en la cruz. Me sentí como una copa que Dios llenara del amor divino que se derrama del Corazón de Jesús. En mi pequeñez, sentí que aquello era casi insoportable y que era preferible morir para estar eternamente en unión con él.

Esta sensación se prolongó mucho tiempo. Tuve la certeza de que era el amor de Dios, como si Jesús o Dios desearan llenarlo todo. Entendí la pobreza del amor en el corazón de toda la gente. Pero aquel amor era tan grande que mi corazón, alma y cuerpo no eran suficientes para contenerlo. No podría expresarlo de otra forma.

La oración que se reproduce a continuación le fue inspirada a Christina por el Espíritu Santo como parte de sus experiencias de compartir los sufrimientos de Cristo.

¡Oh, Dios, Padre nuestro en Jesús, consúmeme en las heridas de Jesús y cúbreme con tu infinita misericordia para salvar a las almas! Me someto a tu santa voluntad. Mediante la Pasión de Jesús atraerás a todas las almas a ti. Considera, Padre santo, las sagradas heridas de Jesús y las lágrimas de María, su madre, y abraza con tu amor mi pobreza e insignificancia, ocultas en el refugio de las profundas heridas de Jesús. Así como acepto tu santa voluntad en mi corazón, alma y cuerpo, ofrece tu misericordia a las almas que tanto ansía Jesús, tu Hijo.

¡Oh, Padre santo, mi único Padre en la vida y en la muerte, extiende la brillante luz de tu amor por obra del Espíritu Santo para que todas las almas alcancen las sagradas heridas de Jesús! Conduce a las almas hasta las profundas heridas de tu Hijo, pues hallarán vida en el Sagrado Corazón de Jesús.

¡La voluntad de Dios! He ahí la clave. Gracias a sus sufrimientos, el alma de Christina ha llegado a comprender cuál es la voluntad de Dios para con ella. Este conocimiento y aceptación le han dado la fortaleza espiritual necesaria para deshacerse de todos sus temores. El temor ha hecho presa del mundo, pero no de Christina.

Ahora está llena de paz. De verdadera paz. La paz que tanto anhelaba. Se trata de una paz perfectamente identificada por los expertos que han estudiado con toda seriedad los acontecimientos místicos ocurridos en su vida.

Su director espiritual, el padre Gerard McGinnity, quien estudió espiritualidad en el Colegio Gregoriano en Roma, no ha podido sino maravillarse en ocasiones por lo que considera como obra de Dios en el alma de Christina. Sólo las vidas de algunos santos, tal como son narradas en libros autorizados, pueden ser comparadas con lo que se presenta a sus ojos.

Escribió el padre McGinnity: "Pude comprobar que Christina era conducida a profundidades cada vez mayores del plan de Dios en cuanto a los sufrimientos que se le demandaban. Ella no habla mucho de esto, porque así se lo ha pedido Nuestra Señora, pero puedo asegurar que sus sufrimientos han sido verdaderamente increíbles. Ha sufrido por entero la Pasión de Jesús; pero peores aún que sus sufrimientos físicos—casi permanentemente presentes en ella, como he podido atestiguarlo—son los del abandono y desolación de Cristo en su agonía. Ella ha podido experimentar en carne propia el impacto de los pecados del mundo sobre el Corazón de Jesús. El Señor la ha invitado a expiarlos a través de sus sufrimientos; y no sólo los pecados de Irlanda, su nación, por la que sufre intensamente, sino los de todo el mundo."

Nada es mejor que las propias palabras de Christina para comprender de qué modo esta alma victimada ha logrado entender y aceptar por completo la voluntad de Dios. En sus palabras advertimos que únicamente por medio del total abandono es posible alcanzar una paz total, la paz de Dios.

Agobiada por el dolor y asediada por los embates de Satanás, las palabras de Christina van mucho más allá de un simple relato de las incidencias de la vida de un alma ofrecida como víctima. Su versión cava, en realidad, mucho más profundo.

Sus palabras nos ofrecen un motivo de reflexión sobre nuestra propia alma, para comprobar si al menos respondemos superficialmente a la voluntad de Dios. Todos somos llamados a la expiación en unión con el Señor, lo sepamos o no, lo queramos o no. Nuestros sufrimientos no carecen de sentido.

Escribió al respecto el papa Pío XI: "Es absolutamente entendible que Cristo, quien sigue sufriendo en su cuerpo místico, desee que le ayudemos en la obra de la expiación. Se nos pide que lo hagamos en función también de nuestra unión con él, puesto que formamos 'el cuerpo de Cristo, del cual somos miembros individuales' (1 Cor. 12, 27), y todos los miembros deben sufrir junto con la cabeza todo lo que ésta padezca (1 Cor. 12, 26)" (encíclica *Miserentissimus Redemptor*, 1928).

Por algún motivo, parecería que los Papas siempre están en lo cierto. Se diría que Dios les dicta las palabras de la verdad que su rebaño necesita desesperadamente escuchar.

Sin embargo, vivimos en un mundo lleno de confusión.

La desgracia ensombrece al mundo como si hubiera sido producida por una colisión cósmica. Así como en tiempos de Noé las aguas del diluvio inundaron la Tierra, ahora el mundo parece sumergido en el dolor.

A medida que nos acercamos al siglo XXI, el sufrimiento de las naciones se acrecienta. Aun así, el mundo le niega propósito o significado. Más todavía, al resistirse a comprenderlo, el mundo sostiene que el sufrimiento es la principal razón para negar al existencia de Dios.

Sin embargo, Jesús le dijo a Christina que, como ella misma, el mundo no conocerá la paz hasta aceptar su sufrimiento. Los videntes nos aseguran que, en efecto, el mundo entero sufrirá tan intensamente que terminará por rendirse. Y una vez llegado ese momento, no podrá sino volverse a Dios, como ocurrió con el alma de Christina.

De las tinieblas surgirá la luz. Todo se renovará, y en particular la Iglesia. Cristo se lo ha prometido así a Christina y a muchas otras víctimas de su amor.

El "sí" de Christina a una vida de sufrimiento en unión con Cristo la ha hecho merecedora de extraordinarias gracias, no del todo comprensibles.

En dos ocasiones ha recibido dones místicos que ejemplifican su unión especial con Cristo. Fueron éstos anillos invisibles que el propio Jesús insertó en sus dedos. Rodeados de misterio, tales anillos simbolizan su profunda unión espiritual con el Salvador en calidad de víctima.

El 2 de mayo de 1992, le escribió a su director espiritual sobre el segundo de estos dones, e hizo memoria de la recepción de ambos:

Me sentía completamente desvalida, y me senté para ofrecerles mis sentimientos a Jesús y nuestra Madre celestial, con la esperanza de que mis lágrimas pudieran servir de consuelo a sus atribulados corazones. Vi entonces a Santa Teresita, y luego a Santa Bernardita. Ésta iba vestida de café y con un velo gris, tal como ya la había visto antes, y Santa Teresita se me apareció también con su apariencia normal: manto color crema, túnica café, etc. Ambas estaban de rodillas. De pronto, a sus espaldas surgió la Santísima Virgen, quien, sonriente, me dijo: "Hija mía, ten paz."

Se adelantó, como si atravesara entre Santa Teresita y Santa Bernardita. Fijó su vista en mi mano derecha y me pidió que se la acercara. Le tendí la mano, y en ese momento percibí el

resplandor del anillo de bodas. Nuestra Señora lo sostuvo en
su mano un instante y me preguntó: "Hija mía, ¿aceptarás ser
verdaderamente una con mi divino Hijo Jesús?" No entendí
el sentido de sus palabras, pero respondí: "Sí."

Me tomó entonces por el dedo anular de la mano derecha
e insertó el anillo. Se volvió entonces a su izquierda, y vi a
Jesús; su rostro resplandecía de amor. Vestía de blanco, como
la Virgen. Dijo que aquélla era nuestra unión matrimonial
mística. Elevó la mirada y añadió: "Nada en el cielo ni en la
Tierra destruirá esta unión." Me miró con inmenso amor y
se inclinó para besarme en la frente.

¡Me sentí en el cielo! Sentí que del punto donde Jesús me
había besado emanaba una onda de calor que muy pronto se
extendió a mi cabeza y me dio gran paz. Mi amor por Jesús
y la Virgen era tan intenso que no podría expresarlo con palabras. La Virgen me dijo entonces que su ungido Hijo me
sería de gran consuelo. Ignoro qué quiso decir con ello.

Hace poco Jesús me dijo lo mismo, y puso en mi anular
de la mano izquierda un anillo de oro con un diamante
incrustado. No hizo ningún comentario del anillo, pero sí del
diamante. Aquella piedra preciosa simbolizaba el don que me
hacía de la virtud de su amor. Me dijo también que con el
paso del tiempo irían apareciendo nuevos diamantes en el
anillo, hasta ser completamente cubierto por ellos.

He visto ese anillo apenas un par de veces. La última vez
tenía ya tres diamantes, aunque ignoro el significado de los
dos nuevos. Jesús me dijo hoy que el anillo será visible en mi
dedo cuando sufra, y que después su corazón y el de su
Madre Inmaculada se fundirán con el anillo para que yo sufra
en completa unión con ellos.

Han ocurrido ya muchas cosas desde entonces. El Señor está
cada vez más cerca de su víctima.

El 5 de octubre de 1992, Jesús le ofreció consuelo nuevamente.
Esta vez le permitió comprender mejor su unión mística en el
sufrimiento.

"Florecilla mía," le dijo, "no temas; soy yo, Jesús."

Al escuchar estas palabras, relata Christina, "sentí un escalofrío. La voz de Jesús parecía absolutamente real. Le dije un par de cosas para responder a sus palabras, y entonces me dijo …"

"Tú eres una víctima unida a mi amor. Me das a beber almas. Muy pocos están dispuestos hoy en día a darme a beber de su amor, florecilla mía. La sangre del Cordero está siendo profanada y pisoteada. ¿Cómo podrán, así, dar mis pequeños gloria al Señor su Dios? Los ciegos pretenden conducir a los ciegos. Yo soy amor. Yo soy unidad. Yo soy paz. Pocos se acercan a beber de mí."

Aun con esta declaración Christina no podía entender el mensaje de Jesús, pero como muestra de su total espíritu de abandono y fe, se dijo: "No importa."

Y es en esa fe que continúa su marcha. Ése es el camino de las almas victimadas. Han de olvidarse de sus necesidades y sufrimientos para ponerlo todo en manos del Señor.

En 1992, Christina Gallagher vio incluso su muerte. Respondió a ello en la única forma que sabía: rogó sufrir más en su muerte para salvar más almas.

Esto no es inusual en las almas victimadas, pues es propio de ellas anhelar mayores sufrimientos. Nunca tienen suficientes. Así le ocurría al padre Pío, quien, a decir de Nuestra Señora, acompaña permanentemente a Christina. Escribió el padre Pío a su director espiritual: "Este deseo ha ido creciendo persistentemente en mi corazón hasta convertirse en lo que llamo una intensa pasión. Yo mismo se lo he ofrecido varias veces al Señor, rogándole que vierta en mí, acrecentados hasta cien veces más, los castigos preparados a los pecadores y las almas en purgación, a fin de que convierta y salve a los pecadores y admita de inmediato en el paraíso a las almas del purgatorio."

Como el padre Pío, Christina asegura que así debe ser, pues "sólo de este modo podré servir de algo."

El Señor ha prometido que a los fieles les aguarda una corona al morir. Esa corona le fue simbólicamente presentada a Christina. Nuestra Señora se le apareció en una ocasión con una corona, "tan real, física y material como la propia Virgen," ha dicho.

Intentó tocarla, pero la Reina de la Paz se lo impidió, diciéndole: "Después, hija mía."

Posteriormente, Jesús le ofreció una segunda corona, más grande y hermosa que aquélla. Le explicó el Salvador: "Cuanto más te abandones a mí, más grande será tu corona."

De ello se deduce que su gloria se incrementa junto con sus sufrimientos. Esto ocurre no sólo en su caso, nos lo recuerda ella misma; "así nos sucederá a todos."

Así pues, Christina está absolutamente entregada a su total abandono al Señor. Ya sólo vive por él, lo que nos trae a la memoria las palabras de San Luis María de Montfort:

> *¿Qué mal o enfermedad, Señor,*
> *podrían dañar a este gozoso corazón*
> *que sólo tú puedes alegrar?*
> *Te amo más a cada exhalación.*
> *¿Cómo temer, entonces, a la vida o a la muerte?*
> *Amarte, Padre, es vivir y entonar*
> *el cántico que los ángeles dirigen a su rey.*
> *¡Dios es lo único que vive en cada célula de mi ser!*
> *¡Sólo Dios¡ ¡Por toda la eternidad!*

# NOTAS

UNO: *Del Génesis al Triunfo*

1.  Mary Purcell, "Our Lady of Silence," en John J. Delaney, ed., *A Woman Clothed with the Sun*, Doubleday Dell Publishing Group, New York, 1990, p. 147.
2.  Entrevista del autor con la vidente Christina Gallagher, febrero de 1992.

TRES: *"Mi Hijo Eligió a Christina"*

1.  René Laurentin, *The Apparitions of the Blessed Virgin Mary Today*, Veritas Publications, París, 1990, pp. 171–172.
2.  Michael H. Brown, *The Final Hour*, Faith Publishing Company, Milford, Ohio, 1992, p. 281.
3.  William Thomas Walsh, *Saint Teresa de Ávila*, TAN Books and Publishers, Rockford, Illinois, 1944, p. 286.

CUATRO: *Una Conversión Pura*

1.  Sandra L. Zimdars-Swartz, *Encountering Mary*, Princeton University Press, Princeton, New Jersey, 1991, p. 5.

2. Idem.
3. Idem.


## SIETE: *Inimaginable Belleza*

1. Padre Joseph Dirvin, C.M., *Saint Catherine Labouré of the Miraculous Medal*, TAN Books and Publishers, Rockford, Illinois, 1994, p. 87.
2. Joseph Terelya y Michael H. Brown, *Witness*, Faith Publishing Company, Milford, Ohio, 1991, p. 121.
3. Catherine M. Odell, *Those Who Saw Her*, Our Sunday Visitor Publishing Division, Huntington, Indiana, 1986, p. 78.
4. Ibid., p. 132.
5. Francis Johnston, *The Wonder of Guadalupe*, TAN Books and Publishers, Rockford, Illinois, 1981, pp. 26–27.
6. Fiscar Marison, *The Mystical City of God*, Ave Maria Institute, Rockford, Illinois, 1978, pp. 68–69.


## OCHO: *A Través de los Ojos de un Profeta*

1. René Laurentin, *op. cit.*, pp. 16–17.


## DIEZ: *Ser Uno con Cristo*

1. Padre Joseph Vann, O.F.M., ed., *Lives of Saints*, John J. Crawley & Company, New York, 1954, p. 429.
2. John Beevors, *The Autobiography of Saint Thérèse of Lisieux*, Bantam Doubleday Dell Publishing Group, New York, 1989, p. 143.


## DOCE: *Yo, Tu Padre, Yahvé*

1. Joseph Vann, *op. cit.*, pp. 289–298.
2. Ibid., p. 290.
3. Idem.

TRECE: *Donde los Ángeles se Aventuran*

1. Padre Pascale P. Parente, *Beyond Space*, TAN Books and Publishers, Rockford, Illinois, 1973, p. 43.
2. Ibid., p. 18.


CATORCE: *La Iglesia Triunfante*

1. Joseph Vann, *op. cit.*, p. ix.
2. Idem.


QUINCE: *El Abismo del Pecado*

1. Padre F. X. Shouppe, S.J., *Hell*, TAN Books and Publishers, Rockford, Illinois, 1989, p. 152.
2. Ibid., p. xxviii.
3. Ibid., p. xxvii.
4. Padre Louis Kondor, S.V.C., *Fatima in Luciaís Own Words*, The Ravengate Press, Still River, Massachusetts, 1989, p. 104.


DIECISIETE: *La Cámara del Sufrimiento*

1. Padre F. X. Shouppe, S.J., *Purgatory*, TAN Books and Publishers, Rockford, Illinois, 1986, p. 16.
2. Ibid., p. xvii.
3. Ibid., p. 21.


DIECIOCHO: *El Signo del Poder del Anticristo*

1. Rev. P. Huchede, *History of AntiChrist*, TAN Books and Publishers, Rockford, Illinois, 1976, p. 10.
2. Idem.
3. Idem.
4. Ibid., p. 11.
5. Ibid., p. 12.
6. Idem.
7. Ibid., p. 13.

VEINTE: *Orar de Corazón*

1. Joseph Vann, *op. cit.*, p. ix.
2. Ibid., p. x.

VEINTIDÓS: *"Ármense con Mi Rosario"*

1. San Luis de Montfort, *The Secret of the Rosary*, Montfort Publications, Bay Shore, New York, 1984, pp. 44–45.

VEINTICINCO: *De la Misericordia a la Justicia*

1. Hermana M. Faustina Kowalska, *Divine Mercy In My Soul*, Marian Press, Stockbridge, Massachusetts, 1987, p. 100.
2. George W. Kosicki, C.S.B., *Special Urgency of Mercy: Why Sister Faustina?*, Franciscan University Press, Steubenville, Ohio, 1990, p. 21.
3. Faustina Kowalska, *op. cit.*, p. 11.
4. Ibid., pp. 149, 198.

VEINTISIETE: *"Mis Amados Hijos de Irlanda"*

1. Michael H. Brown, *op. cit.*, p. 280.

TREINTA Y UNO: *Un Alma Pequeña*

1. Padre Michael Freze, S.F.O., *They Bore the Wounds of Christ. The Mystery of the Stigmata*, Our Sunday Visitor Publishing Division, Huntington, Indiana, 1989, p. 11.
2. Idem.
3. Idem.
4. Ibid., p. 12.

# BIBLIOGRAFÍA SELECTA

Beevors, John. *The Autobiography of Saint Thérèse of Lisieux*. New York: Bantam Doubleday Dell, 1989.

Brown, Michael H. *The Final Hour*. Milford, Ohio: Faith Publishing Company, 1992.

Croiset, John, S.J. *The Devotion to the Sacred Heart of Jesus*. Rockford, Ill.: TAN Books and Publishers, 1988.

de Algar, Thorold, tr. *The Dialogue of Saint Catherine of Siena*. Rockford, Ill.: TAN Books and Publishers, 1974.

Delaney, John J. ed. *A Woman Clothed with the Sun*. New York: Bantam Doubleday Dell, 1990.

De Montfort, San Luis. *The Secret of the Rosary*. Bay Shore, N.Y.: Montfort Publications, 1984.

Dirvin, Joseph I., C.M. *Saint Catherine Labouré of the Miraculous Medal*. Rockford, Ill.: TAN Books and Publishers, 1984.

Freze, Michael, S.F.O. *They Bore the Wounds of Christ: The Mystery of the Sacred Stigmata*. Huntington, Ind.: Our Sunday Visitor Publishing Division, 1989.

Huchede, Rev. P. *History of AntiChrist*, Rockford, Ill.: TAN Books and Publishers, 1976.

*Jesus and Mary Speak in Ireland: Messages to Christina Gallagher.*
Ireland: 1991.

Johnston, Francis. *The Wonder of Guadalupe.* Rockford, Ill.: TAN
Books and Publishers, 1981.

Laurentin, René. *The Apparitions of the Blessed Virgin Mary Today.*
Paris: Veritas Publications, 1990.

Kondor, Louis. *Fatima in Lucia's Own Words.* Still River, Mass.: The
Ravengate Press, 1989.

Kosicki, George W., C.S.B. *Special Urgency of Mercy: Why Sister
Faustina?* Steubenville, Ohio: Franciscan University Press, 1990.

Kowalska, M. Faustina. *Divine Mercy in My Soul.* Stockbridge,
Mass.: Marian Press, 1987.

Marison, Fiscar. *The Mystical City of God.* Rockford, Ill.: TAN
Books and Publishers, 1978.

*St. Michael and the Angels.* Rockford, Ill.: TAN Books and
Publishers, 1983 (compilación de fuentes autorizadas; sin crédi-
to de autor).

Tanquerey, Adolphe, S.S.D.D. *The Spiritual Life: A Treatise on
Ascetical and Mystical Theology.* Westminster, Md.: The Newman
Press, N.D.

Terelya, Josyp y Michael H. Brown. *Witness.* Milford, Ohio: Faith
Publishing Company, 1991.

Vincent, R. *Please Come Back to Me and My Son.* Armagh,
Northern Ireland: Milford House, 1992.

Walsh, William Thomas. *Saint Teresa de Avila.* Milwaukee, Wis.:
Bruce Publishing Company, 1994.

Zimdars-Swartz, Sandra. *Encountering Mary.* Princeton, N.J.:
Princeton University Press, 1991.